한국형 발전국가의
정치경제사

한국형 발전국가의 정치경제사

장훈 · 이승주 지음

인간사랑

이 저서는 2014년 교육부 지원 한국학진흥사업(과제명: 한국형 발전모델의 70년사: 한국 발전 경험의 확장과 융합의 역사, 과제번호 AKS-2014-KSS-121003) 지원에 따른 것임

서문

이 책은 지난 70여 년간 한국이 거쳐 온 역사적 궤적을 정치학자의 관점에서 정리한 것이다. 이 책은 한국의 과거 70년을 기술하기는 하였으되 회고적 서술이나 설명은 아니다. 한국 현대사를 지나간 역사로만 기술하기에는 현재와 여전히 맞닿아 있다는 점을 외면하기 어려웠기 때문이다. 그렇다고 해서 과거의 현재적 의미만을 강조하기에는 지나간 역사에 대한 엄밀한 서술에 소홀할 가능성을 배제할 수 없었다. 그래서 필자들은 한국의 변화 과정에 대한 꼼꼼한 서술에 가능한 한 충실하면서도 주요 변화를 초래한 변곡점, 시대적 추세, 변화의 패턴 등 거시적 맥락도 놓치지 않는 글쓰기가 필요하다는 결론에 도달하였다. 이는 역사적 기술과 사회과학적 글쓰기를 어떻게 결합할 것인가의 문제이기도 했다. 또한 필자들은 한국의 변화를 보다 체계적으로 포착하기 위해서는 부분적이고 정태적인 시각이 아닌 입체적이고 동태적인 관점에서 분석하자는 데 공감하였다. 한국의 발전 과정을 정치와 경제의 상호작용과 한국이 직면한 대내외 환경의 전략적 활용이라는 관점에서 구체적 쟁점에 대한 서술과 이론적 설명을 결합하는 방식으로 글쓰기를 하고자 하였다.

잘 알려져 있듯이 한국형 발전국가모델은 동태적 변화를 거듭해왔기에 이러한 변화를 온전히 담아내는 동시에 그 변화가 수반하는 정치적, 경제적, 사회적, 더 나아가 국제정치적 의미를 끌어내는 일은 매우 중요하다. 첫째, 국내 정치적으로 권위주의에서 민주주의로 이행하는 정치체제의 변화 과정에서 정치 사회와 시민 사회 사이의 관계 및 상호작용 방식의 질적 변화가 발생하였다. 권위주의시대 정치 사회와 시민 사회의 상호작용이 수직적 관계를 기본으로 하였다면, 민주화 이후 양자의 관계는 보다 수평적인 관계로 변모하였다. 즉, 동원을 핵심 수단으로 하는 정치적 동학이 민주화 이후 제한적 참여로 변화하였고 점차 적극적 참여로 진화하는 과정을 거치고 있다. 한국형 발전국가모델이 일본이나 다른 동아시아 국가들의 그것과 본질적으로 다를 수밖에 없는 이유는 여기에 있다.

둘째, 한국형 발전모델은 태동 단계부터 구조적으로 내재되어 있는 변화의 압력에 직면하기도 하였지만, 한국이 대내외 환경 변화에 대응하고 때로는 적극적으로 활용하는 과정을 거치면서 질적 변화를 겪게 되었다. 구조적 측면에서 한국형 발전모델은 추격형 모델로 출발하였기 때문에 추격 이후 발전 경로가 지극히 불투명하였다. 추격 시대가 종료된 이후 한국형 발전모델은 더 이상 과거의 정부 주도 모델로 규정하기도, 그렇다고 민간 주도 모델로의 이행으로 규정하기도 어렵게 되었다.

따라서 새롭게 형성된 한국형 발전모델의 성격을 정확하게 규정하기 위해서는 발전주의와 신자유주의가 어떻게 결합되었는지를 규명하는 것이 매우 중요하다. 이 작업은 또한 1997년 외환위기 이후 한국정치경제의 양면성을 이해하는 단초가 되기도 한다.

셋째, 한국형 발전국가모델의 형성과 변화 과정에서 대외 환경 역시 중요한 요인이었다. 대외 환경은 때로는 한국형 발전국가모델의 성립을 촉진한 요인이기도 하였고, 때로는 그 근본적 변화의 압력을 가한 외재적 요인이기도 하였다는 점에서 양면성을 갖는다. 이런 점에서 한국형 발전국가모델은 고정된 것이 아니라 대내외 환경 변화에 적응하는 과정에서 지속적으로 변화를 거듭한 것이라고 할 수 있다.

공동저자 장훈·이승주

서문 5

1부 한국형 발전국가의 성립과 변용—장훈 13

I. 현대국가의 성립과 발전의 결핍(1945—1961) 15
– 발전국가 이전 시대의 국가, 정치사회, 시민사회

1. 시민사회, 정치사회보다 과대 성장한 냉전반공국가 17
2. 발전국가 이전 시대의 정치사회 24
3. 발전국가 이전 시대의 시민사회 30

II. 권위적 발전국가의 성립과 도약(1961—1987) 37

1. 발전국가의 탄생과 도약: 제도, 관념, 관계 41
2. 발전국가와 정치사회: 주변화된 정당정치 51
3. 발전국가와 시민사회 80

III. 민주화, 세계화 이후 발전국가의 변용(1987—2012) 94

1. 포스트 발전국가의 도전과 응전 94
2. 분열의 정치사회 111
3. 민주화, 세계화의 도전과 시민사회의 변화 134
4. 결론 150

2부 한국형 발전의 정치경제—이승주 155

I. 한국형 발전모델의 이론적 모색 157
1. 문제 제기 157
2. 한국형 발전 모델의 이론적 검토 162

II. 국가 건설과 안보 위협의 도전(1948—1960) 174
1. 국가 건설의 과제와 제도 형성 174
2. 안보 위협과 원조의 정치경제 177
3. 자립적 경제기반의 구축을 위한 수입대체산업화 전략 182

III. 국가 건설과 정부 주도의 산업화(1962—1971) 185
1. 한국형 발전 모델의 기원 185
2. 정부 주도 산업화 전략의 형성 188
3. 발전을 위한 동원과 참여의 결합 191
4. 대외관계의 활용 195
5. 안보 위협과 산업화 전략의 변화 197

IV. 새로운 동원—참여 메커니즘의 형성(1973—1979) 200
1. 중화학공업화의 본격적 추진 200
2. 대외경제정책의 전략적 활용 205

V. 산업합리화와 자유화의 이중 과제(1980—1986) 210
1. 정부·기업 관계의 동태적 변화 210
2. 자유화 전략의 형성과 통상 분쟁의 전략적 활용 212
3. 세계화의 추구 215

Ⅵ. 민주화와 세계화의 이중 도전(1988–1997) 219
1. 한국형 발전모델의 도전 요인 219
2. 한국형 발전모델의 변화: 연속성과 단절 227
3. 대외경제전략의 변화 235

Ⅶ. 외환위기와 새로운 정치경제모델의 형성(1997–2012) 238
1. 외환위기와 기로에 선 한국형 발전모델 240
2. 한국형 발전모델의 변화에 대한 이론적 논의 244
3. 한국형 발전모델의 변화 과정 266
4. 한국형 발전모델 변화: 이중 동학의 정치경제 278

Ⅷ. 결론: 새로운 한국형 발전모델을 위한 검토 297
1. 한국형 발전모델의 분석 수준 298
2. 변화의 동학 300
3. 한국형 발전모델의 확장 가능성 탐색 302

1부 한국형 발전국가의 성립과 변용

장훈(중앙대학교)

I. 현대국가의 성립과 발전의 결핍(1945−1961)

− 발전국가 이전 시대의 국가, 정치사회, 시민사회

한국의 발전 70년사를 논의하는 데에 있어서 상대적으로 관심을 덜 받아온 시기는 발전국가가 본격적으로 등장하기 이전인 1961년부터 해방과 정부 수립의 시기로 거슬러 올라가는 1945년까지의 시기이다. 1945년 제2차 세계대전의 종전에 따른 해방, 질풍노도와도 같았던 해방 3년의 공간, 1948년 남한 지역에 이뤄진 단독정부의 수립, 그리고 이승만 개인의 장기집권으로 이어지는 1960년까지의 시기는 한국 현대 정치사의 기원을 이루고 있고, 그 같은 관점에서 상당한 연구가 축적되어왔다. (특히 1987년 민주화를 전후로 한 시점에서 이 시기에 대한 수정주의적 관점이 급격히 대두하면서, 상당한 연구와 논쟁이 축적되어 왔다.)

하지만 이 시기를 한국의 포괄적 발전이라는 관점에서 국가, 정치사회, 시민사회의 구조와 변화를 종합적으로 서술하는 연구는 그동안 많지 않았다. 부분적으로 이 시기가 발전국가 시대의 기초와 맹아를 이루었다는 주장이 없지 않았지만, 그 같은 주장이 폭넓은 지지나 커다란 관심을 끌지는 못하였다. 이 장에서 우리는 1945년부터 1948년 남한 단독정부 수립, 이후 이승만 체제(1948−1960)의 시기에 걸쳐서 국가가 성립되고, 정치사회와 시민사회의 기본적 원형이 틀을 갖추어가던 과정과 역사를 발전국가의 전(前) 역사라는 관점에서 서술하고자 한다. 발전국가의 전 역사를 검토함으로써 우리는 발전국가와의 상당한 불연속성과 연속성을 발견할 수 있을 것이며 이것이 발전국가의 성격과 진전에 어떠한 방식으로 역사적인 바탕을 제공하였는지를 검토할 것이다.

우리의 논의의 단위는 공간적으로 국가, 시민사회, 정치사회라는 세 영역을 중심으로 진행할 것이며, 시기적으로는 해방 3년의 시기, 한국전쟁 이후부터 이승만 체제의 종언까지를 다루게 될 것이다.

본격적인 논의에 앞서서 이 시기 경제성장의 대체적인 윤곽에 대해서 간략히 언급해둘 필요가 있을 것이다. 주로 미국의 원조를 중심으로 한 원조 경제, 그리고 낮은 수준의 수입대체 산업화가 이 시기 한국경제 발전의 가장 기본적인 구조였다. 이 시기가 일제 식민지 시대의 동원형 경제발전이나 1960년대 발전국가 성립 이후의 눈부신 경제발전과 비교할 때에 상대적으로 주목을 덜 받고 있는, 경제발전의 관점에서 흔히 '잊혀진 시기'라고도 알려져 있지만, 실제로 이 시기 한국의 평균 경제성장률은 당시 전 세계 후발국의 평균성장을 앞서 있었다는 점에서 전적으로 실패의 시기로만 볼 수는 없을 것이다. 예컨대 1953−1960년 사이의 한국의 평균 경제성장률은 4.9퍼센트로서 전 세계 후발국의 연평균 성장률 4.4퍼센트를 다소나마 웃돌고 있었다.

1. 시민사회, 정치사회보다 과대 성장한 냉전반공국가

정부의 관료조직, 경찰, 군대, 조세의 징수 및 지출, 시민생활의 기본적인 인프라의 제공과 같은 역할을 포괄하는 국가 영역은 1945년 해방부터 1948년 정부 수립의 시기에 걸쳐서 압축적으로 구성되고 출범하였다. 또한 국가는 1950−1953년간의 비극적인 한국전쟁을 거치면서 커다란 성격 변화와 더불어 냉전반공국가로서의 성격을 보다 확고히 하게 되었다. 1948년 8월 15일에 출범한 정부 수립의 과정에서 국가의 성격은 제2차 세계대전의 종전과 함께 전 세계적인 헤게모니 국가로 등장한 미국의 대한반도 정책 및 냉전정책, 그리고 일본 식민지 시대의 유산, 그리고 우리의 시민들의 열망과 의지라는 세 차원의 상호작용을 통해서 이뤄졌다. 이 가운데 제일 먼저 강조되어야 할 것은 미국의 냉전 전략이라는 세계전략의 차원에서 진행된 대한반도 정책이라고 할 수 있다(Christensen 1996).

1945년 종전과 더불어 미국은 한반도의 남쪽 절반에 진주하게 되었다. 하지 중장이 이끄는 미군은 이후 3년 동안 일제 식민지 조직의 해체 및 송환이라는 목적 이외에도 38선 이남에 냉전반공주의 국가를 건설하는 확고한 목표를 갖고 있었다. 미국의 트루먼 행정부는 제2차 세계대전 종전 직후에는 명확한 전략 설정을 하지 못하였으나 점차 미국과 소련의 냉전 대결구도는 명확해지고 있었으며 이에 따라서 트루먼 행정부는 한국의 남쪽에 사회주의 세력권과의 대립과 경쟁의 보루가 되는 냉전 전초국가를 건설하여야 한다는 분명한 목표를 갖게 되었다(개더스

2010; Gaddis 1982). '대한민국 만들기'라고도 표현될 수 있는 이 중대한 과제를 수행하는 데에 있어서, 미국의 우선순위는 '냉전안보 → 경제성장을 통한 안정화→ 민주주의 안정화'라는 구조를 갖고 있었다. 다시 말해서 미국과 소련의 냉전 대결을 뒷받침하는 안보국가가 최우선 과제였고 경제성장이나 민주주의라는 중대한 가치는 그러한 안보적 가치에 종속되거나 혹은 그에 뒤처지는 부차적인 목표였다고 할 수 있다(브라진스키 2011; 이철순 2015; 진덕규 외 1981).

안보국가의 건설을 위해서 미국은 한국에서 정부조직을 포함한 국가능력의 구축, 냉전자유주의를 중심으로 한 반공이념의 패권적 구축, 그리고 이를 위한 한국 시민사회의 세력재편 등을 시도하면서 냉전 전초국가를 건설해 나갔다고 할 수 있다.

미국이 주도한 대한민국 만들기는 일차적으로 사회질서를 유지하는 국가의 능력을 수립하는 데에 초점을 맞추었다. 이를 위해서 미 군정은 한편으로 해방 이후 한국사회에서 자생적으로 성장하는 자립과 자치를 향한 에너지와 조직들을 억누르는 한편, 일본 식민지 시대에 광대하게 구축되어 있던 기존의 사회질서 조직들을 한국화하는 작업을 추진하였다. 미 군정이 주도한 국가건설(nation-building)은 (1) 대의민주기구(남조선 과도입법의원) (2) 자본주의적 재산권 제도(미 군정의 귀속 농지개혁과 자유시장경제의 도입) (3) 교육제도(국가에 의한 보편적 교육권 부여) (4) 강압적 국가기구(경찰과 군대) 그리고 (5) 근대적 관료제도 확립 등의 차원으로 진행되었다(이정복 1993).

특히 주목해야 할 것은 일본 식민지 시대에 광범위하게 구축된 사회질서 기구들(특히 경찰)에 대한 의존을 통한 국가 기구의 구축이라는 측면이다. 널리 알려진 바와 같이 일본 제국주의는 30여 년에 걸친 식민 통치기간 동안 광범한 경찰조직을 구축하고 이를 통해서 한국사회와 한국인들을 통제하였는데, 이 과정에서 함자 알라비가 개념화한 바 있는 과대성장국가론이 상정하듯이(Hamza 1972), 다른 사회부문에 비해서 과도하게 성장한 국가 기구가 국가의 핵심을 형성하였는데, 특히 일본 식민지배 시대에 발달한 경찰기구는 이러한 국가기구의 핵심을 이루었다. 일제 시대 총독부 경무국 산하 6개 과의 업무분장을 살펴보면, 실제로 경찰기구가 얼마만큼 방대한 조직으로 거느리고 폭넓은 역할을 해왔는지가 분명해진다. (1) 경무과는 경찰 행정조직, 인사관리 등 (2) 방호과는 공습, 화재, 홍수에 대한 대책을 담당 (3) 경제경찰과는 미곡의 수집, 소금, 담배, 기름과 같은 정부 독점사업의 보호 (4) 검열과는 출판, 방송, 음반 등의 검열 (5) 위생과는 의료, 병원, 전염병 예방 등의 업무 (6) 보안과는 사상검열 및 한국 독립운동가들의 활동 등을 감독. 이처럼 방대한 업무를 해온 경찰조직은 미 군정 시대에 거의 대부분 그 역할을 이어받으면서 조직적으로 급속하게 확대되었다. 예컨대 1945년 해방 직후 군정경찰의 숫자는 1만 5천 명에서 1946년 말 2만 5천 명으로 증가했고, 정부 수립 직전인 1948년에는 4만 5천 명으로까지 증가함으로써 한국전쟁이 발발하기 전까지 경찰조직이 국가기구의 핵심을 이루고 있었음을 알 수 있다. 또한 이처럼 급속히 팽창하는 경찰조직의 간부들은 대부분 일제 시대 경력자들로 채워져 있었다. (1946년을 기준으로 치안감부터 경감 경위까지 상위 6개 직급의 경찰간부의 82%는 일제 시대 경력자들이었다. 안진 1990, 116).

한편 미 군정은 국가건설과정에서 한국군을 비교적 크지 않은 규모로 창설하게 되었다. 한국전쟁을 거치면서 거대한 국가기구로 성장하게 되는 한국군의 위상, 특성과는 대조적으로 한국전쟁 이전까지 한국군의 성장은 비교적 소규모로 더디게 진행되었다. 미 군정은 1946년 조선국방경비대를 창설하고, 이어서 조선해안경비대, 조선경비사관학교, 해병학교를 잇달아 창설함으로써 한국군대의 기간 조직을 출범시켰다. 이에 대해서 한편에서는 1945—1948년 사이에 점차 심해지고 있던 남부지역의 시위, 소요 등을 진압하기 위한 필요 때문에 군대가 서둘러 창설되었다는 주장이 제기되기도 하였으나, 실제로 이러한 지방의 시위, 소요 등의 진압은 주로 경찰조직과 미군이 담당하였다는 점을 고려할 때에 그 같은 해석에는 합리적 근거가 부족하다고 할 수 있을 것이다. 그보다는 한국전쟁이 터지기 이전까지 트루먼 행정부의 한반도, 특히 남한에 대한 국가건설의 전반적인 청사진이 분명치 않았거나 혹은 일관된 계획이 부족한 채 혼란을 겪었기 때문이었다고 할 수 있을 것이다. 여하튼 전쟁 이전까지 비교적 대규모가 아닌 형태로 한국군이 창설되었고, 여기에서도 경찰조직과 마찬가지로 일본군, 혹은 만주군으로 근무하였던 경력자들이 한국군 간부의 근간을 이루게 되었다. 이응준, 이형근, 채병덕, 정일권, 최경록, 민기식, 김종오, 최영희, 백선엽, 장도영 등이 이들 만주군, 일본군 경력을 지닌 채 한국군대의 초기를 이끌어간 지도그룹을 형성하게 되었다. 물론 이들은 1961년 5·16과 더불어 박정희 주도의 발전국가가 출범하게 되면서 협력, 제거 등의 다양한 길을 걷게 된다(이정복 1993, 54—55).

경찰, 군대라는 조직이 국가기구의 근간을 이루었지만, 미 군정은 1948년 정부 수립 전까지 그 밖의 국가기구의 기본골격을 세우는 작업을 차근차근 진행하고 있었다. 1948년 정부 수립 시기에 국가 행정조직의 근간을 이루게 된 것은 1947년 무렵 미 군정이 기본틀을 갖춰놓은 남조선과도정부 조직에 기반을 두고 있었다. 일본 식민지 시대의 총독부 행정기구의 강한 영향 아래, 미 군정은 경무부, 사법부, 문교부, 상무부, 체신부 등 13부와 6처로 구성된 중앙행정기구를 대체로 완성하였다. 또한 1946년 12월에는 입법부에 해당하는 남조선과도입법의원을 개원하게 된다. 이 시기는 남한과 북한 지역에서 각각 미국과 소련이 주도하는 분단체제의 정권 만들기가 본격화되는 시기였는데, 미 군정은 1946년 과도입법의원 출범을 통해서 입법부에 준하는 조직을 출범시키게 된다. 이해 10월에 동·촌·리－면－군－도의 순서로 다단계식 간접선거를 거쳐서 출범하게 되었다. 입법의원은 법무사법, 내무경찰, 재정경제, 산업노동, 외무국방, 문교후생 등 8개 상임위원회와 적산대책, 부일협력, 민족반역자 처리 등을 위한 6개 특별위원회를 두게 되었다. 하지만 입법의원은 입법부로서의 권능과 역할로는 상당히 부족한 측면들을 드러내고 있었다. 약 2년여의 활동기간 동안 입법의원은 50여 건의 법률안을 심의하였지만, 실제 미군정에 의해서 법률로 공포된 것은 11건에 지나지 않았고, 또한 의원수의 절반을 미 군정장관이 지명하고 있었다는 점에서 정상적인 의미의 입법부의 역할을 충실하게 수행하였다고 평가하기는 어려울 것이다.

국가기구의 설립과 더불어 초기 과대성장국가의 특성을 파악할 수 있는 또 다른 중대한 차원은 국가 이념의 차원이다. 이념은 제도적 구성이나 특성과 더불어 국가 능력의 핵심요소를 구성하고 또한 정치사회와 시민사회와의 관계를 구성하는 핵심적 영역이라고 할 수 있다. 1948년 정부수립 전후의 시기로부터 1960년 이승만 체제가 몰락하기까지 한국의 전(前)발전국가의 이념적 특성은 반공주의, 이승만 일민주의, 제한적 자유민주주의를 골간으로 하고 있었다. 이념적 구성에서 일차적으로 주목할 것은 반공주의이다. 앞에서도 서술한 바와 같이, 미국은 소련과의 냉전 대립이 본격화하면서 한반도의 남쪽 남한을 냉전 전초기지로 설정하였고 공산주의 세력의 확장을 억제하는 강력한 냉전 기지를 구축하고자 하였다. 따라서 정부 수립 전후의 시기에 한국 사회에서 이념적으로 허용될 수 있는 이념적 공간은 냉전반공주의였다고 할 수 있다. 이러한 미국의 냉전논리와는 대조적으로 해방 직후 한국사회의 이념적 구성은 실로 다양하였다. 이승만과 한민당으로 대표되는 보수반공세력이 있기도 하였지만, 여운형이 이끄는 건준을 중심으로 한 진보노선, 박헌영으로 대표되는 남로당 계열의 공산주의 세력, 김구, 김규식 등으로 대표되는 중간―민족주의 세력 등 실로 다양한 세력들이 각축하던 곳이 한국사회의 해방공간이었다. 또한 1946―1947년의 농민들, 사회주의 세력의 폭동 등에서 보듯이 지방사회에 자리잡고 있는 좌파세력의 근거 또한 상당한 수준에 있었다고 할 수 있다. (이에 대한 상세한 논의는 브루스 커밍스 1986).

결국 한국사회의 다양한 이념적 구성과 미국이 주도하는 냉전 반공국가의 건설 전략은 충돌과 갈등을 빚게 되었으며 서서히 한국 사회는 중간파, 좌파가 몰락해가고 오직 강력한 반공주의를 내세우는 우파 세력만이 정치적으로 생존할 수 있게 되었다. 이러한 이념적 갈등을 가장 먼저 예리하게 간파했던 것이 당시의 국제정세와 미국의 냉전 논리를 잘 이해하고 있던 이승만이었으며 결국 1948년의 정부 수립은 이승만과 보수우파인 한민당 중심으로 매우 협소하게 진행되는 결과로 이어졌다.

전 발전국가 시대의 이념구조를 떠받치는 또 하나의 중대한 요소는 이승만 개인의 지도력을 강조하는 이른바 일민주의였다. 일민주의의 가장 본질적인 특성은 이승만이라는 한 개인 지도자가 당파적인 분열이나 정당의 경쟁과 같은 분열과 대립의 요소를 넘어서서 한국민 전체, 한민족 전체를 대표하는 초당파적 존재로서의 위상과 역할을 강조하는 것이었다. (일민주의에 관한 이 부분의 논의는 임혁백 2014, 363-370에 크게 의존하였음을 밝혀둔다.) 이러한 일민주의가 이승만 시기 이념적 초상의 핵심으로 자리 잡은 데에는 한편으로 정당정치를 포함한 제도적 절차들의 취약한 현실과 더불어 이승만 개인의 성향이 또한 중요하게 작용하고 있었다. 우리가 아래의 발전국가 이전 시대의 정치사회를 다루는 절에서도 상세하게 논의하게 되겠지만, 해방 이후 100개 이상의 정당들이 폭발적으로 등장하는 데에서 보듯이 정당에 대한 관심과 정열은 매우 높았지만, 이념적으로, 조직적으로, 사회적으로 견고한 기반을 갖춘 정당정치의 기반은 지극히 취약하였다. 대체로 카리스마를 가진 지도자를 중심으로 개인적 친소관계 혹은 그에 대한 충성과 보상의 메커니즘을 통해서 자리 잡은 권력추구의 채널이었을 뿐, 구성원과 지지자들을 장기적이고 안정적으로 묶어주는 체계적이고 조직적인 기반은 거의 갖추지 못한 것이 한국정당들의 특성이었다(핸더슨 2013). 이러한 정당정치의 구조적 취약성으로 인하여, 자연스레 이승만 개인이 당파적 갈등이나 경쟁의 차원을 넘어 존재하는 초월적 지도자로서의 위상을 추구하는 환경이 제공되었다. 실제로 이승만은 1949년 『일민주의 개술』이라는 저작을 통해서 정당과 파벌, 특수한 이익의 표현과 집약 등에 대한 반감을 드러내고 그에 대한 대안으로서 개인적이고 초월적인 리더십으로서의 일민주의를 강조하고 나선 바 있다.

이승만의 일민주의는 평상시에 정당정치, 의회정치에 대한 이승만의 반감으로 꾸준하게 표출되곤 하였지만, 결정적인 국면에서 일민주의가 현실적 힘을 발휘한 구체적인 사례로는 한국전쟁 중에 발생한 부산정치 파동을 꼽을 수 있을 것이다. 1950년 5·30총선에서 야당에게 크게 뒤진 선거결과를 얻은 이승만은 개인적 집권 체제를 강화하기 위하여 한국전쟁 중인 1951년 11월, 자신의 숙원이자 장기 집권을 향한 포석으로써 직선제 개헌안을 제안하였다. 그러나 국회가 이 개헌안을 부결시키자, 이승만은 한편으로 노동자, 농민들을 동원하여 하향식으로 짜 맞춰진 민의를 만들어내고 이를 기반으로 국회에 대한 압박을 가하였다. 실제로 현직 국회의원 들을 연행하는 파행적인 대립 끝에 직선제 개헌안은 통과되었다. 이 과정에서 이승만은 정당과 파벌에 대한 뿌리 깊은 불신을 조장하며 초당파적 존재로서의 위상을 강조하며 일반 민중들의 지지를 동원하고 이용하는 면모를 드러냈다(김세균 1993; 이혜영 2016).

2. 발전국가 이전 시대의 정치사회

발전국가 시대의 정치사회가 시민사회와 국가 사이에서 하향식 동원과 최소한의 정당성 제공의 역할에 그치면서, 시민사회의 갈등과 분쟁을 충실하게 전달하지 못하였다는 한계를 가졌다면, 발전국가 이전 시대의 정치사회는 그 같은 제한적 역할에조차도 미치지 못하였다. 헌법구조, 정당체제, 선거제도 등으로 구성된 정치사회는 1948년 정부 수립과 더불어 기본적인 골격을 갖추게 되었지만, 정치사회의 기본적인 역할 즉 1) 이익 집약과 대표의 기능 2) 상향식 의사형성과 그에 따른 정부정책의 방향설정 3) 정부 권력의 선출과 그에 따른 정당성의 제공이라는 세 역할에 비추어 보자면, 1)과 2)의 측면에서는 거의 기능이 마비된 상태였으며 단지 세 번째 정부 권력의 선출과 제한적 정당성 제공이라는 측면에서 그나마 빈약한 역할을 해내고 있었다고 할 수 있다(황수익 1993).

1948년부터 이승만 체제가 붕괴되는 1960년 4·19까지 헌법과 정당체제, 선거제도의 전개과정을 살펴보면, 조직적인 관점에서는 무이념과 무정형의 붕당체제에 가까운 정당정치, 이념적인 관점에서는 보수우파세력의 정치사회의 장악과 그에 따른 폐쇄된 이념구조의 정치사회가 자리 잡게 되었다. 먼저 정치사회를 규율하는 최상위 제도인 헌법의 제정과정부터 살펴보자. 1948년 5월 31일에 개원한 대한민국 국회는 6월 3일 헌법 및 정부조직법 기초위원회를 구성하고 헌법안 작성에 착수하였고 불과 한 달 보름 만에 미국식 대통령 중심제와 대통령 간선제 등을 골간으로 하는 헌법을 제정하였다. 물론 이 짧은 기간 동안 내각제를 구상하던 세력과 대통령 중심제를 고수하던 이승만 세력의 갈등, 진보적인 사회경제적 내용들을 담으려 하는 세력과 냉전, 반공, 자유주의에 초점을 맞추려는 세력 간의 첨예한 갈등이 벌어지기는 하였지만, 결국 1948년에 제정된 헌법은 궁극적으로는 한국의 정치사회가 정부 수립을 계기로 하여, 냉전 반공주의 체제의 기반이 성립되고 그 밖의 정치세력들이 점차 밀려나는 중대한 변곡점으로서 작용하게 되었다(서희경 2012).

첫째 1948년 제헌 헌법의 제정과정은 시민사회와의 최소한의 상호작용도 없이, 국회 안의 정치 엘리트들 간의 갈등과 협상을 통하여 진행되었다는 측면에서, 정치사회가 시민사회, 국가를 연결하는 기본적인 역할을 하기 어려운 절름발이 출발이었다고 할 수 있다. 사실상 좌파와 진보파, 중간파 등이 거의 대부분 남한 지역의 단독정부 수립에 반대하여 정부 수립 과정에 불참하면서, 정부 수립과 헌법의 제정과정은 매우 협소한 이념적 지평 위에서 진행되었다. 한민당, 독촉, 민족주의 성향의 무소속 세력, 이승만 세력 등으로 구성된 제헌국회는 이념적으로 우파에 치우친 구성이었으며, 자연스레 개헌 논의는 폭넓은 이념적 갈등이나 대안을 두고 토론하기보다는 주로 정부 형태, 냉전적 국가 정체성 등의 이슈로 좁혀져서 헌법 논의가 진행되었다.

지주 계급 출신들로 주로 구성된 한민당은 헌법안 작성 과정에서 내각책임제, 단원제, 대통령 간선제 등을 주장하였지만, 미국에서 오랜 기간을 보냈던 이승만은 미국식 대통령 중심제(자신의 권력이 극대화될 수 있는 제도적 기반으로서의 대통령 중심제)를 강력히 선호하였고, 이러한 대립은 궁극적으로는 내각제적 요소를 가미한 대통령 중심제로 귀결되었다. 이처럼 이념적으로 협소한 헌법이 제정되는 과정은 곧 정치사회의 주축을 이루는 정당정치가 정부 수립이 이뤄지던 1948년 무렵에는 대부분 보수우파가 주도하게 되었음을 의미하는 것이었다.

한편 서둘러 제정된 제헌헌법은, 헨더슨에 따르자면, 처음부터 법치주의나 견제와 균형 같은 대의정부의 원리보다는 궁극적으로 이승만 개인으로 권력이 과도하게 집중되는 결과를 낳는 원초적인 문제를 안고 있었다는 것이다. "권리와 자유, 억제와 균형, 그리고 권력의 분립이라는 것이 형식적인 의미에서도 확실히 보증되지 않는, 온당치 못한 징후가 잠재해 보였다"는 것이다. "국회는 표면적으로는 힘을 가지고 있었지만, 행정부를 억제하는 데는 거의 효과가 없었다. 행정부의 지배영역은 헌법과 그 후 가결된 법률의 모호한 표현과 생략에 의해서, 그리고 그저 명색뿐인 지방자치권과 절대적인 중앙집권주의로 인해 더욱 확대되었다"는 것이다(헨더슨 2000, 301-302).

한편 제헌헌법의 구성보다 조금 앞서서 1948년 봄 입법부를 구성하기 위한 국회의원 선거제도도 미 군정과 UN 한국위원회의 주도적인 움직임 속에 정비되었다. 국회의원 선거제도 역시 대통령 중심제와 마찬가지로 미국적 선거제도의 강한 영향 아래에서 이루어졌다. 민주주의의 보편적 원칙인 보통, 자유, 비밀, 평등 선거의 원칙이 천명되었고 좀 더 구체적으로는 1인 1표의 원칙 아래 지역구마다 1인 대표자를 뽑는 소선거구제가 도입되었고, 국회의원 임기는 처음 2년(이후 임기 4년으로 변경됨)으로 정해졌고 유권자들의 등록은 유권자들이 자발적으로 해야 하는 것으로 정해졌다.

이 같은 미국식 소선거구제의 도입은 이후 이승만 시기 정당정치의 구성에 중대한 영향을 미치게 되었다. 일반적으로 소선거구제 하에서 정당정치는 복잡한 구성의 다당제보다는 양당제로 귀결되는 가능성이 커지는데, 실제로 이승만 시기의 정당체제는 이승만이 이끄는 자유당과 야당인 민주당(48년 정부 수립 당시의 한민당은 이후 이승만과의 결별 및 복잡한 당내의 이합집산을 거치다가 비로소 민주당이라는 단일 야당으로 정비된다.)의 양당체제로 구성된다. 구체적으로 살펴보자면, 앞에서 우리가 살펴본 바와 같이 이미 정당정치의 구성은 이념적으로 보수 우파-반공자유주의 세력만 살아남은 가운데, 이들 사이에서 사실상의 패권적 위치를 갖춘 이승만의 자유당과 보다 허약한 세력을 가진 타협형 야당으로서의 민주당의 양당체제를 갖추게 된다. 이처럼 패권적 양당체제가 굳어진 1954년 5월의 3대 국회의원 선거와 1958년 5월의 4대 국회의원 선거결과를 간략히 살펴보자(손호철 2011).

〈표 1〉 제3대 국회의원 선거 지역별, 정당별, 단체별 당선자 현황(1954)

	서울	경기	강원	충북	충남	전북	전남	경북	경남	제주	계
무소속	6	6	3	2	2	10	10	12	12	2	65
자유당	5	16	8	8	17	10	15	17	17	1	114
민국당	3			1		2	3	3	2		14
대한국민당. 기타	2	1					2		1		6
계											203

출처: 『대한민국선거사 1』 중앙선거관리위원회.

〈표 2〉 제4대 국회의원 선거 지역별, 정당별, 단체별 당선자 현황(1958)

	서울	경기	강원	충북	충남	전북	전남	경북	경남	제주	계
자유당	1	14	15	8	15	10	19	24	20	1	127
민주당	14	8	2	4	6	11	10	8	15	1	79
통일당											1
무소속	1	3	3	1	1	3	2	6	5	1	26
계	16	25	20	22	22	24	32	38	40	3	233

출처: 『대한민국선거사 1』 중앙선거관리위원회.

3대 국회의원 선거에서 의석의 과반수를 차지했던 이승만의 자유당은 4대 국회의원 선거에서도 전체 233석의 의석 가운데 127석을 차지하고 아울러 무소속의원들의 지지를 받음으로써, 이승만의 중임제한을 철폐하는 이른바 4사5입 개헌을 단행하고 이로써 이승만이 장기 집권할 수 있는 헌법적 토대를 파행적인 방식으로 이뤄내는 데에 성공하게 된다. 발췌개헌과 4사5입 개헌을 거치면서 이승만의 개인체제가 완성되기도 하였지만, 동시에 유권자들과 집권 자유당 사이에 일종의 패권적 지지 고리가 형성된다. 자유당은 이제 꾸준하게 과반 의석 이상을 확보하게 되고, 야당의 세력은 미미하고 또한 무소속과 함께 분열상을 보이는 가운데, 자유당이 안정적 지지 확보를 이루는 고리로서 여촌야도와 준봉투표 현상이 자리 잡게 되었다.

1950－60년대 한국정치의 구조적 특성을 중앙권력을 향한 소용돌이의 정치로 규정한 바 있는 그레고리 헨더슨이 예리하게 지적한 바 있듯이, 한국의 정당들은 이념적 혹은 조직적 고리를 통해서 시민사회와 긴밀하게 연결된 조직은 아니었다. 보수 우파 정당들끼리의 경쟁에 있어서 이념적 차별화가 별다른 의미 있는 역할을 하기도 어려웠지만, 정당들은 하나의 체계적인 이념이나 사상을 갖추고 있지도 않았으며 이러한 이념적 준거틀을 지지자들에게 전달하고, 교육하고 또한 지지자들의 의사를 결집하거나 동원할 만한 조직적, 체계적 통로를 갖고 있지도 않았다. 헨더슨이 표현한 바와 같이, 정당이란 그저 한편으론 지방의 정치지향형 인사들이 중앙권력에 접근하기 위해서, 권력의 사다리를 오르는 역할을 할 뿐이라는 것이다. 다른 한편으론 이승만의 입장에서는 정당을 통해 자신의 정치이념이나 사상적 체계를 전파하고 이를 통해서 지지를 확보하려는 동기나 제도적 기반이 없는 채, 그저 선거에서의 지지를 확보하기 위한 선거 머신으로서만 정당을 바라보고 있었다.

이 같은 상황에서 정당과 유권자들을 연결해주는 접착제는 서구의 정당정치에서 발견되는 집합적 일체감이나 정체성보다는 윤천주가 개념화한 농촌지역의 준봉투표, 그리고 그에 따른 여촌야도 현상이었다. 윤천주는 1950년대까지만 해도 교육수준과 시민적 참여의식이 저발전된 상태의 농촌지역에서는 이른바 준봉투표(conformity voting)가 널리 이뤄지고 있었다고 주장한 바 있다(윤천주 1994). 달리 말해 정책이나 정부에 대한 찬성, 반대와 같은 정치적 이슈보다는 방대한 국가기구와 관료기구가 농촌사회의 물질적, 비물질적 삶에 중대한 영향을 미치는 상황에서 농촌사회의 유권자들은 중앙권력, 정부 권력에 대해서 순응적인 태도를 보일 뿐만 아니라 이러한 순응적 태도는 같은 지역민들 사이의 집단적 압력으로도 작용한다는 것이다. 이에 따라서 교육수준이 높고, 다양한 언론에 접하는 기회가 많은 도시 지역이 정부권력과 여당에 대해서 비판적인 태도를 강화하는 반면에, 교육수준이 상대적으로 낮고 시민 정치의식이 저발전된 농촌지역에서는 정부, 여당에 대한 준봉투표가 활발하다는 것이다. 이러한 현상을 종합하면, 농촌지역은 집권 여당에 대한 강한 지지, 도시지역은 집권여당에 대해 비판적이면서 야당을 강하게 지지하는 여촌야도 현상으로 귀결된다는 것이다.

3. 발전국가 이전 시대의 시민사회

이승만 시기 국가와 정치사회, 시민사회 관계의 기본구조는 위에서 우리가 언급한 바와 마찬가지로 과대성장한 국가가 정치사회와 시민사회를 압도한 시기였다. 특히 시민사회의 경우, 해방 직후에 폭발적인 참여와 정치적 욕구가 분출하였지만, 한반도에 냉전 기지를 강력하게 구축하고자 했던 미 군정과 이승만 등의 보수 세력의 주도 하에 시민사회의 진보적 목소리는 크게 억압당하게 되었다. 미 군정과 경찰 등은 해방 3년의 기간 동안 각 지방에서 소요와 저항을 주도하는 좌파단체, 농민 세력들을 강력하게 억압하고 통제하는 가운데, 이들 진보, 좌파성향의 세력들은 극심하게 위축되어 갔으며, 이후 3년에 걸친 한국전쟁이라는 좌우의 극한투쟁 속에서 좌파를 중심으로 한 세력은 실제로나 이념적으로나 조직적으로나 한국 사회에서 거의 멸실의 상태로 접어들게 되었다.

따라서 1950년대까지 왜소한 시민사회를 그나마 지탱한 것은 국가의 선택적 지원과 후원 속에서 살아남은 일부 자본가 계층, 농촌사회, 도시 지역의 일부 지식인들이었다. 먼저 자본가 계층의 특성과 이들이 국가나 정치사회와 맺었던 관계의 특성을 간략하게 검토해보자. 해방 직후 미 군정에 의한 토지개혁 작업을 통해서, 농지를 기반으로 한 토지지주 세력이 철저하게 왜소화되고 몰락한 반면에, 국가의 후원을 받는 일부 자본가 계층이 서서히 등장하게 되었다. 이러한 과정은 임혁백이 표현하듯이 이태리에서 19세기에 진행된 이른바 리소르지멘토와 유사한 양상의 자본가 계급 만들기였다고 할 수 있다. 농지개혁 이후에 군정과 정부는 대체로 네 가지 방식을 통하여 자본가 계급 만들기를 적극적으로 주도하였다. 첫째, 일제 시대에 남겨진 귀속재산을 특혜와 연줄에 따라서 배분하는 자산의 이전 방식. 둘째, 미국의 막대한 원조 물자를 배분하는 과정에서 시장에서 실제로 작동하는 실질환율과 명목환율의 차이를 이용한 부의 형성. 셋째, 산업부흥 국채를 기반으로 한 원조물자의 판매. 넷째, 다른 계층에게 상당한 수준의 경제적 고통을 줄 수도 있는 인플레이션 정책을 통해서 명목가치가 자본가들에게 상당한 수준으로 이전되는 방식(임혁백 2014, 229).

해방 직후부터 한국 사회에서 자본가 계층의 등장과 성장은 일반적인 자본가의 성장경로를 따르기보다는 매우 특수한 양상으로 진행되었다. 해방이 되면서, 일제가 남기고 간 적지 않은 기업, 사업체들이 미 군정과 국가기구의 주도 아래 민간 사업자들에게 불하 혹은 귀속되었다. 1949년 경제연감을 토대로 보자면, 중앙정부가 민간 사업자들에게 귀속한 사업체 숫자는 금속공업, 기계기구공업, 화학, 전기, 요업, 섬유공업(가장 많은 69개 사업체) 등 384개에 달하였다. 한편 지방관할의 귀속 사업체는 이보다 숫자가 훨씬 많아서 2877개에 달하였다. 이들 귀속 사업체의 대표들의 경력을 살펴보면, 미 군정과 정부가 주도한 귀속사업체의 불하가 사업가들의 경력이나 경험, 장래성보다는 친분관계와 연줄망에 따른 특혜에 의해서 이뤄졌음이 선명하게 드러난다. (이 부분의 논의는 공제욱 외 1998에 크게 의존하였다.) 예를 들자면, 1949년을 기준으로 국가가 넘겨준 귀속사업체 대표들의 압도적 다수는 관련 분야의 경력이 전혀 없는 비경력자들이었다. 제조공업, 섬유공업, 식품공업 등 4개 분야의 중앙직할 귀속사업체의 대표자 96명 가운데 84명이 관련 경력이 전무한 비경력자였다. 이는 지방관할 귀속사업체의 경우에도 마찬가지여서 249개 사업체 가운데 220개 귀속사업체 대표는 비경력자들이었다(공제욱 외 1998, 53). 정리해서 말하자면, 산업이나 기술상의 혁신을 통해서 새로운 자본가 계층이 등장하기보다는 과대 성장한 국가가 관장하는 특혜와 선별적인 지원 등에 힘입어 한국사회 초기에 자본가가 등장하였다는 점은 1960년대 이후 발전국가와 자본가 계층의 관계에도 적지 않은 함의를 갖는다고 할 수 있다. 국가가 스스로의 판단 혹은 정치적인 선호, 호의 등에 따라서 육성하고자 하는 산업자본가들을 선별하고 이들에 대한 다양한 형태의 특혜와 지원 등을 제공하게 되는 국가–자본의 비대칭적인 관계의 원형은 이미 발전국가 이전 시대부터 자라나고 있었다.

한편 국가로부터의 특혜에 따른 경제적인 성장 이외에도 자본가 계층은 적극적으로 정치권력에 참여하여 자신들의 정치, 경제적 이해관계를 도모하려는 노력을 아울러 기울이게 되었다. 서서히 늘어나던 자본가 계층의 정치참여는 1958년 4대 총선에 와서는 매우 본격화되었다고도 할 수 있는데, 4대 총선에서는 무려 24명의 각종 분과산업 협회회장들이 직접 국회의원 선거에 후보자로 나섰다. 대한인쇄협회 회장이 서울에서 자유당 공천을 받아 출마한 것을 비롯하여 각종 협회장들은 대부분 여당인 자유당의 공천을 받아서 직접 의회권력에 참여하고자 시도하였으며 실제로 이들 협회장 출신 후보자들은 절반인 12명이 당선되어 국회에 진출함으로써, 단순히 정부나 국가기구와의 특혜 혹은 연줄망에 기대기보다는 직접 정치권력에 접근하고자 하였고 이러한 시도는 비교적 성공적으로 나타났다고 할 수 있다. (상공회의소, 『전국기업체총람 1958』, 공제욱 외 1998, 100에서 재인용.)

다른 한편, 자본가들과 더불어 시민사회의 가장 중요한 몫을 차지하고 있었던 것은 농촌사회와 농민들이었다. 산업화가 본격적으로 추진되기 이전 시기인 1950년대 후반 농업인구는 전체 인구의 60% 정도를 차지하고 있었으며 농림수산업의 국민 총생산 비중은 38.5%(1960년 기준)를 차지하고 있었다. 달리 말해 발전국가 시대가 본격화하기 이전 한국사회는 전형적인 농업사회였다고 할 수 있으며, 비록 농촌사회가 사회과학적 의미의 시민사회의 틀과 연계망을 갖추고 있었다고는 할 수 없지만, 국가와 정치사회를 제외한 영역에서 가장 커다란 비중을 차지하는 것이 농촌사회였음은 분명하다. 기존 연구들이 밝히고 있는 바와 같이, 한국사회의 농민들은 해방 직후인 1940년대 후반 다양한 방식으로 군정과 정부에 저항하면서 봉기를 시도하였지만, 이러한 시도가 대부분 철저하게 좌절되고 이후에 최악의 이념대결로서의 한국전쟁을 겪으면서 저항의 의지와 세력은 꺾였고, 농촌사회는 급격히 보수화화면서 이승만 정부의 확고한 지지층으로 변화하였다.

여기서 이승만 정부와 농촌사회의 역설적인 관계의 핵심은 농촌사회는 정부의 다양한 정책에 의해서 경제적으로 소외되고 억압받으면서도 정부를 지지하는 핵심지지층으로 남아있었다는 점이다. 기존의 다양한 연구들은 농촌사회의 경제가 피폐한 채로 방치된 데에는 소극적 요인과 적극적 요인들이 두루 작용하고 있었음을 밝히고 있다(정갑진 2009). 소극적인 요인이란 농촌경제의 발전을 적극적으로 이루어 낼만한 발전의 이념, 발전을 위한 선도기관과 역할 등이 턱없이 부족했다는 것이고, 적극적인 요인이란 미국의 원조, 저곡가 정책 등이 농촌사회의 피폐를 낳게 된 요인이라는 것이다.

먼저 1970년대 박정희 체제에서 새마을운동이라는 하향식 동원운동을 통해 농촌의 발전을 강조하기 이전까지, 한국 사회에 체계적인 농촌

발전의 논리나 이념이 개발되지는 못하였다고 할 수 있다. 간헐적으로 농촌계몽 운동에 헌신하는 선각자적인 인물들이 없지는 않았으나, 전국의 농촌을 대상으로 체계적으로 농촌발전을 이끌어갈 이념체계나 발전의 청사진 등은 사실상 부재하였다. 아울러 이만갑은 농촌 발전정책을 효과적으로 추진할 만한 관료제가 부재하였던 것도 농촌 피폐의 또 다른 요인이었다고 지적하고 있다(이만갑 1981).

보다 적극적으로 농촌의 지체에 작동하고 있던 요인들은 무엇보다도 미국 잉여농산물의 도입과 저곡가 정책이었다고 할 수 있다. 이승만 정부에 대해서 비판적인 세력이 주로 거주하는 도시 지역의 반정부 세력은 지식층, 도시의 소수 중산층, 상당한 세력을 키워온 언론, 교육받은 계층들이 주를 이루고 있었는데, 이들의 정치적 반발과 비판을 무마하면서 이들의 민생안정을 위해서 정부가 주도한 것이 이른바 정부의 양곡매입과 저곡가정책이었다. 정부는 상당한 규모의 양곡을 농민들로부터 매입하였는데, 문제는 이러한 정부의 수매가는 심지어 농민들의 생산원가에도 못 미치는 수준이었다는 데에 있다. 농림통계연보에 따르자면, 1950년대 초반 정부의 수매가는 생산비의 60% 수준에 불과하였으며, 1950년대 후반에는 다소 상황이 나아져서 1959년에 81%를 기록하였고, 1960년에 80.7%를 기록하였다. 달리 표현하자면, 생산비보다 낮은 정부의 양곡 수매란 결국 농민들에 대한 경제적 착취 이외에 달리 표현할 길이 없는 정책이었다. 이러한 정부의 억압적인 정책과 영세소농이 대부분을 차지하는 농촌경제의 구조, 또한 농촌과 산업 부문 간의 연계를 찾을 수 없는 후진적 경제체제 등이 1950년대 농촌사회의 피폐화의 주된 요인들이었다고 할 수 있다(한도현 1998, 67-81).

정리하자면, 발전국가가 등장하기 이전까지 한국사회는 현대국가의 기본틀을 갖추는 데에 많은 노력을 투입하였으며, 이 시기의 발전은 주로 대외적인 지원—주로 미국의 지원과 원조—에 크게 힘입었다고 할 수 있다. 해방과 한국전쟁을 거치면서, 국가기구는 시민사회나 정치사회에 비교해서 압도적으로 크게 성장하면서 현대국가의 틀을 갖추게 되었다. 그러나 현대국가가 본격적인 경제발전을 추구할 만한 조직, 이념, 제도적 기반을 갖춘 것은 아니었다. 따라서 비교적 견조한 수준이라고 할 수 있는 4—5%의 경제성장은 주로 대외적 요인에 힘입은 것이었다. 또한 시민사회와 정치사회는 국가에 비해서 상대적으로 왜소한 상태를 벗어나지 못하고 있었으며, 특히 정치사회는 이승만 개인지배 체제하에서 종속적인 지위를 벗어나지 못하고 있었다. 이러한 국가—정치사회—시민사회의 기본 관계는 1960년대 발전국가가 본격적으로 등장하면서 부분적으로 변화하지만, 국가가 압도하는 한국형 발전의 기본 특성은 지속적으로 유지되었다.

II. 권위적 발전국가의 성립과 도약(1961–1987)

한국형 발전의 70년 역사에서 그동안 가장 뜨거운 관심과 쟁론의 대상이 되어온 것은 1961년 5·16쿠데타로 등장한 박정희 체제 18년(1961–1979)의 기간이었다. 이 기간 동안 한국은 전쟁의 폐허와 그에 따른 무기력과 암담함을 넘어서 세계적으로 유례없는 경제성장을 이뤄냈다. 대부분의 인구가 농업에 종사하던 농업사회 한국은 전 세계에 다양한 물품을 수출하는 수출주도형 공업국가로 탈바꿈하였다. 세계적으로 활동하는 대기업집단이 등장하였고, 이에 따라 국가경제의 규모는 수십 배 이상 커지고 국민들의 생활수준 또한 급격히 향상되면서 전후 한국사회의 빈곤은 상당부분 해소되었다. 이러한 발전국가 시대를 통한 한국의 산업화는 아시아를 넘어 전 세계적인 관심의 대상으로 떠올랐다(Amsden 1992, 2001).

〈표 3〉 한국경제발전의 주요지표(1953-1990)

	국내총생산(GDP)(한국은행 ecos)	1인당 국내총생산(한국은행 ecos)	1인당 국민소득(GNI)(통계청 국가통계 포털)	국민총소득(GNI)(한국은행 ecos)	1인당 GDP(통계청 국가통계 포털)	경제성장률(한국은행 ecos)
1953	13(억 달러)	66(달러)	67(달러)	14(억 달러)	0.2(만원)	
1954	15	69	70	15	0.3	7.2(%)
1955	14	64	65	14	0.5	5.8
1956	14	65	66	15	0.7	0.7
1957	17	73	74	17	0.9	9.2
1958	19	80	81	19	0.9	6.5
1959	20	81	82	20	0.9	5.4
1960	20	79	80	20	1	2.3
1961	22	84	85	22	1.2	6.9
1962	24	90	91	24	1.4	3.8
1963	28	103	104	28	1.9	9.2
1964	30	106	107	30	2.6	9.5
1965	31	108	110	31	2.9	7.2
1966	38	128	131	39	3.6	12
1967	44	145	150	45	4.4	9.1
1968	54	174	178	55	5.5	13.2
1969	68	216	221	70	7	14.5
1970	82	253	257	83	8.7	10
1971	95	290	292	96	10.4	10.5
1972	108	324	324	109	12.7	7.2
1973	138	406	406	138	16.2	14.8
1974	195	562	563	195	22.7	9.5
1975	217	615	610	215	29.8	7.9
1976	298	831	826	296	40.2	13.1

1977	383	1,051	1,047	381	50.9	12.3
1978	537	1,452	1,454	538	67.7	10.8
1979	643	1,713	1,709	641	85.8	8.6
1980	649	1,703	1,686	643	103.5	−1.7
1981	724	1,870	1,842	713	127.4	7.2
1982	777	1,977	1,957	770	144.6	8.3
1983	870	2,179	2,154	860	169.2	13.2
1984	966	2,390	2,354	951	192.7	10.4
1985	1,002	2,456	2,400	980	213.8	7.7
1986	1,155	2,804	2,742	1,130	247.1	11.2
1987	1,462	3,512	3,467	1,443	288.8	12.5
1988	1,972	4,692	4,653	1,956	342.8	11.9
1989	2,436	5,738	5,718	2,427	385.2	7
1990	2,793	6,514	6,505	2,788	461.2	9.8

출처: 한국은행. 통계청 포탈. 각 년도.

발전국가 시대는 경제성장의 빛나는 신화와 동시에 권위주의 국가의 그림자도 아울러 동반하였다. 수출산업화의 주역이었던 노동자들은 경제적으로 낮은 임금과 통제, 정치사회적 억압에 눌려 있었으며, 농촌 사회는 빠르게 해체되었다. 산업화에 따라서 빠르게 성장한 도시중산층과 노동자들은 권위주의 국가의 억압과 통제에 저항하였고, 이 과정에서 적지 않은 이들이 또한 다양한 고통을 겪게 되었다. 빈곤의 단절, 눈부신 성장, 도시화와 근대화를 성취하였지만, 아울러 자유는 제한되고 의식은 억눌렸다고 할 수 있다. 경제적, 사회적으로 엄청난 변화와 향상이 이뤄졌지만, 정치는 오히려 과거보다 퇴행하기도 하였다.

II장에서 우리는 발전국가 시대의 특성과 진화과정을 발전국가, 정치사회, 시민사회의 성장과 변동이라는 관점에서 살펴보고자 한다. 서론에서 언급한 바와 같이 국가, 정치사회, 시민사회가 서로 상호 관계를 맺으면서 보여준 작용, 반작용뿐만 아니라 국가, 정치사회, 시민사회의 내적인 진화과정을 아울러 살펴볼 것이다. 보다 구체적으로 말하자면, (1) 발전국가의 제도적 특성과 제도적 능력 (2) 발전국가가 발전을 주도하는 과정에서 만들어낸 관념상의 핵심들 (3) 그리고 발전국가의 제도와 관념들이 시민, 기업집단과 맺었던 관계양식이라는 세 측면을 중심으로 논의하고자 한다. 정치사회 역시 마찬가지로 (1) 박정희가 주도한 발전국가에서 주변적 역할에 그칠 수밖에 없었던 정당정치의 제도적 특성 (2) 주변화된 상태에서 정당정치가 만들어내고 의지하였던 관념 (3) 그리고 정당들이 시민들과, 그리고 발전국가와 맺었던 관계의 양상을 살펴볼 것이다. 세 번째로는 발전국가의 압도적 힘이나 능력에 비해서 상대적으로 위축되고 저발전되어 있던 (1) 시민사회의 특성과 능력 (2) 시민사회가 발전국가에 저항하면서 내세웠던 민주주의라는 관념 (3) 그리고 시민사회가 발전국가에 대해서 저항하기도 하고, 동원되기도 하고, 수용하기도 하던 관계의 양상을 검토할 것이다.

1. 발전국가의 탄생과 도약: 제도, 관념, 관계

1) 한국형 발전국가의 제도: 박정희와 경제관료, 그리고 경제기획원

동아시아에서 발전국가라는 개념을 체계적으로 처음 제시한 미국의 찰머스 존슨은 발전국가는 (1) 변화를 향한 분명한 목표 (2) 발전을 이끌어 갈 선도적인 기관과 유능한 관료체제 (3) 국가와 기업 사이의 제도화된 협력 관계 등을 포함한다고 일찍이 개념화하였다(Johnson 1999). 이러한 세 측면을 중심으로 한국에서 1961년 군사 쿠데타 이후에 발전국가가 빠르고도 전격적으로 태동하게 된 배경과 과정을 살펴보기로 하자. 첫째 경제발전이라는 분명한 목표의 태동. 1961년 권력을 쥐게 되면서부터 박정희는 경제발전이라는 확고한 목표를 국민들과 정치인들뿐만 아니라 관료들, 그리고 미국, 일본과 같은 주요 협력국가들에게 분명하게 전달하고 나섰다.

박정희가 임기 초반부터 경제발전을 새로운 정부의 목표로 분명하게 제시하게 된 데에는 다양한 배경이 작용하였다. 가장 일반적으로 제기된 비판적인 견해는, 박정희가 군부 집권의 취약한 정치적 정당성을 만회하고자 경제발전을 목표로 삼았다는 설명이 있다. 박정희 스스로가 민주주의에 대한 강한 신념을 가졌던 것도 아니었고, 직업군인의 길을 걸어왔기 때문에, 권력의 정당성은 정치 영역에서보다는 경제적인 영역에서 찾으려 했다는 것이다. 실제로 초기 산업화에 따른 경제발전이 본

궤도에 오르기 시작한 1960년대 후반, 1970년대 초에 걸쳐서 박정희가 3선 개헌(1969년), 유신체제를 통해서 점차 부족한 정치적 정당성마저 외면하고 경제발전에만 매달렸던 데에서 이러한 흐름을 확인할 수 있다는 것이 이들의 주장이다.

하지만 박정희가 경제발전을 집권 직후부터 자신의 재임 기간 내내 최우선 과제로 내세우고, 자신과 정부의 역량을 경제성장에 모두 투입하고, 농촌사회와 노동자들까지 모두 자신의 경제발전에 대한 열망을 공유하기를 바랐던 데에는, 부족한 정당성의 보완뿐만 아니라 그 밖의 심리적, 정치사회적 배경들이 작용하고 있었다. 우선 꼽을 수 있는 것은 그 자신이 경제발전을 통해서 민족과 국가의 성장과 안위를 이룰 수 있다고 열정적으로 설파하고, 재임 후반에는 경제발전을 위한 총력적인 권위주의 체제를 구축한 것은 단순히 정치적 수사만으로는 이해될 수 없다. 그보다는 박정희 개인뿐만 아니라 당대의 한국인들이 일본 제국주의의 식민지배와 한국전쟁, 그리고 뒤이은 이승만 권위주의 체제의 무기력을 경험하면서, 빈곤으로부터의 탈출이 무엇보다 절실한 과제라는 것을 이해하였기 때문이기도 하였다. 박정희 스스로가 매우 빈한한 농촌 가정에서 어렵게 성장하였고, 일본 식민지 시대의 궁핍한 환경 속에서 청년기를 보내면서, 경제적 자립과 발전의 중요성을 절실하게 깨달았다고 할 수 있다. 1961년 집권 이후에 빈곤의 탈출과 경제발전에 대한 열망은, 박정희의 연설 속에서, "민족이 나아갈 길, 민족이 자존과 자립을 확보하는 가장 일차적인 지름길"이라고 표현되곤 하였지만, 이에 대해서 보통사람들이 적극적으로 저항하거나 비판하고 나섰던 것은 아니었다.

경제발전이라는 목표 제시에 이어서, 박정희는 자신의 집권 기간 내내 고속성장을 이끌어 갈 발전국가의 제도와 그 제도의 능력 증진에 집중하였다. 흔히 발전국가의 중추가 되는 조직으로는 유능한 관료제도와 이러한 관료들을 이끌어가는 선도 기관의 역할이 꼽혀왔다(Johnson 1999, Hayashi 2010). 먼저 관료제의 역할을 보자면, 찰머스 존슨이 표현한 바와 같이, 발전국가의 관료들은 (1) 발전 가능성이 큰 산업을 찾아내고 이를 핵심 산업으로 선택해야 하며 (2) 선택된 산업분야를 빠르게 발전시키기 위한 최고의 수단을 찾아내고 선택해야 하고 (3) 최고의 경제적 건전성과 효율성을 이끌어 내기 위해서 선택된 전략산업 분야에서 경쟁을 관리 감독하고, 이 과정에서 시장경제의 활력에 부합하는 방법을 통해서 개입하고 조정해야 한다는 것이다.

이처럼 발전국가의 능력을 좌우하는 가장 핵심적인 제도로서의 관료제에 관해서, 한국은 상대적으로 다른 국가들보다 유리한 배경을 갖추고 있었다는 설명이 제기되어왔다. 한국, 중국, 일본의 동아시아 3개국 가운데에서도 특히 한국의 경우에는 조선 시대 이래로 유능한 인재들을 표준적인 시험을 통해서 중견관리로 선발하는 과거 제도가 오랫동안 지속되었던 역사적 배경이 있다는 것이다. 이러한 과거 제도는 현대에 와서는 행정고시라는 형태로 중견 공무원들을 표준적인 시험을 거쳐서 선발하는 제도로 이어져왔다. 기업이나 시민사회가 매우 저발전된 1960년대 한국 사회에서 국가는 상대적으로 가장 발전되고 힘이 강한 조직이었으며, 따라서 유능한 인재들이 공직을 선호하는 것은 자연스런 선택이었다. 이에 따라서 한국의 발전국가의 도약을 설명하는 데에 있어서 한국 관료사회의 특성, 인재 충원의 양상, 이들의 권한과 역할에 대해서 많은 연구가 집중되어왔다(박동서 1977).

이 같은 유능한 관료제의 전통에 더해서, 최근 김병국의 연구는 박정희 시대에 들어서면서 일어난 관료사회의 변화에 주목하고 있다. 박정희가 발전국가를 본격화하기 전까지(이승만, 장면 정부 시기까지) 한국의 관료사회는 행정고시 출신보다는 그 밖의 사회적 연줄을 이용해서 공직에 진출한 특채출신이나 내부적으로 승진해서 중견 관료가 된 이들의 비율이 압도적이었다는 것이다. 예컨대 이승만, 장면 시기에 걸쳐서 중견 공무원의 중핵인 3급(을)의 30.6%가 특별임용 출신이고 내부 승진이 65%, 행정고시 출신은 4.1%에 불과하였다는 것이다. 이러한 구성은 박정희 집권 후반기에는 행정고시 출신이 3급(을) 공무원의 20.7%를 차지하고 특채 비율은 10.8%로 급격히 감소하고, 내부 승진이 68.5%를 차지하게 되었다는 것이다(Kim 2011).

달리 말해 사회적 연줄을 통해서 임용된 특채 출신의 퇴조는 곧 경제적, 조직적 합리성보다는 연줄이나 후견 등의 요소에 좌우되는 공무원들이 급격히 쇠퇴하고 동시에 동질적인 배경이나 경쟁, 능력주의 등으로 무장한 행정고시형 공무원들이 실질적으로 관료사회의 주류를 이루는 변화가 일어났다는 것을 의미하였다.

행정고시 중심의 임용과 이들에 의한 능력주의뿐만 아니라 관료조직 내의 변화가 동시에 진행되었다. 1960년대 이후에 발전국가를 이끌어가는 선도 기관으로 부상한 것이 경제기획원이었다. 유능한 전문 관료들과 이들에 의한 합리성이 관료조직을 특징짓게 될 때, 최대의 문젯거리는 다양한 부처들 간에 벌어지는 경쟁과 충돌, 그에 따른 시스템 전체의 합리성의 저하라고 할 수 있다. 이러한 부처 간 갈등과 충돌을 조정하는 역할을 맡으면서, 아울러 한국경제의 장기적인 비전을 수립하고 목표의 달성과정을 관리, 감독하는 부서로서 경제기획원의 역할이 두드러지게 되었다. 전후 일본 경제의 빠른 성장에 대장성의 기획, 조정, 장기 비전 수립의 역할이 효과적인 역할을 하였듯이, 1960년대 이후 한국형 발전 국가의 도약에는 경제기획원의 역할이 핵심적이었다고 할 수 있다. 실제로 박정희 집권 시기에 경제기획원은 우수한 인력들이 집중적으로 배치되는 인기 부처였을 뿐만 아니라, 박정희는 경제기획원 장관을 부총리급으로 임명함으로써 다른 부처들과의 정책 조정 등에 필요한 제도적 권한을 보장하였고, 실제로 장기영, 김학열 등과 같이 그의 신임을 받는 경제 관료들이 경제 부총리로서 일하였다. 또한 발전국가 초기에 경제기획원만으로 부처 간 조정이 원활하기 못하고 교착 상태에 빠지거나 혹은 매우 각별한 중대한 이슈가 제기될 때에는, 대통령이 직접 관할하는 청와대 TF(Task Force)가 설치되곤 하였다.

행정고시 출신의 임용과 선도 기관의 역할 뿐만 아니라, 관료조직의 정치적 독립성(insularity) 역시 발전국가의 핵심으로서의 관료조직의 역할에 중대한 영향을 미치게 되었다. 박정희 시대에 걸쳐서 관료조직은 여당이나 야당의 정치적 영향력, 기업이나 시민사회의 압박 등에 크게 좌우되지 않고, 경제성장을 위한 경제적 합리성에 따라서 판단하고 정책을 수행하는 역할을 하게 되었다. 먼저 여야 정당으로부터의 정치적 외풍(外風)은 박정희의 장기 집권과 정당정치의 주변화라는 맥락 속에서 이뤄졌다. 1963년 국회의원 선거를 계기로 국가재건최고회의라는 한시적 통치기구에 포진하고 있던 5·16쿠데타의 주역들은 대부분 정부를 떠나서 공화당으로 입당하고 국회의원 선거에 출마하게 되었다. 이로써 관료조직이 정치적 고려에 의해서 좌지우지될 첫 번째 가능성은 차단되었다고 할 수 있다.

이어서 1960년대 중반부터 박정희는(우리가 다음 절에서 상세히 논의하게 되는 바와 같이) 여야 정당들의 역할 축소에 몰두하였다. 강력한 정당정치를 뒷받침할만한 시민사회의 활력이 부족하기도 하였지만, 동시에 시민사회에 뿌리를 내리고 동원형 정책정당으로 발전하고자 하던 민주공화당의 계획은 박정희의 꾸준한 견제에 의해서 서서히 해체되었다. 정부조직을 민주공화당이 통제하려던 이른바 민주공화당 이원조직은 해체되고, 창당의 주역이었던 김종필과 그에 협력한 민간 지식인들은 점차 권력에서 밀려나게 되었다. 민주공화당과 야당에게 허용된 역할은 단지 선거 시기에 유권자들의 지지를 상향식으로 동원하는 역할에 주로 머물게 되었다. (물론 야당은 국회라는 틀 내에서 제한적인 견제와 비판 역할을 아울러 수행하기도 하였다.) 여야 정당뿐만 아니라 기업들이나 시민들 역시 관료조직에 조직적이고 일관된 영향력을 행사하기는 어려웠다. (찰머스 존슨은 발전국가 시대의 정당의 역할은 고작 안전밸브의 역할에 머물게 된다고 설명한 바 있다.)

이에 따라서 관료조직은 여야 정당으로부터의 보호막을 얻게 되었고, 오직 경제발전이라는 목표에 자신들의 능력, 충성심, 자원을 집중하게 되었다. 이 과정에서 박정희는 포병장교 출신답게 매우 세밀한 평가기준을 제시하고, 이를 통해서 경제 관료들의 성과를 정기적으로, 일관되게 평가하면서 그에 대한 보상과 처벌을 함으로서 이들의 충성심과 열성적인 노력을 이끌어내게 되었다(박정희의 군인으로서의 경력이 발전국가 형성에 미친 영향에 관한 정밀한 연구로는 Eckert 2016을 보라). 뛰어난 성과를 거두는 관료들에게는 승진(때로는 매우 파격적인 속도의 승진을 포함하여),

대통령이라는 막강한 권력자의 관심과 금전적 보상이 뒤따랐고, 그렇지 못한 경우에는 승진탈락, 소외 등의 처벌이 뒤따르게 되었다.

2) 한국형 발전국가의 관념: 산업화 민족주의, 행정적 민주주의, 실용적 중상주의

발전국가를 연구해 온 다수의 학자들이 지적하듯이, 한국형 경제발전에서 관념의 역할은 적지 않다고 할 수 있으며, 이에 대해서 다양한 논의들이 전개되어왔다. 박정희가 주도한 발전국가의 한 축으로서의 발전국가의 관념은 크게 세 가지의 요소를 포함하고 있었다. 첫째 산업화 민족주의, 둘째 행정적 민주주의, 셋째 실용적 중상주의. 먼저 에즈라 보겔이 제시한 개념인 산업화 민족주의에 대해 살펴보자면 박정희는 집권하자마자 산업화를 통한 경제발전을 최고의 목표이자 이념으로 내걸었으며, 점차 산업화라는 목표는 민족주의와 결합하게 되었다. 흔히 산업화 경제발전은 정치적 정당성이 부족했던 박정희가 이를 만회하기 위한 방편으로서 추구한 것으로 비판받고 있기도 하지만, 박정희의 발전국가가 추구했던 산업화 경제발전이 관료사회나 기업집단, 시민들의 노력과 열정을 이끌어내고 어떻든 간에 사회적 활력을 불어넣었다는 점에서 단지 정당성 만회의 수단으로만 파악해서는 그 전모가 파악되기 어렵다. 박정희의 발전국가는 경제발전을 북한과 벌이는 생존경쟁의 핵심으로 파악하고 있었으며, 또한 경제발전은 식민지와 전쟁을 거치며 손상되고 흐트러진 민족과 사회의 자부심과 자존심을 회복하는 길이라고 여겼으며 또한 이를 통해서 정치적 정당성을 높일 수도 있다고 판단하였다(이 같은 관점의 대표적인 연구로는 권태준 2006을 보라).

이러한 경제발전 전략의 정당성을 확보하고 기업과 시민들의 협력을 끌어내고 이들의 노력을 동원하기 위해서 박정희의 발전국가는 점차 경제발전을 민족주의라는 틀과 연관 지어 강조하기 시작하였다. 한편으로 박정희는 우리 민족이 찬란한 역사를 과거에 가졌었지만 식민지, 분단, 전쟁을 거치며 민족의 자긍심이 후퇴했다는 점을 강조하며 산업화 발전을 통해서 이러한 자긍심을 회복하고(박정희의 표현으로는 민족중흥) 나아가 민족의 그릇으로서의 국가의 발전(박정희의 표현으로는 조국 근대화)을 이뤄나갈 수 있다는 것이다.

> "우리는 가난에서 벗어나 풍요로운 사회, 전란의 위협을 두려워하지 않는 튼튼한 나라, 그리고 남과 이웃을 도우며 사는 떳떳한 민족의 새 모습을 우리의 후손에게 자랑스럽게 물려줄 수가 있는 것이다. 이것은 실로 빈곤과 예속, 그리고 분단과 전란의 비극적인 시대를 살아온 우리 세대의 역사적 사명이요, 벅찬 보람이 아닐 수 없다." (박정희 1978.7. 김보현 2006, 140에서 재인용)

실제로 박정희는 한국 역사에서 민족의 자긍심을 크게 드높이고 안보와 문화의 꽃을 피웠던 역사적 인물로서 이순신과 세종대왕을 발굴하여 이들의 업적과 생애를 조명하고 이를 학교 교육과 일반시민 교육에 적극적으로 활용하기도 하였다.

물론 이러한 산업화 민족주의는 현실과의 일정한 타협을 통해서 이뤄졌다. 발전국가의 초기인 1960년대 수출중심 산업화전략과 경제발전은 미국의 지원과 일본으로부터의 협력자금에 의존하지 않을 수 없었다. 경제발전을 이끌어갈 전략, 지식, 자금, 기술이 턱없이 부족한 상태에서 한국의 발전국가는 미국에서 파견된 여러 자문기관들로부터 협력과 지원을 받아야 했으며, 또한 한일 국교정상화를 통해서 경제협력자금을 일본 정부로부터 얻어야만 하였다. 실제로 박정희와 발전국가의 관료들은 서울에 파견된 미국 국제개발처US Agency for International Development로부터 경제정책, 환율정책, 조세정책 등에 대해서 커다란 조언을 얻고 있었으며 문정인은 이들을 박정희의 경제 가정교사라고까지 표현하고 있다(Moon and Jun 2011, 135). 1980년대 이후 진보 지식인들은 이러한 발전국가의 전략을 대외의존형 경제발전이라고 비판하면서 이 같은 점에서 박정희의 발전국가는 민족주의적이라고 보기 어렵다는 논점을 제시하였다.

발전국가가 경제발전을 이끌어가는 과정에서 의지한 핵심 관념의 두 번째 기둥은 흔히 행정적 민주주의라고 부를 수 있는 민주주의에 대한 유보적인 태도와 관념이었다. 선거와 정당정치의 제도적 외양을 유지하기는 하였지만, 실제로는 민주주의의 본질적 가치로서의 절차적 정당성에 대한 신념은 부족하였고 보다 효율적인 시민 동원과 경제적 생산성, 관료적 합리성을 강조하는 것이 행정적 민주주의였다. 행정적 민주주의의 요체는 한편으로 서구식 민주주의의 부적합성을 강조하면서 효율과 능률을 우선시하는 태도였다. 박정희는 자신이 나선 첫 번째 대통령 선거유세에서 "외국에서 가져온 양복이 몸에 맞지 않는데도 고치지 말고 그대로 입고 다니자고 주장하고 있으니 이는 허수아비 민주주의요, 알

맹이가 없는 껍데기 민주주의요, 사대주의적 바탕 위에 있는 사대주의적 민주주의"라고 비판하고 있다. 이러한 행정적 민주주의는 1970년대 초반 박정희가 유신체제로 전환하여 자신의 개인적 권위주의를 강화하는 뒷받침이 되었다.

> "정치의 목적과 제도의 참다운 가치는 그 나라의 당면과제를 효율적으로 해결하고 원대한 국가목표를 착실히 실현해 나가기 위해 국민의 슬기와 역량을 한데 모아 생산적인 힘을 최대한으로 발휘할 수 있도록 뒷받침하는 데 있다고 나는 믿습니다. 어떤 명분과 이유에서든 국민총화와 사회안정을 저해하고 국론의 분열과 국력의 낭비를 조장하는 그러한 형태의 정치방식은 우리가 당면한 냉엄한 현실이 도저히 그것을 용납하지 않을 것입니다." (1978.4.3. 육군사관학교 졸업식 치사.)

발전국가 관념의 세 번째 요소는 실용적 중상주의였다. 박정희는 산업화 경제발전이라는 목표를 위해서는 그 밖의 가치, 관습, 개인의 관념 등을 고집하기보다는 현실과 타협하거나 절충적인 방식을 기꺼이 수용하는 실용주의적 접근을 시도하였다. 예를 들자면, 박정희는 일본식 교육을 받으며 장교로서 성장해온 배경으로 인하여 미국식 문화와 미국인들에 대해서 그다지 호의적인 태도를 지니지는 않았지만, 경제발전을 위하여 미국의 다양한 도움이 필요하다는 것을 깨달은 후에는 미국 정부나 자문기관들의 도움을 적극적으로 받아들이면서 경제발전이라는 목표에 접근하고자 하였다.

2. 발전국가와 정치사회: 주변화된 정당정치[1]

여기서 우리는 한국 권위주의 시대의 집권 여당이었던 민주공화당(DRP)의 흥망에 초점을 맞추고자 한다. 민주공화당은 강력하게 제도화된 조직을 향한 실험에서 어떻게 실패하게 되었는가? 왜 공화당은 결국 박정희 개인의 권위주의 체제를 위한 하나의 장신구로 전락했는가? 민주공화당은 어떻게 안정적이고도 조직적인 인프라 구조와 탄탄한 사회적 기반 없이도 선거 정당성의 기능에 집중할 수 있었는가?

민주공화당의 17년 역사는 강력한 제도를 향한 민주공화당의 열망과 개인 통치를 위한 박정희의 야망 사이에서 벌어진 끊임없는 투쟁의 역사였다. 1961년 군사 쿠데타를 이끈 박정희는 대의민주주의의 가치를 결코 신뢰하지 않았다. 그럼에도 그가 절차적 민주주의를 완전히 폐지한 것은 아니었다.

먼저 국제 정치적 요인을 꼽을 수 있다. 무엇보다도 1961년 군사적, 경제적 원조를 통해 한국 GNP의 17%를 차지했고, 지속적으로 선거 경쟁을 통한 문민정부로의 이행을 강력하게 요구했던 미국 정부의 영향을 들 수 있다. 따라서 선거 경쟁은 대의민주주의의 부활을 위한 미국의 압박에 대한 방패 역할을 하였다. 또 다른 요인은 국내 정치(intra-politics)적 맥락이다. 박정희가 명백한 최고 권위자였지만, 군사 정권은 서로 다

1 이 장은 필자가 『의정논총』 10권 2호(2015)에 발표한 논문 "Historical Origins of Frail Party Politics in South Korea"의 내용에 대부분 의존하고 있다.

른 계급, 출신배경, 학연의 다양한 그룹으로 얽혀 있었다. 이러한 환경에서, 집권 여당의 존재는 다양한 파벌이 서로 경쟁하기 위한 무대를 제공할 수 있었다. 이러한 무대는 박정희가 내부에 통제력을 갖추기까지 아주 중대한 것이었다. 더불어, 시민 사회 내 반대 세력은 경쟁적 선거를 통한 문민정부로의 이행을 요구하였다.

한편, 민주공화당은 선거 동원을 위해 전통적 후견주의(patron–client) 사회 구조와 행정부 조직에 의지해야만 하였다. 게다가 안정적이고 효과적인 정당정치의 전통이 존재하지도 않았다. 그럼에도 선거 경쟁을 통한 정권 획득은 군사 정권에 사람들을 동원할 권한을 부여해 주었기에 중요한 것이었다.

달리 말해 강한 국가와 후견주의(patron–client) 구조가 강한 정당을 향한 민주공화당의 실험에 걸림돌이었다면 미국의 압박, 국내적 요구, 체제 내부의 파벌싸움은 그러한 대립을 완화시키는 역할을 하였다. 게다가 박정희의 통찰과 권력에 대한 의지 역시 중요한 요인이었다. 1960년대 중반 이후 민주공화당과 선거 정치의 점진적인 쇠퇴는 이러한 요인들이 전체적으로 결합된 결과였다.

이러한 분석틀을 기반으로, 세 번의 시기 동안 이루어진 민주공화당의 흥망을 설명할 것이다. 첫 번째 시기는 1961년 후반의 정당 설립부터 1963년 선거에 이르는 기간까지의 시기이다. 이 시기는 민주공화당이 실질적 여당이 되기 위한 비전을 지녔던 때로, 민주공화당과 김종필의 전성기로 특징지어진다. 두 번째 기간은 1964년부터 1969년의 기간을 다룬다. 이때의 민주공화당은 조직적 응집력과 정부에 대한 영향력을 잃기 시작했고, 시민사회와의 안정적 연계망을 발전시키는데 실패하는 시기였다. 마지막 시기는 1970년부터 1980년에 이르는 시기로서, 민주공화당이 더욱 쇠퇴하게 되고, 체제의 주변부로 밀려나게 되는 때이다.

1) 민주공화당의 성립부터 첫 번째 선거승리까지(1961–1963)

군사 쿠데타가 일어난 후인 1961년 12월, 군사정권의 관계자들은 그들의 권력을 공고히 다지고 있는 것으로 보였다. 그들은 몇 달 동안 이어진 미국 관료들과의 줄다리기 끝에 미국 정부의 지원을 얻어냈다. 또한 이전 체제에서 정부의 부패와 침체된 경제성장으로 고통받아온 일반 시민들은 군사 정부에 의한 개혁 조치를 심각하게 반대하지는 않는 것으로 보였다. 그리고 민간 지도자들은 아직 군사 정권에 대한 응집력 있는 저항세력을 구축하지 못한 상태였다.

그러나 군사 쿠데타 지도자들이 군 의회인 국가재건최고회의(SCNR)를 통해 그들의 권력을 더 이상 유지할 수 없게 된 것은 명백했다. 무엇보다도, 미 정부는 군사정권을 민주주의로 복귀시키기 위해 상당한 압력을 가하고 있었다. 미국 정부는 동아시아 안보질서의 목적 때문에, 한국이 민주주의 체제를 유지하는 것이 중요하다고 판단했다. 또한 쿠데타 주동자들의 사상적 기질에 대한 우려가 미국 정부를 더욱 불안하게 만들었고, 즉각적인 민주주의로의 복귀를 압박하게 되었다. 미 정부는 군사 지도자들에 대해 압박을 가할 의지와 수단을 모두 지니고 있었다. 미국의 경제 원조는 1962년 전체 GNP의 15%를 차지했고 군사 원조는 한국 국방력의 필수적인 부분을 담당했다.

민주주의와 관련한 미국의 압박과 박정희의 저항 간 계속된 줄다리기는 결국 1963년 6월 박정희로 하여금 3개월 후 대통령 선거가 치러지기 위한 계획을 선언하도록 이끌었다. 그러나 박정희와 김종필은 이미 선거 경쟁을 위하여 준비를 해오고 있었다. 이 프로젝트의 핵심 요소는 훗날 민주공화당이라고 불리는 새로운 정당을 설립하는 것이었다. 민주공화당을 창설하는 작업에 대부분의 쿠데타 주동자들은 포함되지 않았다. 박정희는 그 프로젝트의 과정을 총괄하였고, 김종필과 그의 동료들이 새로운 정당을 설립하기 위한 대부분의 일을 담당했다.

공화당의 사전 창당 작업은 전국에 지역적 조직을 구성하는 것과 정당의 중앙 조직을 위한 민간인 모집으로 이루어졌다. 첫 번째 민주공화당의 형성은 정당의 근간과도 같은 전국의 조직적 인프라 구조를 만드는 과정이었다. 하향식 방법을 통한 그러한 노력은 한국 정당의 혁신적인 시도였다고도 할 수 있다. 1962년 봄부터 가을까지, 공화당은 지역 조직을 만드는 일에 열중했다. 가장 중요한 일은 변화와 개혁의 목표를 공유할 수 있는 젊고 고등교육을 받은 전문적인 지역 엘리트를 모집하는 것이었다. 그러나 정당 지도자들은 부분적 성공만을 거두었다.

다른 한편 기존 정치인들의 영입은 민주공화당이 지역 사회의 전통적인 후견주의(patron−client) 구조에 여전히 의존하고 있다는 것을 의미했다. 후견주의 구조의 기본 토대는 지역 정치 활동가들과 지역 주민들 사이의 비대칭적 권력관계에 기반하고 있었다. 이러한 활동가들은 지방 행정과 의회 의원들과의 지속적인 협력을 구축함으로써 지역 권력 기관들에 대한 접근권한을 독점했다. 지역 유권자들은 사회적, 물질적 불안정 상태로부터 보호를 받고, 그들로부터 제공되는 재화와 서비스 때문에 후원자적 통제(patron's control)를 받아들였다. 그들은 권력 이행 시기에도 여전히 이러한 특권을 유지했다.

두 번째 차원은 정당조직의 핵심 부분에 민간 인사들을 모집하는 것이었다. 처음엔 이전 체제의 부패와 무능함에 불만을 가지고 있었던 학계, 기자, 교사, 관료 그룹들이 포함되었고, 1962년엔 천 여 명으로 그 인원이 늘어나기도 했다.

이렇게 새롭게 출범한 민주공화당은 절차적 민주주의에 대한 미국의 압박과 국내적 요구에 대항하여 방패 역할을 하기 시작하였다. 게다가, 민주공화당은 군사 정권 내의 다양한 파벌들 사이의 정치적 투쟁을 위한 장을 제공했다. 이는 최고 지도자의 권력에 도전하지 않고, 다양한 그룹들이 정치권력을 위해 경쟁하는 사실상의 이상적인 장소였다고도 볼 수 있다.

이러한 상황은 1963년 초, 친 김종필파와 반 김종필파의 분열이 가열되는 가운데 드러났다. 1963년 초 민주공화당이 다가오는 선거를 위해 수면 위로 떠올랐을 때, 김종필의 영향력이 증가하는 것에 불만을 품고 있었던 선임 장교(senior officer) 그룹은 격한 반응을 내보였다. 이들은 민주공화당이 정부와 입법부 의원들을 통제하기 위해 고안되었다고 인식하고 있었기에, 김종필의 당권 장악을 막기 위하여 최선을 다했다. 1963년 1월, 그들은 비밀스러운 정당형성과정과 정치자금 스캔들 문제 등을 지적하며 김종필에게 당을 떠날 것을 요구했다. 1963년 2월, 박정희는 김종필이 일시적으로 정치의 장을 떠나있도록 설득하는 것을 해결책으로 내놓았다.

이는 초기 사전 창당 계획으로부터 멀어지는 결과를 빚게 되었다. 첫째, 선임 장교들로 이루어진 파벌은 김종필의 영향력 아래 있었던 당 사무조직(party secretaries)의 지배력을 제한하는데 성공했다. 그들은 재정상의 이유로 당 사무조직의 총인원을 1300명에서 600명으로 줄였다. 또한 처음에는 세대변화를 위해 정치적 경험이 없는 국회의원 후보자들을 모집할 예정이었으나 실제로 대부분의 후보자들은 쿠데타 주동자들의 일원인 경우가 많았고, 약 20여명의 국회의원 후보는 구 정치인들로부터 충원되었다. 다수 의석을 획득하기 위해, 민주공화당은 정당공천의 정당한 절차를 거치지 않고, 후보명단에 김성곤, 김진만 같은 구 정치인들의 이름을 올렸다. 이들 구 정치인들은 1963년 선거 이후 박정희의 정치적 근위대 역할을 하게 된다. 즉, 박정희는 선임 장교 그룹의 불만을 이용함으로써 김종필을 다루었고, 구 정치인들을 지명함으로써 김종필에 대한 잠재적 도전자들을 영입한 셈이었다.

군사 통치가 시작된 후 치러진 첫 번째 선거에서, 민주공화당은 손쉽게 승리했다. 박정희는 10월 15일 선거에서 이전 대통령인 윤보선을 물리치고 대통령으로 선출되었다. 그리고 11월 민주공화당은 국회 의석의 80% 이상을 차지하면서 압도적인 승리를 거두었다. 이 선거의 승리는 박정희 시대에 계속적으로 유지되는 선거 경쟁의 기본적인 흐름을 보여주었다.

〈표 4〉 1963년 선거결과

1. 제5대 대통령 선거(1963년 10월 15일)-투표율 85%

후보	득표율	득표수
박정희	46.6%	4,702,640
윤보선	45.1%	4,546,614

2. 제7대 국회의원 선거(1963년 11월 26일)-투표율 72.1%

정당·단체명	득표율	의석수
민주공화당	33.5%	110
민정당	20.1%	41
민주당	13.6%	13
자유민주당	8.1%	9
국민의당	8.8%	2

출처: 『대한민국선거사 1』 중앙선거관리위원회.

1963년 선거에서 농촌과 도시 지역 간의 선거 균열(electoral cleavage)은 중요한 기반으로 등장하였다. 민주공화당은 농촌 지역의 집중적인 지지를 받았고, 반면 야당은 도시지역에서 우세했다. 박정희는 서울에서 윤보선보다 약 43만 표 적게 얻었고 전국 30여 개 도시 중 단지 8개 도시에서만 승리하였다. 이러한 선거 패턴은 선거 동원에 있어 국가 조직에 대한 민주공화당의 의존과 농촌 지역의 독특한 정치적, 사회적 구조의 상호작용으로 나타난 결과였다. 첫째, 행정 조직들은 대대적으로 민주공화당을 위한 농촌 유권자들의 동원에 관여하고 있었다(관권). 그리고 매표행위(금권)는 도시 지역에서보다 농촌 지역에서 더욱 대대적으로 행해졌다.

관권과 금권을 통한 농촌 유권자들의 동원은 공급과 수요의 측면으로 살펴볼 수 있다. 정부와 민주공화당은 선거 지지에 대한 보답으로 유권자들에게 호의와 금전적인 이익을 제공했다. 도시와 지방 정부 공무원들부터 교육위원회(education board), 경찰, 중앙정보부의 공무원들에 이르기까지 다양한 행정조직들이 민주공화당 후보자들을 지원하는데 모두 동원되었다. 야당에 의해 발표된 「민주공화당의 선거부정에 대한 백서」는 당시 관권과 금권의 흐름을 상세히 밝히고 있다. (1) 시장, 군수들과 지역 위원들은 민주공화당 후보자들을 위한 선거집회에 참여했고, 다리 건설, 수도, 전기 공급 개선 등과 같은 민주공화당 후보자들의 공약을 공개적으로 지지하였다. (2) 장관들과 군 장성들은 민주공화당 후보자 지지를 위하여 그들의 연고지에 내려가 다양한 비공식적 모임을 조직했다. 그들은 또한 민주공화당 지지자들에게 활동자금을 제공하기도 하였다. (3) 경찰 서장들은 민주공화당 후보자들을 돕기 위해 그들의 하급자들에게 상당한 액수의 자금을 나누어주었고 민주공화당에 투표하도록 유권자들을 위협하고 압박까지 하였다. 공무원들은 또한 야당의 선거 캠페인을 방해하는 데에도 깊이 관여하였다. 내무부, 경찰, 중앙정보부의 지방 공무원들은 사실상 민주공화당 후보자의 선거운동원로서의 역할을 하였다.

선거 동원에 대한 농촌 유권자들의 취약성은 그들의 낮은 교육 수준과 주관적 정치 문화에서 기인한 것이었다. 1960년, 대도시 지역의 문맹률은 10%(서울)에서 19%(부산)였지만 농촌 지역의 문맹률은 29%에서 36%에 이를 만큼 높았다. 대도시에서는 13세 이상의 35%가 농촌지역에서는 오로지 10%만 7년 이상의 교육을 받고 있었다.

농촌 지역의 사회적 관계의 구조는 농촌 유권자들의 취약성의 또 다른 요인이었다. 도시지역과는 다르게, 농촌 사회는 교육, 직업, 가족 관계 등 비슷한 배경을 가진 사람들 사이 사회적 네트워크의 복잡한 관계망에 기반 한다. 결과적으로, 순응에 대한 압박은 도시 지역보다 그 정도가 훨씬 심하다. 이와 대조적으로 도시의 유권자들은 박정희와 민주공화당에 다소 환멸을 느끼고 있었다. 농촌 지역 사람들보다 고등교육을 받은 도시 유권자들은 공정하고 자유로운 경쟁을 약화시킨 민주공화당을 향한 비난을 서슴지 않았다. 도시 유권자들은 또한 선거 기간 동안 농촌 유권자들의 동원에만 집중하는 민주공화당의 활동에 실망하게 되었다. 다시 말해, 도시–지방 간 균열은 통제와 동원을 위한 국가의 힘이 도시와 농촌에 각기 상이하게 적용된 것과 관련이 깊다.

종합하자면 민주공화당은 1963년 선거 승리를 통해 체제의 정당성을 제공하는 역할을 하였다. 선거 정당성은 세 가지 변화를 가져왔다. 첫째, 민주공화당과 박정희는 선거 경쟁을 통해 정치적 권력을 획득함으로써 한국의 민주적 질서에 대한 미국의 염려를 가라앉혔다. 둘째, 박정희는 쿠데타 주동자들 내부의 당파적 갈등으로부터 스스로를 보호할 수 있었고, 선거 승리를 통해 국가적 지도자로 부상하였다. 마침내 정부의 자원과 권위를 소유하게 되면서, 박정희는 전보다 더욱 쉽게 민주공화당 내부의 잠재적 도전자들을 통제할 수 있게 되었다. 이에 비하면, 김종필과 쿠데타 그룹의 선임 장교 파벌은 정부의 자원, 정보와 분리된 채 민주공화당 내부에만 머물렀다고 할 수 있다. 셋째, 야당은 선거 패배 후 더욱 분파적인 형태로 되었다. 1965년 6월, 다양한 야당이 민정당으로 합쳐지기까지 2년이 걸렸다. 이러한 상황은 권위주의 체제가 경제 발전 정책에 집중할 수 있는 여건을 만들었다. 짧게 말해서 민주공화당은 주로 자율적인 정당에게 장애물로 여겨지는 국가 조직에 의존함으로써 선거 정당성을 확보했다. 나중에 밝혀진 것처럼 그러한 의존은 민주공화당 스스로의 미래를 위해 치명적인 것이었다.

2) 민주공화당의 종속(1964-1969): 낡은 전통으로의 회귀

민주공화당은 선거 정당성을 획득하였지만, 1963년 선거 이후 체제 내 지위를 위해 심지어 생존을 위해 계속적으로 싸워야만 했다. 민주공화당의 최고의 경쟁자는 박정희 그 자신이었다. 박정희는 강하고 영향력 있는 여당을 결코 원하지 않았고, 다만 국내외적 압박에 대응하기 위해 민주공화당으로부터의 선거 정당성만을 원했다. 게다가 그는 1963년 선거 이후 국가 조직을 완고하게 장악하였기에 국가 조직은 민주공화당의 역할을 제한하기 위해 이용되었다. 박정희는 개인적인 통치를 강화하기 위해 민주공화당을 하찮은 존재로 만들기 시작했다. 애초부터 이 싸움은 박정희에게 유리한 것이었다. 박정희가 1963년 선거 이후 대통령의 권력과 특권으로 능력을 갖추었던 반면, 민주공화당의 자원과 비전은 부실하기 짝이 없었다. 박정희의 목표는 민주공화당 계획의 중추였던, 제도화되고 응집력 있는 정당 조직을 위한 이원 조직 시스템을 해체하는 것이었다. 1965년 초 이원 조직 시스템의 붕괴는 박정희에 종속된 기관으로서 민주공화당의 퇴색(premature eclipse)을 의미했다. 물론 민주공화당은 여전히 미국으로부터의 압박과 더불어 야당과 학생 운동가들의 도전에 대한 중대한 완충제로서의 역할을 할 것이었다.

1963년 선거 직후 민주공화당은 김종필이 당수의 지위를 되찾음으로써 독립적인 활력을 되찾는 것으로 보였다. 반면 박정희는 민주공화당의 총재로서의 지위를 유지했으며, 당수는 당의 정례적인 일들을 담당했다. 처음에 민주공화당은 정부와의 관계에 있어 다소간의 자율성을 보였다. 예를 들어, 김종필 파벌의 의원들은 체제 내부에서 민주공화당을 소외시키려는 박정희의 조직적인 시도를 감지했을 때 대통령의 리더십에 대항하였다.

그러나 민주공화당의 전성기는 상상에 불과했다. 박정희는 일본과의 국교 정상화 조약(한일기본조약)의 위기를 기회로 활용했다. 박정희가 소위 6·3사태라 불리는 정치적 위기를 대처하는 방안으로서 내각을 개편했을 때, 김종필은 그 희생양이 되었다. 김종필이 일본과의 국교정상화 회담에 있어 주요한 역할을 하였다고 믿어졌기 때문에, 그는 1964년 7월 사임을 강요받았다. 김종필의 사임은 되풀이되었고, 민주공화당은 지도자와 권력 중추를 잃는 결과가 되었다. 이 기세로 현오봉은 1964년 6월 민주공화당의 사무총장(secretary of general)에 취임했다. 게다가 사무조직(party secretaries)은 약 150여 명으로 더욱 줄었다. 결과적으로 민주공화당 초기의 체계는 크게 무너졌다.

김종필 파벌에 대한 공격은 꽤 광범위했고 치명적이었지만, 민주공화당 내부 김종필의 영향력은 1964년 김종필이 사임한 후에도 여전히 상당하게 남아있었다. 예를 들어, 중앙상임위원회의 의원들은 대개 친김종필과 반김종필 그룹으로 균등하게 나뉘어 있었다. 따라서 반김종필 그룹은 대통령의 지원을 받아 당 내부에 존재하는 김종필의 영향력을 약화시키려 노력했다. 그러한 노력은 1965년 2월 민주공화당의 당헌 개정으로 막을 내렸다. 그 개정은 응집력 있는 정당 조직화의 핵심인, 이원 조직 시스템이 근본적으로 산산조각 나는 것이었다. 그리고 사무총장의 권력은 상당히 줄게 되었다. 행정적 통제와 인사관리의 업무는 사무총장에서 당 총재인 박정희에게로 넘겨졌다. 또한 당의 재정은 김성곤이 총괄하는 새롭게 설립된 재정위원회(finance committee)의 관할로 들어가게 되었다.

1967년 선거-경제 투표와 지역주의의 부상(The 1967 election—Economic Voting and the Rise of Regionalism)

민주공화당이 점진적으로 쇠퇴하고 있었기 때문에, 박정희는 오로지 가장 큰 사명이었던 경제 발전에 집중하기를 희망했다. 그러나 그는 1967년 다시 한 번 선거 민주주의의 제약에 직면해야만 했다. 권력을 유지하기 위해 그는 재선되어야만 했다. 이번에도 박정희는 쉽게 승리를 거뒀고, 이는 그의 권력을 막강하게 만들어 주었다. 박정희는 대통령 선거에서 약 10%의 득표차로 다시금 윤보선을 눌렀다. 국회의원 선거에서 민주공화당은 국회 총의석 중 3분의 2 이상인 129석을 차지했다. 이것은 민주공화당과 박정희의 미래에 굉장히 중요한 의미를 가진다. 박정희는 3분의 2 이상의 의석을 기반으로 헌법을 수정할 수 있게 되었다. 기존의 헌법이 대통령에게 두 번의 임기만을 허락했기 때문에 헌법 개정은 박정희에게 중대한 것이었다. 두 번째 임기 후에도 권력을 유지하기 위해, 박정희는 헌법을 개정해야만 했고, 1967년 선거는 이 중요한 기획의 서막에 불과했다.

〈표 5〉 1967년 선거결과

1. 제6대 대통령 선거(1967년 5월 3일)-투표율 83.6%

후보	득표율	득표수
박정희	51.4%	5,688,666
윤보선	40.9%	4,526,541

2. 제7대 국회의원 선거(1967년 6월 8일)-투표율 76.1%

정당·단체명	득표율	의석수
민주공화당	50.6%	129
신민당	32.7%	45
대중당	2.3%	1

자료: 『대한민국 선거사 1』(한국 선거의 역사 vol. 1). 선거관리위원회, 1971.

〈표 6〉 박정희 시대 지역주의 투표

	1963년 선거 박정희 vs 윤보선	1967년 선거 박정희 vs 윤보선	1971년 선거 박정희 vs 김대중
서울	32 : 68	47 : 53	40 : 60
경기	37 : 63	44 : 56	50 : 50
강원	45 : 55	55 : 45	61 : 39
충북	45 : 55	52 : 48	58 : 42
충남	50.4 : 49.5	49 : 51	55 : 45
부산	61 : 39	67 : 33	56 : 44
경북	67 : 33	71 : 29	76 : 24
경남	54 : 46	75 : 25	74 : 26
전북	62 : 38	46 : 54	37 : 63
전남	66 : 34	49 : 51	35 : 65
제주	51 : 49	64 : 36	58 : 42
계	51 : 49	55 : 45	54 : 46

출처: 『대한민국선거사 1』 중앙선거관리위원회.

※ 두 후보(박정희와 상대후보)만으로 계산한 결과임.

박정희와 민주공화당의 압도적인 승리는 농촌의 동원, 경제적 투표, 그리고 지역주의 투표행태가 상호 작용하여 나타난 결과였다. 박정희가 대통령으로 취임한 이후, 급속한 산업화를 야심차게 밀고 나갔다. 1963

년부터 1967년의 기간 동안, GNP 연평균 성장률은 8.3%로 나타났다. 또한, GNP 중 산업 생산의 점유율은 18%에서 28%로 증가하게 되었다. 놀라운 경제 성장이 이루어졌기에, 유권자들은 높은 지지율로 박정희 체제에 보답하였다. 특히 박정희에 대한 지지율 상승은 농촌 지역에서보다 도시 지역에서 훨씬 더 두드러졌다. 도시 지역에서 박정희는 1963년 선거에서 37.7%의 표만을 획득하였던 것과는 달리, 50.4%의 득표를 하게 되었다. 박정희의 득표율은 서울에서는 32%에서 47%로, 부산에서는 50%에서 67%로 증가하게 되었다.

그러나 경제적 투표행태는 박정희와 민주공화당에게 완전한 축복은 아니었다. 경제적 투표가 도시의 유권자들로부터의 지지를 이끌어냈지만, 1963년 선거 승리의 토대였던 농촌의 유권자들로부터의 지지를 다소간 약화시켰다. 급속한 산업화가 진행되면서, 농촌 지역의 경제적, 사회적 상황 역시 급속하게 악화되었기 때문이다. 산업화 전략이 도시 중심의 불균형적 성장에 기반하고 있기 때문에, 농업 부문은 버려졌고 그 희생양이 되었다. 예를 들어 산업 부문의 연평균 성장률은 1962년부터 1969년의 기간 동안 17.9%였던 반면, 농업과 어업부문은 4.3%에 불과했다. 결과적으로 농촌과 도시 지역의 수입 격차는 벌어지게 되었다. 1970년 도시 지역의 평균 가계소득은 782달러를 달성했지만, 농촌지역은 445달러를 유지했다.

농촌 유권자들 사이의 경제 투표는 지역적 연고와 상당히 관련이 있다. 전라도의 많은 유권자들이 박정희에 대한 지지를 철회한 반면, 역설적으로 박정희의 고향인 경상도의 유권자들은 박정희에 대한 높은 지지율을 보였다. 특히 이전 선거에서 박정희에 대해 열성적인 지지를 보냈던 전라도의 유권자들은 1967년 선거에서 박정희보다 윤보선에게 더 많은 투표를 했다. 반대로, 경상도 농촌의 유권자들은 농촌 지역의 경제적 문제에도 불구하고 박정희를 지지했다. 박정희는 이전 선거에서 약 61%에서 67%에 이르는 표를 받았지만, 1967년 선거에서는 70% 이상의 표를 획득했다.

1967년 선거에서 보인 농촌 유권자들 간 이질적인 반응은 지역적 연고가 선거 동원을 위한 강력한 토대가 된다는 것을 보여주었다. 정부 기관에 의한 선거동원과 비슷한 경제적 어려움에도 불구하고, 경상도의 농촌 유권자들은 박정희에게 지지를 보냈다. 즉, 경상도의 농촌 유권자들은 경제 투표의 합리적 행동이 지역적 연대의 힘에 의해 무색해질 수 있다는 것을 입증해 주었다. 지역주의의 힘은 1971년 선거에서 다시금 그 지배력을 보여주었다. 지역주의 투표행태는 1987년 민주화 이행 이후에도 계속된다. 종합하자면, 박정희와 민주공화당은 농촌 지역의 지역주의 투표와 도시지역의 경제적 투표에 의해 특징지어진 1967년 선거에서 안정적인 승리를 거둠으로써 그들의 권력을 공고히 하였다고 볼 수 있다.

1967년 선거부터 1969년 헌법개정까지-민주공화당을 넘은 박정희의 승리

1967년 선거의 승리는 민주공화당의 운명에 역설적인 결과를 가져왔다. 선거결과는 박정희에게 선거 정당 정치를 무시하고, 체제 자체를 완전히 그 자신만의 소유물로 만들 수 있도록 하는 더욱 강화된 권력을 부여했다. 그 사이, 민주공화당은 박정희의 공격에 더 취약해짐으로써 퇴조를 보이고 있었다. 무엇보다도 박정희 체제에 대한 미국 정부의 영향력은 더 이상 예전처럼 강력하게 작용하지 못했다. 미국의 경제적, 군사적 원조는 1960년대 중반부터 급격히 감소하게 된다. 일본과의 국교 정상화 조약 후에 일본의 원조와 대출은 미국을 대체할 정도로 가파르게 증가한다. 다른 한편, 글로벌 데탕트는 한반도에 대한 미국의 개입을 감소시키는 것으로 보였다.

민주공화당이 취약해진 또 다른 원인은 민주공화당 내부 파벌 갈등의 행태가 변화했기 때문이었다. 대부분의 파벌은 1960년대 후반 사실상 소멸되었다. 초기 가장 큰 파벌이었던 김종필파는 박정희의 분할 통치 전략과 김종필의 개인적 성격 때문에 벼랑 끝에 서 있었다. 또한 군사 정권의 선임 장교 그룹은 정치적 조직으로서 응집력을 잃었다. 백남욱, 김성곤과 같이 노회한 민간 정치인들만이 당 내에서 그들의 발언권을 유지했다. 즉, 박정희는 민주공화당의 파벌정치 자체를 몰아낸 셈이었다.

민주공화당의 쇠퇴와 더불어 선거 정당 정치를 경멸하고 있었던 박정희는 개인적 권위주의 체제에 대한 야망을 실현시킬 기회를 놓치지 않았다. 박정희에게 가장 주요했던 첫 번째 과제는 헌법을 개정하는 것이었다. 헌법은 대통령에게 두 번의 임기만을 부여했기 때문에, 헌법 그 자체가 개인 통치 체제를 공고화하는데 주요한 장애물이었다. 그러나 헌법 개정에 대한 구상은 민주공화당 내부에서 뿐만 아니라 시민 사회로부터 거센 반발에 직면했다. 비록 세력이 약해졌지만 김종필파의 핵심 의원들은 헌법 개정에 강하게 반대했다. 또한 대학생들은 박정희 개인 통치를 위한 독단적인 헌법 개정에 저항하려 다시 거리로 나섰다. 그러나 그러한 반대는 박정희에게 큰 문제가 아니었다. 권력에 대한 박정희의 집착은 강한 것이었고 그는 학생 시위를 탄압하는데 경찰력과 군사력을 동원했다. 또한 128석의 민주공화당 의석은 국회에서 헌법 개정안을 통과시키기에 충분한 숫자였다.

헌법 개정은 두 가지 방식으로 체제 내 민주공화당의 쇠퇴를 가져왔다. 첫째, 헌법 개정이 박정희의 개인적 권력을 위해 민주주의를 희생하는 방식으로 이루어졌기 때문에 그것은 필연적으로 선거 정당 정치를 위한 공간이 줄어드는 것을 의미했다. 둘째, 헌법 개정을 둘러싼 정당 내부의 정치(intra—party politics)는 정당 응집력, 제도의 생명력(institutional vitality), 그리고 시민 사회와의 연계의 측면에서 민주공화당의 쇠퇴를 의미했다. 헌법 개정을 추진하면서 박정희는 민주공화당 내부에서 분할 통치라는 익숙한 전략을 다시금 사용하였다. 이 때 박정희는 김진만, 김성곤, 길재호, 백남억 4인방에 의지했다. 이 정치인들은 헌법 개정에 대해 반대하는 내부 세력에 강경책과 회유책을 번갈아 쓰며, 중앙정보부장 김형욱과 대통령 비서실 실장인 이후락과 협력하였다.

정당 내 권력 투쟁은 박정희를 향한 경쟁적인 충성심과 그에게 신뢰를 받는 정도에 따라 조직화되었다. 정당 내 조직의 정치적 영향력이 박정희의 지원에 따라 결정되었던 것이다.

〈표 7〉 대한민국 국회의 입법활동

	의원 발의	여당 발의	정부 발의	의원발의의 입법률	정부발의의 입법률
제1대	89(38.0)		145(62.0)	48.3	73.0
제2대	182(45.7)		216(54.3)	42.9	63.9
제3대	169(41.2)	50	241(58.8)	42.6	35.5
제4대	120(37.9)	48	202(62.8)	25.8	21.8
제5대	137(42.6)	45	159(53.8)	21.9	25.2
제6대	416(63.3)	183	242(36.7)	42.8	63.6
제7대	244(45.6)	115	291(54.4)	50.4	80.4
제8대	43(31.2)	15	95(68.8)	14.0	34.7
제9대	154(24.3)	37	479(75.7)	54.5	96.0
제10대	5(3.9)	4	124(96.1)	60.0	78.2
제11대	202(45.7)	41	287(58.7)	41.1	89.5
제12대	211(55.7)	57	168(44.3)	31.3	92.9
제13대	570(60.8)	108	368(39.2)	30.0	87.2
제14대	321(35.6)		581(64.4)	37	92
Total	2,863(44.3)		3,598(55.7)	38.7	66.7

〈표 8〉 대한민국 국회의 회기 연간 일자 수

	본 회기	위원회
제1대	200	454
제2대	158	601
제3대	152	957
제4대	98	1,065
제5대	178	754
	166	253

제6대	103	708
제7대	60	406
제8대	62	319
제9대	28	306
제10대	17	112
제11대	36	360
제12대	38	252
제13대	41	450
제14대	42	332
제15대	59	472

자료: 신명순 1993, 331–332 재인용.

국회 입법 관련 자료는 정책 결정과 관련하여 민주공화당과 국회의 역할이 박정희 시대에 급격한 쇠퇴를 경험했다는 것을 명백하게 보여준다. 박정희 시대의 첫 번째 국회였던 제6대 국회에서 국회의원들은 한국 입법 역사상 처음으로 정부보다 더 많은 법안을 발의하였다. 민주공화당과 야당 의원들은 총 법안의 63%를 발의하였으나, 이후 의원 법안의 비율은 7대 국회에서 45%, 8대 국회에서 31%, 10대 국회에서 4%만을 차지할 정도로 대폭 급락하게 된다. 이러한 숫자는 의원 법안의 비율이 1940년대와 1950년대의 과거 체제에서보다 더 낮아진 것을 의미했다. 게다가 집권 여당인 민주공화당 의원 발의안의 감소는 전체 의원 발의안의 감소폭보다 더욱 두드러졌다. 민주공화당 의원들이 6대 국회에서 183개 법안들을 제안한 반면 그 수치는 8대 국회에서 15개로 9대 국회에서 37개로 감소하였다.

또한 민주공화당은 정부 인사의 충원과정에 중요한 역할을 담당하지 못했다. 박정희는 급속한 산업화를 추진하기 위해 기술 관료들(technocrats)에게 과도하게 의존했다. 민주공화당의 정치인들과 쿠데타 주동자들은 사실상 정부 인사에 발탁되지 못했다. 예를 들어, 1963년에서 1972년에 이르는 기간 동안 경제 부처의 80명의 각료들 중 30명은 군인 출신이었던 반면 33명은 관료였다. 그리고 나머지 17명은 과거 정치인이거나 그 밖의 출신이었다.

3) 민주공화당의 쇠퇴(1970－1980)

1972년 박정희가 선거 정당 정치를 사실상 철폐하게 된 가장 중요한 요인은 1971년 선거에서의 결과 때문이었다. 경제가 급속한 성장을 이루고 있었지만, 박정희와 민주공화당은 형편없는 상황이었다. 새로운 도전자인 김대중에 대한 박정희의 득표 차이는 이전 선거와 비교 했을 때 116만 표에서 95만의 득표차로 줄게 되었다. 박정희는 간신히 승리를 거뒀기 때문에 미래 전망이 절망적이라는 것을 깨닫고 있었다.

〈표 9〉 1971년 선거결과

1. 제7대 대통령 선거(1967년 5월 3일)－투표율 79.8%

후보	득표율	득표수
박정희	53.2%	6,342,828
김대중	45.2%	5,395,900

2. 제8대 국회의원 선거(1967년 6월 8일)-투표율 73.2%

정당·단체명	득표율	의석수
민주공화당	48.8%	113
신민당	44.4%	89
국민당	4.1%	1
민중당	1.4%	1

출처: 『대한민국선거사 1』 중앙선거관리위원회.

박정희와 민주공화당이 당면한 첫 번째 문제는 더 이상 경제가 선거에서 그다지 큰 이슈가 아니라는 것이었다. 박정희는 대통령직 유지를 위해 세 번째 재임까지 가능하도록 헌법을 개정했기 때문에, 절차적 민주주의의 이슈는 많은 유권자들에게 심각한 우려사항이 되었다. 이 우려를 없애기 위해, 박정희와 민주공화당은 경제 성장의 공적을 강조하기 위해 애썼다. 결과적으로 1971년 선거 운동은 민주공화당의 경제적 성공과 야당의 민주주의 이슈가 대립하는 양상이었다. 민주주의에 대한 우려는 특히 상대적으로 높은 수준의 교육을 받은 도시 유권자들 사이에서 강하게 드러났다. 그들은 절차적 민주주의가 헌법 개정으로 훼손되었다고 여겼고, 경제성장보다 절차적 민주주의의 원칙이 지켜지기를 바랐다. 1967년 선거에서 박정희에게 지지를 보냈던 도시 유권자들은 박정희에게 점차 등을 돌리기 시작했다. 이전 선거에서 각각 47%(서울)와 67%(부산)의 지지를 받은 것과 비교해보면, 박정희는 서울에서 40%의 표를 획득했고, 부산에서는 56%의 지지를 받았다.

박정희와 민주공화당이 직면했던 또 다른 어려움은 대부분의 농촌지역에서 지역주의 투표가 지배적인 투표행태로 나타나게 된 점이었다. 이전 선거에서는 경상도 지역 농촌의 유권자들만이 지역주의 투표행태를 보였었다. 그러나 1971년 대통령 선거에서 호남지역 농촌의 유권자들 또한 지역주의 투표 행태를 보였다. 박정희 후보는 경상도에서 집중적인 지지를 확보함으로써 약 4분의 3에 해당하는 표를 획득했다. 야당 후보인 김대중 또한 그의 고향인 전라도 표의 약 3분의 2를 획득하며 높은 지지를 받았다. 비록 민주공화당과 박정희가 농촌 유권자들의 지지를 획득하려 그들의 모든 행정조직과 자원을 동원했지만, 전라도 유권자들은 김대중에게 열광적인 지지를 보냄으로써 경상도에만 유리한 불균등한 박정희 체제의 산업화 전략에 불만을 나타내기 시작했다. 박정희 체제로부터의 도시 유권자들의 이탈과 지역주의의 증가는 민주공화당과 박정희에게 심각한 위협이 되었다. 지역주의의 증가로, 농촌의 유권자들은 더 이상 민주공화당의 지지기반이 아니었다. 농촌 지지층의 와해는 박정희와 민주공화당이 의존했던 선거 연합(electoral coalition)의 종말을 의미했다. 이러한 상황은 박정희가 1972년 유신 헌법을 제정함으로써 정치적 어려움이 전면적인 위기상황으로 변화하는 계기가 된다. 쇠약해진 민주공화당과 함께, 박정희는 체제에 궁극적 위기를 가져오게 되는 잘못된 방법을 선택한다.

주변적인 행위자: 유신시대의 민주공화당, 1972—1979

심히 억압적인 개인적 독재정부를 일컫는 유신체제의 등장으로, 민주공화당의 역할은 체제 내 주변부적인 요소로 전락했다. 무엇보다도, 가장 중요한 기능이었던 선거 정당성 제공의 역할까지 훨씬 더 줄어들게 되었다. 유신 헌법은 박정희가 사실상 종신직으로서 대통령의 권한을 누릴 수 있도록 고안된 간접 선거제를 의미했다. 유권자들에 의해 선출된 통일주체국민회의(National Unification Congress: NRC)의 2,359명의 대의원이 대통령을 뽑았고, 1972년 12월 23일 박정희는 2,359명 중 2,357표를 받아 대통령으로 선출되었다. 박정희를 대신할 후보는 존재하지 않았다. 통일주체국민회의의 대의원들은 그들의 정치적, 사회적 배경인 박정희의 당선을 자동적으로 승인하는 집단이었다. 그들 대부분은 박정희 체제와 유대관계를 지속하길 원하는 전직 관료, 기업가, 공무원들이었다. 1978년, 박정희는 대의원 출마 요건을 보강함으로써 통일주체국민회의 대의원들이 친정부 성향을 더 확실히 다지도록 요구하였다. 통일주체국민회의 선거에 출마하기 위해서는, 최소한의 납세실적을 충족시켜야 했고, 지난 3년간 정당 활동을 하지 않았어야 한다는 조건이 있었다. 1978년 7월 6일, 박정희는 다시금 2,583표 중 2,582표를 획득하여 통일주체국민회의에서 대통령으로 선출되었다.

국회의원 선거제도 또한 경쟁과 대표의 가치를 저버린 채, 상당한 변화를 맞이하였다. 유신헌법은 박정희 대통령이 국회의원들 중 3분의 1에 해당하는 인원을 임명하는 것을 가능하게 하였다. 남은 3분의 2는 전국 73개의 선거구에서 선출되었다. 새로운 선거 시스템은 박정희에게 유리하도록 입법부의 과반수를 보장하였던 반면, 선거 정당성은 심히 위태로운 상황이었다.

더불어, 다른 요인들도 민주공화당에 불리했다. 미 정부와 박정희의 관계는 1960년대 후반에서 1970년대 초반에 이르기까지 급격한 변화를 경험했다. 한미 관계는 동맹의 위기, 경제적 대립, 인권 문제에 대한 갈등에 의해 혼란의 상태였다. 미중 간 평화협정으로부터 박정희는 소외

되었고, 한국에서 미국 병력을 철수한다는 계획은 1961년 군사 쿠데타 이후 한미동맹을 가장 큰 격동의 상황에 놓이게 했다. 1960년대 후반, 미국이 외교 정상화와 관련하여 중국과 비밀 협정을 체결했을 당시, 미국은 동아시아 지역의 핵심 동맹국인 한국에 어떠한 기별도 하지 않았다. 또한, 1960년대 후반의 미국 병력의 축소 계획은 한국에서 20,000명의 군인을 철수시키는 결과를 가져왔다. 한미 동맹의 균열은 아이러니하게도 박정희에게 강화된 자율성을 부여했다. 결과적으로, 미국의 요구에 응하여 민주주의를 수호하는 역할을 했던 민주공화당은 이전보다 그 중요성이 더욱 줄어들게 되었다.

또 다른 주요 원인은 체제 내부의 파벌 정치이다. 1960년대 초반, 민주공화당은 다양한 파벌들에게 정치적 투쟁을 위한 적절한 장을 제공했다. 그러나 1960년대 후반, 김종필 파벌의 쇠락과 4인방의 숙청으로, 민주공화당은 박정희 개인의 정당이 되었다. 어떠한 사람도 박정희의 권력 승계에 감히 도전할 엄두를 내지 못했다. 모든 파벌의 지도자들이 권력을 잃었기 때문에, 박정희는 유신 헌법을 매우 신속하게 제정할 수 있었다. 즉, 유신헌법은 1969년에서 1971년에 이르는 파벌 숙청 후 이미 비공식적으로 존재했던 것을 공식화한 것이었다.

야당 세력도 민주공화당을 돕지 못했다. 연이은 선거 패배 이후에도 야당은 살아남았다. 유신 체제가 들어서면서, 박정희와 중도 정치인인 이철승이 이끄는 야당은 잠정적인 평화를 이루었다. 그러나 유신 체제가 정치적 탄압을 강화하면서 선거 정당 정치의 가치를 지키지 않았기에, 이러한 평화는 오래가지 않았다. 박정희는 민주적 반체제 인사였던 김대중을 일본에서 납치했고, 가택 구금을 진행했기에, 긴장은 계속 더

해져 갔다. 결국, 야당의 지도자로서 민주주의를 위해 더 확고한 신념을 지녔던 김영삼의 등장으로, 야당은 체제에 반대하는 노선을 택했다. 이러한 대립은 주로 야당과 박정희 사이의 문제였고, 민주공화당의 완충 역할은 사실상 사라졌다. 야당의 힘과 박정희 사이에는 민주공화당 대신, 정당 정치와 정당의 역할에 친숙하지 않았던 중앙정보부장 김재규와 경호 실장 차지철만이 존재할 뿐이었다.

그러한 대립은 결국 1979년 국회로부터 야당 지도자인 김영삼을 축출하는 결과를 가져왔다. 이는 김영삼의 지역 기반인 부산과 마산 지역의 학생들과 시민들이 항쟁을 일으키는 계기가 되었다. 국민들의 의견에 대한 정부의 노골적인 묵살과 경제적 침체에 대한 우려가 증가함에 따라 발생한 그러한 사태는 1979년 후반 박정희 시대의 비극적인 결말의 서막이었다. 이러한 상황은 김재규가 박정희 시대를 종결시키는 방법으로 암살을 선택하도록 만들었고, 박정희의 암살 소식에도 국민들이 격분하지 않은 이유였다.

4) 결론

민주공화당의 17년 역사는 박정희의 권위주의적 체제에 맞서, 강하고 효과적인 정당을 만들고자 한 노력들이 모두 수포로 돌아간 하나의 실험과정이었다. 처음의 기세에도 불구하고, 그 정당은 체제 내 사회적 연계와 민주적 정당성의 제한된 기능마저 점점 잃어 갔다. 그러나 민주공화당의 쇠퇴는 박정희 체제에 역설적인 결과를 가져왔다. 처음부터,

박정희는 민주공화당을 필요악으로 여겼고, 그의 체제에 민주공화당이 관여하지 못하도록 했다. 1960년대 후반, 박정희 대통령은 결국 정당 없이 국정을 운영했다. 그러나 민주공화당의 쇠락은 박정희 개인에게도 불길한 징조였다.

민주공화당이 체제 내 주변부적인 행위자의 지위로 강등되면서, 박정희는 야당, 시민사회, 그리고 미국을 대함에 있어 중요한 완충 장치를 잃은 것과 다름없었다. 1970년대 초반, 선거 경쟁이 사라짐으로써, 박정희는 일반 국민들과 소통할 수 있는 정규적 경로를 잃었으며, 정치와 경제에 대한 일반 국민들의 생각과 단절되었다. 그는 점차적으로 그 스스로를 대중으로부터 격리시켰고, 그의 충성스러운 참모들에 의해 둘러 싸여 있었다. 민주공화당의 역할이 근본적으로 흔들리게 되면서, 박정희는 야당을 다루는 수단을 완전히 잃었다. 정당정치의 영역은 극심하게 축소되었고, 박정희는 야당을 관리할 효과적인 수단을 갖지 못하였다. 이는 야당이 박정희 체제에 대항하여 노동자, 학생들과 함께 거리로 나서 연합하도록 만든 계기가 된다. 박정희는 약화된 민주공화당을 원했지만, 민주공화당의 쇠퇴는 역설적이게도 박정희의 몰락을 가져왔다.

민주공화당의 몰락이 지니는 또 다른 함의는 한국 정당정치에 지속적으로 이어져오는 과거 유산과 관련이 있다. 처음, 민주공화당 창설은 계획에 따른 일관성, 조직적 안정성, 그리고 시민사회와의 연계에 대한 부족으로 어려움을 겪어온 한국정당정치의 새로운 실험으로 대표되었다. 김종필과 그의 동료들은 이념적인 일관성을 지니고, 조직적으로 안정적이며, 책임 있는 정당을 만들고자 하는 열망이 있었다. 그러나 박정희는 그들의 계획을 사실상 좌절시켜버렸고, 민주공화당 역시 전통적인 한국 정당 정치에서 예외가 될 수 없었다. 박정희 개인의 리더십이 몰락을 맞이한 이후, 개인적 네트워크를 기반으로 한 중앙집권화 된 권력구조, 조직적 취약함, 그리고 정책 문제에 대한 무능함은 민주공화당의 특징으로 나타난다.

박정희 체제가 근대화 프로젝트로 한국의 경제, 사회, 국가의 다양한 차원에서 큰 변화를 불러일으켰지만, 박정희는 민주적 제도를 경시함으로써 정치적 정당을 근대화하는 것은 원하지 않았다. 그 결과, 정치적 정당들은 경제적, 사회적 영역에서 뒤쳐진 채로 남아있다. 정당의 후진성은 과거로부터 계속적으로 이어져오는 유산이며, 1987년 민주주의로의 이행을 겪었음에도 현대적 정당을 향한 노력은 한국에게 감당하기 벅찬 일로 남아있다. 체제 전환 이후, 1987년 선거에서 조차 권위주의 체제의 계승자가 정권을 잡았기 때문이었다.

5) 발전국가 시대의 야당

발전국가 시대를 패권적으로 지배한 것은 분명 민주공화당이라는 여당이었고, 민주공화당의 역사는 한편으로 박정희의 개인 지배체제라는 발전국가 체제의 성격과 경쟁하고 투쟁하는 역사였다고 할 수 있다. 하지만 민주공화당의 패권체제가 유지되었다고는 하더라도, 선거와 국회에는 1972년 유신체제 성립 이전까지는 최소한의 형식적 자유와 형식적 경쟁이 존재하였다고 할 수 있다. 비록 박정희 체제가 점차 공고화되면서, 관권선거와 금권선거도 강해지고, 경쟁의 의미가 점차 희석되어가기는 했지만, 어쨌든 야당의 존재는 점차 축소되어가는 정치적 자유와 경쟁의 공간을 상징하는 것이었다고도 할 수 있다.

여기서 우리는 발전국가 시대 야당의 존재양상과 시간적인 진화, 그리고 발전국가 체제에서 차지하는 야당의 역할에 대해서 간략하게 논의하기로 한다. 야당의 존재 양상과 역할은 크게 두 가지의 요소에 의해서 좌우되었다고 할 수 있다. 첫째는 박정희를 중심으로 한 발전국가의 온건, 강경 태도의 변동과 맞물려 야당의 존재 양상이 크게 좌우되었다. 둘째는 발전국가가 이루어내는 사회적 변동, 즉 도시 중산층의 성장이라든지, 경제적 격차의 확대, 지역별 경제발전의 격차와 같은 발전의 사회적 효과들이 또한 야당의 존재 양상과 발전국가에 대한 반대전략에 영향을 중대하게 미쳤다고 할 수 있다.

매우 간략하게 논의하자면, 발전국가 시대 내내 야당의 반대전략은 대체로 세 가지 유형 사이에서 진동하였다고 할 수 있다. 김수진의 분석에 따르자면(김수진 2008) 발전국가의 야당은 (1) 체제수용형 반대 (2) 체제타협형 반대 (3) 체제부정형 반대의 세 전략을 시기와 환경에 따라서 번갈아 구사하였다는 것이다. "체제수용형 반대란 발전국가의 여러 특성을 수용하고 오직 미시적인 정책 이슈에 대해서만 반대를 제기하는 매우 소극적인 전략이라는 것이다. 한편 체제타협형 반대란 체제의 정당성을 인정하지는 않지만 그에 대한 반대는 오직 제도의 틀 내에서 합법적인 방식으로 한정하는 유형이다. 또한 체제부정형 반대는 체제의 정당성을 전면적으로 부정하고 반대전략으로서 합법, 비합법 수단을 총동원하여 싸우는 전략을 의미한다는 것이다(2008, 32).

김수진은 또한 이러한 세 가지 반대전략은 아래의 표에서 나타내는 바와 같이, 시민사회와 야당의 관계에 의해서 영향을 받는다고 파악하고 있다. 가장 유화적 반대인 체제수용형 반대전략에 대해서 시민사회는 비우호적이며, 체제타협형 반대전략에 대해서는 시민사회는 중립적이고, 가장 강경한 반대전략인 체제부정형 반대전략에 대해서는 시민사회가 협력을 하게 된다는 것이다.

〈표 10〉 발전국가 시기 야당의 반대전략의 유형

반대 전략의 유형	당내 지지세력	시민사회의 태도
체제수용형 반대전략	원내세력	적대적
체제타협형 반대전략	혼합적	중립적
체제부정형 반대전략	원외 기층세력	협력적

출처: 김수진(2008, 33). 〈표 1〉 일부 수정.

김수진은 시민사회의 태도와 당내 세력의 동향을 주요한 요인으로 꼽고 있지만, 사실 야당의 반대전략을 좌우한 가장 중대한 요소의 하나는 발전국가와 민주공화당이라는 패권정당이 야당세력과 정치적 경쟁에 대해서 어떠한 태도를 취하였는가에 있다고도 할 수 있다. 예를 들자면, 발전국가 시대의 종반기인 1970년대 중반 이후 김영삼 총재가 이끄는 신민당이 매우 강경한 반대전략에 나선 데에는 유신 말기 박정희 체제의 경직화와 그에 따른 정치적 탄압의 강화가 가장 강력한 동인이었다고 할 수 있다. 발전국가의 최종단계이고 가장 경직된 체제였던 유신체제는 강경한 반대성향의 김영삼 총재가 신민당의 리더십 장악을 갖은 공작으로 저지하려 하였으나 실패하게 된다. 결국 1979년 초 신민당 당권을 장악한 김영삼 총재는 전 세계적인 경제위기 속에서 경제적 삶이 어려워지는 시민들의 지지를 등에 업고 강경한 반대전략을 적극적으로 구사하였으며 이는 결국 YH 여공 시위에 대한 강경진압과 김영삼 총재에 대한 의원직 제명이라는 초강경 대치를 낳게 되었다. 야당과 시민사회의 반대세력이 연합하여 강경한 체제부정형 전략을 택하면서, 박정희 체제는 최대의 정치적, 경제적 위기로 내몰리게 되었고, 궁극적으로 박정희 중심의 발전국가가 종식되는 결과로 이어졌다.

3. 발전국가와 시민사회

앞에서 논의한 바와 같이, 발전국가 시대 한국의 경제, 사회발전과정에서 주도적이고 지배적인 역할을 했던 것은 강력한 관료제에 토대를 둔 국가였다. 국가는 시민사회나 정치사회에 대해서 공식, 비공식의 연계를 통해서 압도적인 우위를 점하였고, 국가가 경제발전의 전략, 비전, 목표, 이념을 주도하였다. 이러한 국가 주도의 경제발전에서 시민사회나 정치사회의 역할과 특성에 대한 분석은 상대적으로 소홀하게 마련이지만, 그렇다고 해서 시민사회나 정치사회의 역할이 단지 보조적이고 수동적인 역할에 그쳤다고만 할 수는 없다.

시민사회 역시 1960년대와 1970년대의 급속한 산업화를 거치는 동안, 나름의 방식과 역할을 통해서 경제발전에 기여하였다. 또한 이러한 경제발전과정에서의 역할을 통해서 시민사회 스스로가 양적으로나 질적으로 커다란 성장을 이루었다고도 할 수 있다. 이 장에서 우리는 발전국가 시대의 시민사회를 구성하였던 핵심적인 부문으로 노동, 대기업, 재야, 농촌 부문을 설정하고 이들 부문이 급속한 국가 주도 산업화 과정에서 보였던 구조변동과 역할을 살펴볼 것이다.

먼저 노동 부문의 변화와 역할부터 검토해보자(최장집 1997). 모든 산업화 국가들의 변화는 국가—자본—노동의 주요 행위자로 구성된다는 것은 널리 알려진 바인데(streak 1993), 한국의 후발 산업화 과정에서 노동자들의 근면, 노력과 이들이 감수하였던 미비한 경제적 보상, 제약받는 정치적 역할이 적지 않은 역할을 했다고 할 수 있다. 간략하게 표현하자면, 한국의 국가주도 산업화는 (1) 국가의 노동세력에 대한 통제와 동원 그리고 (2) 노동부문의 지속적 저임금과 정치적 대표의 취약함이라는 구조를 통해서 견인되었다고 할 수 있을 것이다. 이러한 발전국가와 노동부문의 관계는 크게 두 가지의 특성을 갖는다. 첫째, 한국의 발전국가 시기에 국가와 노동부문의 관계는 정당이나 그 밖의 정치적 대표체계를 통한 관계 맺기보다는 국가와 노동부문이 직접적으로 연계를 맺는, 이른바 국가조합주의적 관계를 띠고 있었다는 점이다. 둘째, 국가의 통제, 억압, 동원이 주를 이루고 노동부문은 이에 따라서 통제와 동원의 대상이 되기는 하였지만, 이러한 관계가 전적으로 일방적인 관계였다기보다는, 통제와 억압으로만 규정되기는 어려운 상호작용이 국가와 노동부문 사이에 일정하게 작동하였던 것도 사실이라고 할 수 있다. 국가와 노조 지도자들 사이에는 공식, 비공식의 대화와 접촉이 꾸준하게 지속되었던 것이 당시의 현실이며 이러한 접촉은 1970년대 중후반으로 갈수록 더욱 공식화된 통로를 통하게 되었다. 따라서 이러한 국가와 노조의 접촉은 통제, 억압이라는 공식적 관계가 포착하지 못하는 발전국가와 노동부문의 보다 미묘하고 복잡한 관계를 밝혀줄 것이다(Koo 2001).

먼저 발전국가가 주도하였던 노동부문에 대한 통제와 동원의 방식과 내용부터 살펴보자. 1960년대 이후의 급속한 국가주도 산업화 과정은 다름 아니라 한국 시민사회의 50% 이상을 차지하고 있던 농촌사회가 급격히 해체, 축소되고 이들이 도시의 노동부문과 비공식부문으로 이동하는 대규모 사회변동의 과정이었다. 해체된 농민들의 대다수는 도시 산업화 지역의 노동부문으로 흡수되었으며 이들을 기반으로 노동부문은 1960－1970년대에 걸쳐서 급속한 양적인 팽창을 이루게 되었다. 1960년대에 노조 조합원 숫자의 증가율은 대체로 20%대(1962년 24%, 1971년 26% 등)였는데, 이러한 증가율은 1970년대 들어서 더욱 가속화하여 1976년에는 무려 44%의 증가율을 기록하였다. 이들 노동조합은 주로 서울, 수원, 인천을 포함한 서울경기 산업지역 및 남동부 즉 부산, 울산 등의 산업화 지역에 집중되었다. 또한 이들의 노동조합원의 90% 이상은 주로 200인 이상의 노동자가 일하는 대기업 부문에 속해 있었다. (물론 전체 노동자의 대다수는 대기업이 아닌 중소기업에서 일하고 있었다.)

노동부문의 성장에 관한 최장집의 연구에 따르자면, 1960－1970년대의 발전국가가 노동부문을 바라보는 입장은 기본적으로 급속한 산업화를 위하여 저임금과 높은 생산성을 올려주어야 하는 경제합리성, 관료적 합리성에 기반하고 있었다는 것이다. 이러한 생산성, 합리성에 부합하지 않는 노동자들의 경제적, 정치적 요구는 통제되고 억압해야 할 대상으로 이해하였으며 따라서 노동쟁의는 발전을 가로막는 장애물로만 인식하였던 것이 발전국가의 태도였다. 좀 더 구체적으로 말하자면, 국가와 노동부문의 관계는 큰 틀의 관계를 일방적으로 설정하는 경제기획원, 상공부 등이 최상위에 위치하고 이들은 노동조합과의 대화나 협의 없이, 오직 경제발전이라는 국가 목표의 관점에서 임금기준을 설정하고(경제기획원), 생산성 목표(상공부)를 설정하였다. 중앙 경제부처들이 이 같은 목표치를 설정하는 과정에서 노동조합이나 노조 지도자들의 견해가 반영될 기회는 없었다. 오직 이들 발전국가의 선도기관들은 경제의 총량성장에 초점을 맞추었을 뿐, 노동자들의 근로조건이나 삶의 지표에는 커다란 관심을 기울이지 않았다. 다른 한편 이러한 임금기준과 생산성 목표에 대해서 노동자들이 충실하게 따라오도록 노동조합과 작업장 노동자들을 감독하고, 통제하는 역할은 주로 지역의 하위 행정기관인 노동청 사무소, 중앙정보부의 각 지역조직, 경찰들의 역할이었다. 이들 현장 중심의 통제기관들 가운데 중앙정보부와 경찰이 주로 노사관계의 실태를 감시하고, 노조활동에 대한 정치적 통제를 주로 맡았다면, 노동청은 좀 더 다양하고 폭넓은 측면에서 노동부문에 대한 연성 통제를 맡았다(최장집 1997, 217–252). 구체적으로 말하자면 각급 노동청은 (1) 각 사업장에서의 노동쟁의와 단체교섭의 조정 (2) 사용자의 근로기준 준수 여부에 대한 감독 및 산업재해 보상보험 제도를 통한 노동자의 노동조건 향상 (3) 노동시장의 고용증진과 직업훈련을 포괄하는 인력관리 업무 등을 수행하였다. 이러한 작업장에 대한 미시적인 통제, 감독과 거시적인 목표설정을 통해서 발전국가는 노동부문에 대한 정당한 경제적인 보상보다는 높은 생산성과 (통제된) 산업평화를 요구할 뿐이었다.

발전국가는 또한 중앙, 지방조직에 의한 직간접적인 통제 이외에도 하향식으로 발전국가의 이념을 적극적으로 부과함으로써 노동자들의 헌신과 협력을 동원하고자 하였다. 노동부문에 대한 이념적 동원은 이른바 공장 새마을운동이라는 형태를 통해서 추진되었다. 농촌부문의 이념적 동원을 위하여 시작되었던 새마을운동은 1970년대 초반부터 각 사업장에서도 활발하게 추진되었다. 새마을운동의 목적은 점차 증가하는 노동조합의 영향력을 중화시키거나 약화시키면서, 노동자들이 발전국가의 전략과 목표에 순응하고 협조하도록 하는 이념적 동원에 있었다 (Kim and Vogel 2011). 예를 들면, 박정희는 '종업원을 가족처럼, 공장 일을 내 일처럼'이라는 공장 새마을운동의 구호를 제시하면서, 기업과 노동자가 마치 가족처럼 하나의 공동운명체이고 이에 대한 협동과 충성, 조화로운 관계가 되어야 함을 강조하였다. 발전국가의 이념적 동원과 마찬가지로 유교적 가족주의를 강조함으로써 한편으로 공장 새마을운동은 기업주들이 '기업가족들'에게 보다 나은 복지와 작업환경을 제공하도록 촉구하는 측면을 포함하고 있었다. 즉 기숙사, 식당, 진료소, 장학금 제도, 상호부조, 친목회, 야유회 등을 노동자들에게 나은 복지를 제공하는 한편, 노동자들은 노사갈등보다는 사측과 협력하고 부과되는 생산목표를 맞추기 위하여 헌신하는 규범을 강조하는 것이었다. 상공부가 최정점에서 공장 새마을운동 추진본부를 설치하고 있었지만, 보다 구체적으로는 상공회의소, 전국경제인연합회, 무역협회, 중소기업연합회 등의 기업주 단체들이 일종의 보조조직으로서 이 운동을 떠맡았었다. 이러한 중앙조직을 기반으로 각 사업장별로 전국에 걸쳐서 7만 개의 공장 새마을운동 분임조가 조직되었다(1980년 기준). 개별 공장 새마을운동 조직은 새마을지도자와 새마을 분임조라는 두 개의 조직체로 구성되었으며, 이들을 단위로 하여 새마을교육과 새마을 분임 토의 등이 진행되었다. 공장 새마을교육은 새마을정신, 유신이념, 북한의 실정, 남한의 국가안보와 통일, 한국적 노사관계 등에 대한 교육이 주를 이루었으며, 새마을 분임 토의는 해당 작업장에서의 생산공정의 개선, 품질관리, 무결점운동, 원자재 및 재료 경비의 절감, 기술혁신 등을 포함하여 작업장에서 생산성을 높이기 위한 광범위한 주제들을 두루 다루었다. 결국 자발적으로 조직된 노동조합과 하향식으로 조직, 동원된 공장새마을 조직이 경합하면서, 노동자들을 발전국가의 전략과 이념 속으로 포섭, 동원하려던 것이 공장 새마을운동의 핵심 목표였다고 할 수 있다.

다른 한편, 노동청, 경찰 등이 주를 이루는 하향식 통제와 공장 새마을운동으로 대표되는 하향식 동원이 국가-노동 사이의 주된 관계를 이루었던 것은 사실이지만, 이러한 공식적인 관계의 이면에는 다양한 형태의 비공식 접촉과 상호작용이 진행되고 있었다. 1960년대까지 이러한 비공식 접촉은 노조 지도자들과 행정당국의 공식, 비공식 회합을 통해서 이루어지고 있었다. 다양한 로비, 정책건의, 탄원, 공청회, 세미나, 대중 집회 등을 통해서 노동조합은 발전국가의 행정조직들에게 임금, 노동쟁의, 근로기준, 산업재해 보상 등의 요구를 표출하곤 하였다. 하지만 1960년대 초반까지 29개의 주요 정부기관에 노조지도자들이 대표되는 위원회 숫자가 7개에 불과한 데에서 보듯이, 공식적인 상호접촉이 배제된 상태의 비공식 접촉과 요구는 노동자들의 이해를 충분히 안정적으로 반영하기에는 턱없이 부실하였다고 할 수 있다.

이러한 비공식 접촉 위주의 상호작용은 1970년대 들어서면서부터는 발전국가의 통제와 억압이 좀 더 강화되면서 오히려 공식적 접촉 중심으로 이동하는 변화를 보이게 되었다. 1970년대 초 유신체제가 출범하고 발전국가의 권위주의적 통제가 강화되면서, 노동부문에 대한 통제 역시 급격히 강화되었고 역설적으로 이러한 맥락 속에서 노동조합이 정부의 정책결정과정에 참여하는 제도적 통로는 확대되었다. 구체적으로 말하자면, 1971년 국가보위법이 제정되고 국가비상사태가 선포되면서, 노동조합에 대한 통제는 더욱 강화되었다. 노조는 이제 대중집회나 시위를 통해서 이익을 표출하는 것이 원천적으로 불가능해졌고, 정부의 노동정책에 대해서 공개적으로 비판하는 것조차 불가능하게 되었다. 하지만 이와 동시에 형식적으로나마 노동조합이 발전국가의 거시적인 정책결정과정에 참여하는 통로는 확대되었다. 4차 경제개발 5개년계획(1977-1981)의 수립과정에 형식적으로나마 노조대표들이 참여하게 되었으며, 박대통령이 주재하는 월례 수출진흥회의에도 노조대표의 참여가 보장되었다. 또한 1978년 출범한 근로자 복지정책 심의위원회에 노조대표가 구성원으로 포함되면서 임금, 노동자 안전, 근로조건을 포함한 주요 노동정책을 종합, 조정하는 과정에 참여하는 길이 열리게 되었다.

한편 농촌사회는 전형적인 시민사회의 구성요소로 분류되지는 않는다. 하지만 발전국가가 본격적으로 출범하던 1960년대 초 한국 사회는 압도적인 농촌 중심의 사회였다. 인구의 60% 이상이 농업에 종사하고 경제 총생산에서 차지하는 1차 산업의 비중은 절대적이었다. 따라서 우리는 한국의 농촌사회가 산업화라는 거대하고 급격한 전환 앞에서 어떠한 도전에 마주하였는지, 또한 이에 대해서 어떠한 방식의 응전을 보여주었는지를 검토하고 이를 통해서 발전국가 시대의 주요 행위자로서의 농촌사회의 변화를 추적할 것이다(Lee 2011).

발전국가 시대의 농촌사회에 부과된 도전은 사실 매우 이중적이고 모순적인 내용들로 채워져 있었다. 한편으로 농촌사회는 발전국가를 이끌던 박정희 정부에 대한 가장 강력한 지지 세력으로서의 역할이 부과되었다. 인구의 압도적 다수를 차지하고 있을 뿐만 아니라 박정희 스스로가 당시의 수많은 한국인들과 마찬가지로 가난한 농촌 출신이었다. 따라서 1963년 대통령 선거와 국회의원 선거에서 박정희 후보가 이끄는 공화당이 출범 당시 당의 상징으로서 농촌의 충직한 일꾼인 '황소'를 내세울 만큼 농촌사회의 지지를 끌어내는 데에 적극적이었다.

다른 한편으로 농촌사회는 급격한 산업화 과정에 노동인력을 공급하는 배후지역이면서 동시에 산업화 중심의 발전전략으로부터 소외된 채 산업화의 경제적, 사회적 과실을 누리지 못하는 소외된 세력이었다. 달리 말하자면, 산업화의 혜택을 크게 누리지 못하면서도 산업화를 주도하는 발전국가에 대해서 지지를 보내고 충성을 하는 모순된 위치에 처해 있었던 것이 1960—1970년대 한국의 농촌사회였다.

좀 더 구체적으로 살펴보자면, 압도적인 인구를 차지하고 있던 농촌사회의 정치적 지지를 지속적으로 이끌어내기 위해서, 박정희 정부는 지지 동원과 농촌자립 운동이라는 이중적인 성격의 전략을 구사하였다. 지지의 동원은 거의 하향식, 일방적으로 진행되었는데 여기에는 다양한 행정기관들에 의한 동원과 통제 그리고 발전국가 이념의 하향식 전파 등이 주요한 부분을 차지하였다. 사실 박정희 정부가 주도하는 발전국가 시대가 열리기 전까지 농촌사회는 농민들을 집단적으로 조직하는 의미있는 조직체도 거의 부재한 상태였고 또한 이들에 대한 관료적 통제를 주도할 만한 강력한 지방조직이 활발하게 활동하는 것도 아니었다.

하지만 박정희 체제가 출범하고 관료조직이 팽창하고 정비되면서 내무부 산하의 방대한 지방행정조직은 농촌사회에 대한 동원과 통제의 역할을 하게 되었다. 전국 14000개의 면단위 행정조직과 36000개의 마을단위까지 매우 촘촘하게 행정조직이 자리 잡고 지역 농촌사회와 긴밀히 연관되었다. 면사무소 및 파출소 등은 농촌 지역민들의 출생, 주소 변동, 병역, 재산상황의 관리 및 각종 준조세 납부와 같은 행정적 기능을 통해서 농촌 지역사회의 동향 및 흐름을 면밀히 파악하고 있었으며 이러한 활동들은 또한 농촌 지역민들의 지지를 동원하는 주된 통로로서 역할을 하게 되었다. 지방행정조직들이 농촌 지역민들의 지지를 동원하는 방식은 사회과학에서 흔히 후견-피후견 구조라 부르는 비대칭적인 네트워크, 그리고 발전국가 이념의 하향식 전파를 통해서 이루어졌다.

후견-피후견 구조는 지방행정조직들이 그들에게(달리 말해 발전국가의 목표와 비전 등등) 충성과 지지를 보내는 핵심세력들에게 적극적인 보상을 줌으로써 관계를 맺는 일종의 비공식적이면서 비대칭적인 협력관계이다. 선거가 있을 때에 적극적으로 농촌민들을 동원한다든지 평소에 지방행정조직이 집행하는 각종 행정업무에 적극 협조하는 지지층들에게는 그에 대한 반대급부로써 나름의 정보에 대한 접근권, 지방행정조직이 분배하는 물질적, 비물질적 혜택들에 대한 우선적인 접근 등이 제공되었다(Helmke and Levitsky 2006).

후견-피후견 구조가 상징하는 바와 같이, 농촌사회가 일부에서 제시한 분석처럼 박정희 시대의 발전국가에 대해서 맹목적이고 일방적인 지지를 꾸준히 보냈던 것은 아니었다. 각 마을단위, 촌락단위로 보자면 위와 같은 후견-피후견 구조 속에서 일정한 경제적, 물질적 혜택 등과 발전국가에 대한 지지가 교환되고 있었던 것이고, 전국적으로 보자면 농촌지역의 발전국가에 대한 지지는 지역별로, 또한 정부의 농촌정책의 변화 등에 따라서 적지 않은 변동을 겪으면서 진화하고 있었다.

이른바 준봉투표라는 개념을 제시했던 윤천주의 분석은(윤천주 1961) 1960년대 한국의 농촌 유권자들을 수동적인 존재로 바라보고 이들이 낮은 교육수준, 낮은 정치적 성숙도 등으로 인하여 농촌공동체에서 작동하는 보이지 않는 압력에 따라서 여당과 정부에 대한 지지를 꾸준히 보내는 것으로 파악하였다. 물론 농촌사회가 도시 지역에 비해서 상대적으로 교육수준이 낮은 것은 사실이었지만, 이들의 정치적 선택이 단지 발전국가의 동원 전략에 따라서 일방적인 지지를 계속 보냈던 것은 아니었다. 1963년 대통령 선거에서 농촌지역은 공화당의 박정희후보를 압도적으로 지지하고, 도시지역은 야당인 윤보선 후보를 지지함으로써 이른바 여촌야도 현상이 뚜렷하게 나타났던 것은 사실이다. 그러나 우리가 발전국가의 정치사회를 논의하는 장에서 살펴보았듯이, 농촌사회의 지지는 이후에 적지 않은 변동을 보여왔다. 1967년, 1971년 선거를 거치면서 농촌사회는 지역주의의 영향을 적지 않게 받기 시작하였다. 구체적으로 말하자면, 영남지역의 농촌사회는 박정희 후보와 발전국가에 대해서 강력한 지지를 계속하였지만, 상대적으로 산업화에서 소외되었던 호남지역의 농촌사회는 발전국가와 박정희 후보에 대한 지지가 상당히 약화되기 시작하였다. (예를 들자면, 1962-1971년 사이에 농업을 포함한 1차 산업의 성장률이 평균 4%에 그치는 동안 2차 산업부문은 14.2% 성장하였으며 농업종사자의 평균소득은 도시부문 노동자의 절반 수준에 불과하게 되었다. 게다가 이러한 도시 농촌간의 격차는 지역별로 더욱 심화되는 양상으로 나타났다. 대부분의 공업단지가 동남부 울산, 부산, 마산, 포항 등에 위치하면서 영남과 호남

지역의 경제적 격차는 빠르게 심화되고 있었다.) 이는 호남출신의 김대중 후보가 1971년 대통령 선거에서 의미 있는 도전자로 부상하면서, 호남의 농촌사회가 기존의 준봉투표를 넘어서 지역주의 투표의 성향을 강화한 결과라고 할 수 있다. 달리 말하자면, 농촌사회의 정치적 성향은 발전국가의 동원, 농촌사회의 정체됨과 요인들뿐 아니라 지역주의, 경제적 고려 등이 복합적으로 작용하고 있었다고 할 수 있다.

이 같은 복합적인 성격에도 불구하고, 발전국가는 농촌사회의 정치적 지지를 강화하고 정당성을 확보하기 위해서 적극적인 노력을 계속하였는데, 그 가운데 매우 주목할 만한 현상은 1970년대에 들어서 본격화된 새마을운동이었다. 1970년대에 들어서 도시-농촌의 격차는 확대되고, 또한 농촌의 지지가(특히 호남지역의 정치적 지지가) 약화되면서, 박정희 정부와 발전국가는 농촌사회에 커다란 변화를 몰고 오는 새로운 프로젝트를 기획하였다. 농촌의 근대화, 농촌 생활환경의 개선, 농촌의 의식의 변화, 농업의 생산성 증대 등을 목표로 한 이 새마을 운동은 발전국가가 농촌을 포함한 시민사회에 대해서 시도했던 최대의 동원 프로젝트였다고 할 수 있다. (새마을 운동은 1970년대 초반 중동건설 붐과 같이 발전국가의 산업화의 성과에 따라서 국가의 재정적 여유가 생기면서, 이를 적극적으로 추진하기 위한 재정적 기반이 마련된 상황과 무관하지 않았다.)

여기서 주목할 것은 새마을운동은 분명 발전국가가 먼저 주도적으로 기획하고 주도였지만, 그렇다고 해서 발전국가가 절대적으로 하향식, 일방적, 강제적으로만 이끌어가고 농촌사회는 그저 소극적, 수동적으로 동원되기만 한 것은 아니었다는 점이다. 물론 근면, 자조, 협동처럼 기존의 농촌사회의 정체와 무기력을 타파하기 위한 정신적 가치들도 발전국가가 주도하였고, 또한 새마을지도자들을 중심으로 이들에게 다양한 발전국가 이념들(산업화 민족주의, 남북경쟁, 행정적 민주주의)을 주입, 교육하는 과정도 발전국가가 주도하였지만, 이러한 과정에서 분명 농촌사회의 자발적인, 주체적인 참여가 없었다고 하기는 쉽지 않다. 최근의 연구들은 당시 새마을운동에 관련된 1차 자료의 분석 등을 통해서, 당시 새마을 지도자들을 중심으로 이러한 농촌사회의 의식과 생활환경의 변화를 추구하는 노력들이 긍정적인 결과를 가져오고 오랜 기간의 무기력한 관성을 타파하는 데에 도움이 될 수 있다는 인식도 적지 않게 자리 잡았음을 밝히고 있다(한도현 1989).

정리해서 말하자면, 발전국가–농촌사회의 동원과 통제, 충성스런 지지 등의 관계는 그동안 통념적으로 이해되던 것처럼 단순하기보다는 복합적인 관계였으며, 이러한 관계는 사회적, 경제적, 문화적 변화에 따라서 진화해가는 관계였다는 점에 주목할 필요가 있다.

발전국가 시대의 시민사회에서 또 하나의 중요한 행위자는 이른바 재야라고 불리는 부문이다. 일반적인 사회과학적 분석틀이나 개념으로 쉽사리 포착되기는 어렵지만, 시민사회의 자율적인 영역에서 활동하면서 발전국가의 이념과 전략에 비판적으로 맞섰던 지식인–종교인들의 네트워크로서의 재야는 발전국가 시대 한국의 시민사회에서 매우 중요하고도 독특한 위치를 점하고 있었다. (재야에 관한 이하의 논의는 Park(2011)을 주로 참조함.) 발전국가 시대 내내 제도권 내의 야당이나 시민사회 속의 농촌, 노동부문이 두드러지게 발전국가를 견제, 비판하는 역할을 충분하게 해내지 못했다면, 그러한 역할은 대부분 재야라고 불리던 시민사회 지식인 네트워크가 수행하였다고 할 수 있다. 주로 북한 지역에서 이 주한 기독교계 인사들(김재준 등) 및 발전국가에 대해서 비판적인 언론인(천관우 등), 대학교수, 문인(김지하, 고은 등) 들의 네트워크로서의 재야는 발전국가가 주도하는 급격한 산업화, 정치적 권위주의의 여러 측면들을 끈질기게 비판하였다. 박명림은 발전국가 시대 재야 세력은 크게 세 단계를 거치면서 진화하였다고 보고 있다. 첫 번째는 발전국가 출범 초기 정부가 추진하던 한일국교정상화에 대한 반대운동을 주도하면서, 재야는 민족주의적 성향을 드러내게 되었다는 것이다. 둘째 단계는 1969년 박정희 대통령이 대통령 중임제한을 철폐하는 3선 개헌에 저항하는 3선 개헌 반대운동을 통해서 민주주의의 가치를 지키는 자유주의의 성격을 표방하게 되었다는 것이다. 셋째 단계는 1970년대 급격한 산업화가 무르익으면서 산업노동자들의 인권과 기본적 권리에 대한 인식이 널리 공감을 얻고 확산되는 과정에서 재야가 이를 주도하면서 민중의 사회적 권리를 지키는 개혁세력으로서의 성격을 얻었다는 것이다. 다시 말해 재야는 발전국가의 전략과 목표수행 방식에 저항하면서 비판세력으로 성장하였으며 이 과정에서 시민사회의 활력과 자율성을 보여주는 데에 있어서 주도적인 역할을 해냈다고도 할 수 있다.

정리하자면, 발전국가 시대의 한국은 강력한 국가의 주도 아래 경제와 사회의 실로 거의 전 부문에 걸쳐서 경제적 근대화를 이뤄냈다고 할 수 있다. 국가는 압도적인 역량을 동원하기도 하고, 또한 정치사회와 시민사회를 억압, 동원하면서 경제적 근대화의 선도자적 역할을 해냈다. 이를 통해서 거대한 경제적 업적이 축적되었을 뿐만 아니라 한국인들 사이에서 근면과 자립적 발전에 대한 의식이 자리 잡게 되었다고 할 수 있다. 하지만 이렇듯 전 세계적으로 주목받는 경제적 발전은 그 못지않은 그림자를 드리우게 되었다. 억압되고 주변적 위치에 머물렀던 정치사회와 시민사회는 민주화 이후에도 적합한 역할을 발전시켜나가는 데에 커다란 어려움을 겪게 되었다. 또한 국가가 주도해온 핵심적인 역할은 개방화와 경쟁이라는 세계화 이후의 시대에 걸맞게 한국의 발전모델이 새로이 진화해 나가는 데에 적지 않은 장벽으로 작용하게 되었다. 이제부터 우리는 민주화와 세계화라는 새로운 도전 속에서 기존의 발전국가 모델이 스스로를 어떻게 재정의하고 그에 따른 응전의 양상을 보여주는지를 검토할 것이다.

III. 민주화, 세계화 이후 발전국가의 변용 (1987–2012)

	1987–2002년	2002–2004년
국가와 정치사회의 연계	제왕적 대통령의 지속	대통령–여당관계의 새로운 실험
정치사회 제도의 구조와 특성	계승형 카르텔 정당체제: 과거의 지속	혼합형선거제도 지구당 폐지 등의 제도개혁
정치사회와 시민사회의 연계	제한적 개방과 지역주의	새로운 대안조직의 도전과 대응

1. 포스트 발전국가의 도전과 응전

1987년 민주화와 1989년 전 세계적인 냉전의 해체와 더불어 한국의 발전국가는 전혀 새로운 환경을 맞이하게 되었다. 국내적으로는 권위주의 정치와, 국제적으로는 냉전질서 속에서 경이로운 발전을 거듭해온 한국의 발전국가는 권위주의에서 민주주의로의 이행이라는 중대한 도전에 적응해야 하는 과제를 안게 되었다. 또한 밖으로는 동서 진영 간의 냉전의 해체와 뒤이은 이른바 세계화의 흐름에 적응해야 하는 과제를 안게 되었다. 그동안 국내외의 사회과학계는 민주화 이후 발전국가의 변화, 변동, 적응의 문제에 대해서 방대한 논쟁을 벌여왔다. 한편에서는 발전국가의 퇴조가 강조되는가 하면 다른 한편에서는 민주화 이후에도 발전국가의 현실적, 개념적 유용성을 내세우는 입장이 꾸준하게 제기되곤 하였다. 또한 이러한 상반되는 두 입장 사이에서 개념적 절충을 시도하는 노력들 또한 꾸준하게 전개되었다(Friendman 2005; Held 2000).

이 글에서 우리는 이러한 발전국가의 쇠퇴, 유지, 변용의 논쟁을 단순히 재정리하고 따르기보다는 민주화, 세계화라는 거대한 전환 속에서 발전국가의 주요한 특성이 어떠한 대응을 보여 왔는가를 중심으로 논의할 것이다. 좀 더 구체적으로 말하자면, 우리는 1980년대 이후 전 세계적인 민주화의 흐름과 한국사회의 민주화는 발전국가가 성립된 1960년대 초반 이래로 최대의 변화라고 인식한다. 따라서 민주화가 가져오는 탈권위화, 자유화, 분권화와 같은 흐름들이 발전국가의 핵심적인 속성인 (A) 발전국가의 (1) 제도와 능력 (2) 핵심관념 (3) 시민사회, 정치사회와의 관계에 어떠한 긴장과 압력을 가하게 되었는지를 논의하고 또한 탈권위, 자유화를 포함한 민주화가 (B) 시민사회와 기업부문의 성장과 변동에 불러온 효과 및 (C) 정치사회의 변동을 추적하면서 우리의 발전사를 서술하고자 한다.

민주화와 더불어 냉전의 종식과 세계화의 흐름 역시 발전국가의 거시적 환경을 급격하게 바꾸어 놓은 수십 년만의 변화이며 세계화에 따른 개방과 경쟁, 전 세계적인 통합의 흐름이 또한 발전국가의 제도와 능력, 핵심관념, 시민사회, 정치사회와의 관계에 중대한 압력을 가하게 되었다.

1) 민주화, 세계화의 변동과 발전국가의 적응 및 포스트발전국가로의 변용

앞에서 논의한 바와 같이 발전국가의 핵심적 속성은 (1) 제도와 능력 (2) 관념 (3) 관계의 세 차원으로 이뤄져 있다. 먼저 민주화와 세계화의 변동에 따른 발전국가의 제도와 능력의 변용에 대해서 검토해보자.

(1) 민주화, 세계화와 발전국가의 제도와 능력

발전국가 개념을 처음 창안한 찰머스 존슨의 주장처럼, 발전국가를 지탱하던 국가능력의 핵심은 첫째, 발전을 향한 사회적 목표의 설정 및 전파, 동원능력 둘째, 관료조직의 역량을 집약하고 이를 이끌어갈 선도기관의 능력(여기에는 선도기관에 의한 조정 능력 및 모니터링 및 제도화된 소통채널 등이 포함된다.) 셋째, 정치사회나 이익집단의 압력으로부터 상당한 자율성을 갖춘 채 장기적인 발전목표를 향해서 노력할 수 있는 제도화된 협력체계였다고 할 수 있다. 발전국가의 이러한 세 가지 핵심적 기둥은 1987년 민주화가 가져온 다양한 변화들을 마주하면서 커다란 변화에 직면하게 되었다(Johnson 1982; Woo 1999).

첫째, 민주주의가 가져온 권력경쟁과 그에 따른 자연스런 결과로서의 주기적인 정권교체는 한국의 국가가 이전처럼 장기적인 관점에서 발전의 전략을 추진하기는 어렵게 되었다. 민주주의가 정착된다는 것의 최소적인 의미는 정부의 권력이 경쟁을 통해서 선출되고 이러한 정부의 권력이 다양한 정치세력에 의해서 교체되는 것을 뜻한다. 민주화 이행 이론의 대표적 학자의 한 사람인 셰보르스키는 민주적 경쟁방식이 유일한 정치권력 선출의 규칙으로 자리 잡으면서 동시에 최소한 두 번 이상의 수평적 권력교체가 일어날 때 그 나라의 민주주의가 제도적으로 공고화되었다고 평가할 수 있다고 주장한 바 있다. 실제로 우리의 경우에도 1987년 민주화를 통해서 노태우 정부가 출범하였지만, 1992년에는 민주화 운동을 이끌어온 권위주의 시대 야당의 지도자였던 김영삼 정부가 출범하였으며, 1997년에는 또 다른 민주화 운동 지도자였던 김대중 대통령의 선출을 통해서 수평적인 정권교체가 자리 잡게 되었다.

이러한 수평적 정권교체는 민주화의 중대한 성과이면서 동시에 민주주의 진전을 의미하는 것이었는데, 이러한 정기적인 교체가 국가의 장기적인 목표설정과 목표의 확산 및 동원능력을 저하시키는 결과를 가져왔다. 예를 들자면, 노태우 정부에서 김영삼 정부로 이어진 1987–1997년의 10년 기간 경제발전을 향한 정부의 목표는 커다란 전환을 경험하였다. 노태우 정부가 토지공개념, 경제력 집중의 완화 등을 내걸었다면 이어서 등장한 김영삼 정부는 1994년부터 세계화 개방을 핵심적인 국가목표로 설정하였다. OECD 가입을 계기로 해서 김영삼 정부는 폭넓은 시장개방 뿐만 아니라 자본시장과 외환시장의 급격한 개방을 추진하였다. 1980년대 이후 미국이 주도하는 개방경제의 흐름과 1989년 냉전 종식 이후의 세계적 흐름에 동참하는 것이 우리 경제를 다시 한 번 도약시키는 길이라는 논리가 정부의 사고와 행동을 지배하게 되었다(Kim S 2000). 이러한 세계화 개방전략은 분명 세계적인 흐름에 동참하면서 개방을 통해서 경제성장을 유지한다는 측면에서 충분한 의미를 갖는 것이었지만, 실제로는 과도하게 빠른 개방과 개방에 따르는 충격흡수를 위한 내부적인 제도보완 등이 제대로 이루어지지 않으면서 1997년 IMF로부터 역대 최대의 긴급금융자금을 얻어 쓰는 이른바 IMF 금융위기로 이어졌다(이연호 1998).

이러한 금융위기 속에서 등장한 김대중 정부로서는 IMF의 권고 조치에 따라서 경제체질 개선과 각 부문의 개혁을 시도하게 되는데, 이는 분명 전임 김영삼 정부의 급격한 개방정책과는 확연히 구분되는 것이었다. 또한 김대중 정부 시기부터 일반 시민사회에서 세계화=빈부격차 확산(경제실패)라는 인식이 확산되면서 기존의 개방정책이 지속될 수 있는 동력과 정당성은 급격히 약화되었다.

달리 말하자면, 5년 단임 임기를 기반으로 주기적인 정권교체가 일어나게 되면서 과거처럼 대통령이 정점이 되어서 장기적인 발전목표를 추구하던 관행은 더 이상 유지되기 어려워졌다. 또한 대통령제가 갖는 과거 지우기라는 속성이 또한 장기적인 목표설정과 추구를 어렵게 하는 환경을 가져왔다. 같은 정당 소속이었던 김영삼 정부는 전임 노태우 정부의 전략적 목표를 계승하기보다는 그에 대한 강력한 비판과 과거 바로잡기를 임기 초반에 추진한 바 있다. 김영삼 정부는 임기 초에 군부 내의 특정집단인 하나회에 대한 대대적인 숙정을 실시함으로써 군부 출신인 노태우 정부와 차별화를 시도하였을 뿐만 아니라 종국에는 노태우, 전두환 두 전직 대통령을 쿠데타 혐의로 기소하면서 과거 바로세우기를 시도하였다. 이를 통해서 김영삼 정부에 대한 지지는 급격히 상승하면서 정당성을 보완하였으나, 이러한 맥락에서 전임 정부의 발전전략이 제도적, 정치적으로 계승되기는 어려웠다. 이러한 과거 지우기는 사실 한국만의 특성이라기보다는 "유권자에 의해서 선출된 군주"로서의 대통령이 정당성을 확보하는 일반적인 방법의 하나라는 대통령제 연구자들의 주장이 가리키듯이(Skowronek 1982), 대통령제의 일반적 특성이라고 할 수 있다.

둘째, 발전국가가 사회와 기업의 역량과 자원을 효과적으로 배분, 조정함으로써 효율적인 발전전략을 이끌어 가는 데에는 정부조직 내의 선도적 기관의 역할이 매우 중요했다는 찰머스 존슨의 관찰은 민주화 이후에 커다란 도전을 맞이하게 되었다. 앞에서 논의한 바와 같이, 발전국가 시대의 한국의 관료조직, 특히 경제관료 조직은 장기적인 전략과 비전을 설정하고 이를 집행, 모니터링하는 경제기획원과 재무부의 선도적인 역할에 힘입은 바가 컸다. 그러나 민주화는 많은 조직의 권력과 권위의 분산을 의미하는 것이고, 실제로 우리의 경우에 이러한 민주화의 변화는 선도기관의 역할을 현저하게 위축시켰다고 할 수 있다.

노태우 정부 이후에 매번 새로운 행정부가 출범할 때마다 거의 항상 정부조직 개편이 이뤄져왔는데, 이 과정에서 발전국가 시대의 경제기획원은 폐지되고 이후에 재무부와 합쳐져서 재정경제원, 기획재정부, 기획예산처 등의 다양한 조직으로 통폐합, 분리 등의 과정을 수차례 겪게 되었다. 동시에 과거 경제기획원과 재무부가 보유했던 기능과 역할은 금융위원회, 금융감독위원회, 공정거래위원회, 기획재정부 등의 다양한 부처로 분리되었다. 달리 말해 과거 선도기관으로서의 경제기획원을 필두로 한 위계적인 정부조직은 민주화 이후에 여러 부처가 경쟁하기도 하고 갈등하기도 하는 분권화된 조직으로 변화하였다고 할 수 있다(김동욱 2008).

과거 경제기획원의 선도기관으로서의 조정 및 총괄, 평가 등의 역할을 형식적으로 이어받은 것은 국무총리 산하의 국무조정실이라고 할 수 있다. 이 조직은 최근 10여 년 사이에 수백 명의 인력을 갖춘 조직으로 확대되고 산하에 국무조정, 업무평가, 규제개혁 등의 여러 조정업무를 맡게 되었지만, 대통령이 임명하는 국무총리가 여러 부처의 갈등과 경쟁을 조정하기에 충분한 권한과 자원을 갖춘 것은 아니었다. 결국 발전국가 시대의 조정, 조율 등의 역할은 크게 위축되고 거대한 여러 부처들 간의 끝없는 경쟁과 갈등이 이를 대신하게 되었다.

선도기관의 위축과 더불어 또 하나의 중대한 변화는 발전국가를 이끌어온 관료조직에서 위험감수(risk taking)의 성향이 크게 약화되었다는 점이다. 경제발전의 장기적 목표가 설정되고 그에 대한 지속적이고 장기적인 모니터링이 이뤄지던 발전국가 시대에 경제관료들은 산업화의 주요한 결정을 내리고 추진하는 과정에서 상당한 수준의 위험감수를 택할 수 있었다. 모든 정책결정에는 위험이 개입되어 있기 마련이지만, 장기목표가 설정되고 그에 대한 점검을 통해서 엄정한 평가와 상벌이 체계화된 상태에서는 정책결정자들은 목표를 수행하기 위한 위험 감수를 택하게 된다. 1970년대 초반 중화학공업 추진과정이라든지, 1960년대 수입대체 산업화 단계에서는 이러한 위험 감수가 폭넓게 이뤄졌다고 할 수 있다(Wong 2011).

하지만 장기목표가 유지되기 어렵고 또한 부처들 간의 권한의 분산과 그에 따른 부처 간 경쟁이 심화되면서, 경제부처의 관료들은 이전처럼 위험감수를 택하기보다는 위험회피(risk-averse) 경향을 늘려왔다. 따라서 시장경제 내의 잠재적인 승리자를 미리 선택하여 집중적으로 자원을 배분하고 정책적 지원을 아끼지 않는 모험정신은 희미해졌다. 발전국가 시대의 상공부나 재무부는 조선, 건설, 중화학, 자동차 등의 업종에서 잠재적인 승리자를 발굴하여 이들에게 각종 세제 혜택에서부터 다양한 재정적, 제도적, 법적 지원을 제공하면서 선도기업을 경제성장의 핵심으로 육성하였었다. 이에 힘입어 이들 선도기업들은 시장경제와 세계경제에 내장된 불확실성을 딛고 실제로 한국의 1960-70년대 성장을 견인하였다.

하지만 위험회피가 일반적인 경향으로 자리 잡게 되면서, 경제관련 부처들은 기술의 개발을 위한 R&D 예산의 지원, 국책연구 기관 등에서 개발된 기술이 기업부문으로 흘러가도록 하는 기술적 지원 등에 있어서 그 지원의 규모를 확대하여왔지만, 구체적인 업종이나 산업 내에서 특정 선도기업에 대한 집중적인 투자지원이나 행정적, 제도적 지원은 극도로 자제하게 되었다. 달리 표현하자면, 하향식 지원은 여전히 활성화되었고 그 규모도 한국경제의 규모의 성장에 따라서 확대되었지만, 기업중심의 미시적이고 상향식의 지원은 지극히 미약해지게 되었다.

정리해서 말하자면, 민주화의 다양한 효과들로 인하여 (1) 위계적인 질서 속에서 선도기관이 이끌던 경제부처들은 점차 분권화되고, 이들 사이에 경쟁이 오히려 두드러지게 되었다. (2) 시장경제의 불확실성에 따른 위험을 감수하면서 선도기업을 지원하던 미시적 관리와 지원은 점차 사라지고, 경제부처들은 위험 회피의 흐름 속에서 미시적이기보다는 거시적 하향식 지원에 집중하게 되었다. (3) 아울러 경제부처들이 적극적으로 시장에 개입하면서 자원의 배분과 행정적, 제도적 지원을 조정하던 역할은 매우 축소되고 점차 시장의 경쟁논리가 강조되는 경향이 나타나게 되었다.

(2) 민주화, 세계화의 도전과 발전국가 관념의 변화

민주화와 세계화의 흐름은 또한 발전국가를 지탱하던 핵심요소로서의 발전국가의 지배적 관념에 중대한 도전과 변화를 가져오게 되었다. 산업화 민족주의, 냉전반공주의, 행정적 민주주의는 이제 사상의 개방과 경쟁, 그리고 세계화의 흐름에 동참하는 변화에 그 위치를 내주게 되었다(윤건차 2000). 민주화와 세계화로 인하여 발전국가 관념은 두 가지 방식의 변화를 겪게 되었다. 첫째, 민주화는 사고와 사상의 자유와 개방을 의미하는 것이었고 이에 따라서 과거의 '만들어진 지배이념'으로서의 발전국가 관념의 위상은 크게 쇠퇴하게 되었다. 물론 발전국가 시대에도 국가가 주도하는 지배이념과 그에 저항하는 저항이념이 갈등하고 서로간에 영향을 주었다고도 할 수 있지만(조희연 2007) 민주화는 사상의 개방과 경쟁을 분명하게 가져왔다. 이에 따라서 보수와 진보, 혹은 여당과 야당은 각각 서로 구분되는 발전관, 시장경제관을 견지하고 상호 경쟁하게 되었으며 이러한 경쟁은 자유의 바탕 위에서 유지되었다. 다시 말해 산업화 민족주의, 냉전반공주의 등은 이러한 관념의 자유와 경쟁의 흐름 속에서 새로이 이해되고 규정되는 변화를 맞이하게 되었다.

둘째, 세계화와 민주화는 또한 새로운 관념을 부각시키는 변화를 가져오기도 하였다. 전 세계적인 냉전의 종식과 그에 따른 시장경제의 세계화 개방은 세계화와 그에 대한 관념적 비판이라는 새로운 흐름을 불러일으켰다. 또한 냉전의 종식 이후에도 지속되는 북한체제의 폐쇄성과 경제적 피폐함 역시 새로운 관념상의 흐름을 촉발하게 되었다고도 할 수 있다.

먼저 민주화에 따른 발전국가 관념의 변화 양상을 살펴보자. 대부분의 민주화 국가들과 마찬가지로 한국의 민주화 역시 과거 발전국가 시대에 대한 비판과 반성이 매우 강력하게 이뤄졌다. 특히 앞에서 논의한 발전국가의 제도나 관료제보다도 특히 발전국가를 지탱하던 지배적 관념에 대한 비판과 대안의 모색이 매우 활발하게 진행되었다. 발전국가를 지탱하던 핵심적 관념들 가운데 특히 민주화 시대에 접어들면서 집중적인 비판의 대상으로 떠오른 것은 이른바 산업화 민족주의라는 관념이었다.

경제성장과 발전이 최고의 목표이고 이를 통해서 그동안 억눌려온 민족적 자아를 강화하면서 세계무대에서 우리의 존재를 과시하고 동시에 북한과의 경쟁에서도 우위를 점한다는 산업화 민족주의는 민주화 이후 보수와 진보의 관념적 대립의 중추를 이루게 되었다. 민주화 이후에도 보수세력은 대체로 산업화 민족주의를 민주주의의 틀 속에서 유지하려는 경향을 보였다고 할 수 있다(신기욱 2009; 임지현 1999). 성장과 발전이라는 이데올로기뿐만 아니라 이를 위한 국가의 주도적인 역할, 북한과의 경쟁 등은 발전국가 시대의 집권정당인 민주공화당을 사실상 계승했다고 할 수 있는 민주화 시대의 보수정당, 즉 민주정의당–민주자유당–신한국당의 주요 정강과 정책을 통해서 이어져왔다.

다른 한편 발전국가 시대의 민주화 운동세력, 야당을 주로 계승한 진보 정치세력은 산업화 민족주의에 대한 대안적인 관념을 찾는 데에 상당히 적극적이었다. 물론 성장과 발전이라는 목표를 쉽사리 저버리지는 못하였지만, 이른바 진보 정치세력은 성장 못지않게 점차 분배와 균형발전을 강조하게 되었다. IMF 관리체제를 이어받은 김대중 정부에서 분배에 대한 의식이 커지면서 기초생활보장법 등을 포함한 복지정책의 기초골격이 추진되기 시작하였다. 이어 등장한 노무현 정부는 분배정책을 점차 확대하면서 동시에 지역 간 균형발전을 포함한 대안적 정책방향을 적극적으로 추진하였다. 노무현 정부는 행정수도를 서울로부터 충청지역의 세종시로 옮기는 중대한 변화를 꾀하였을 뿐만 아니라 여러 지방에 지방혁신도시 등을 추진하는 방식으로 기존의 발전전략에 중대한 변화를 시도하였다.

민주화 이후 진보 정치세력이 성장보다는 분배와 복지를 강조하는 정책으로 선회한 데에는 과거 발전국가 시대의 관념에 대한 비판, 반작용과 더불어 새로운 젊은 세대의 관념상의 변화가 동시에 작용하고 있었다고 할 수 있다. 민주화와 경제적 풍요 속에서 성장한 이른바 '민주화의 아이들' 세대는 기성세대와는 달리(즉 발전국가 시대의 산업화 민족주의를 여전히 지지하는 기성세대의 다수) 성장, 발전과 같은 물질적 가치보다는 자유, 환경, 인권 등과 같은 탈물질적인 가치에 대한 의식과 선호가 높다고 할 수 있다. 서유럽 선진국들이 1970–80년대에 경험한 바와 마찬가지로, 한국의 젊은 세대들은 경제성장 이후의 시대에 성장하면서 물가, 임금 등과 같은 물질적 가치 못지않게 자유, 삶의 질, 환경과의 조화, 인권, 양성 평등과 같은 가치들을 중시하는 변화가 일어나고 있었다. 실제로 다수의 여론조사와 경험적 분석들은 한국 사회에서 1990년대-2000년대를 거치면서 한국의 젊은 층들이 이러한 탈물질적 가치를 적극적으로 수용하고 나아가 정부의 정책방향이 이러한 가치들을 적극 반영하기를 원하는 양상을 분석해왔다(송호근 2003).

이들 민주화 이후의 세대들은(이 세대에 대해서 다양한 사회과학적 개념화가 시도되어왔다. X세대, P세대, 월드컵 세대 등이 대표적인 사례들이라고 할 수 있는데, 이 글에서 우리는 민주화와 세계화라는 거시적 변화와 그에 따른 대응과 변화를 강조하는 만큼 이들 신세대를 '민주화의 아이들 세대'로 표현하려 한다.) 또한 발전국가 시대의 지배적 관념이었던 발전적 민족주의에 대해서도 비판적인 인식을 드러냈다. 이들 신세대들은 민족, 국가, 남북 간 체제경쟁과 같은 기존의 정체성의 기반이 갖고 있는 폐쇄적인 성격과 억압적인 성격에 대한 비판을 적극적으로 제기하고 나섰다. 민족의 단합, 국가의 발전과 같은 거대 관념 앞에서 개인들의 삶의 질, 개성, 표현의 자유 등이 억눌리는 이면을 비판적으로 파악하는 이들 세대는 기성세대 정체성의 기둥인 민족주의가 폐쇄적이고 억압적이라고 본다.

이러한 민주화의 작용 속에서 보수와 진보의 관념은 대체로 '발전-성장-국가'를 중시하는 보수세력과 '분배-탈물질주의-시민사회'를 중시하는 진보세력 사이의 갈등과 경쟁의 구도로 진화하였다고 할 수 있다.

이러한 보수-진보 세력 간의 이념의 갈등구조는 1990년대 한국사회가 전 세계적인 세계화의 흐름에 적극적으로 동참하면서 좀 더 복잡한 양상으로 변화하게 되었다. 1980년 미국 레이건 정부의 출범 이후에 이른바 워싱턴 컨센서스라는 이름으로 추진되던 전 세계적인 시장통합, 개방의 흐름은 1989년 사회주의 체제의 붕괴―냉전 종식과 더불어 더욱 빠르게 이어지게 되었다. 흔히 신자유주의로도 불리는 이러한 세계화 흐름은 1990년대 중반부터 한국 사회에도 커다란 영향을 미치게 되었다. 1994년 김영삼 정부는 이른바 '세계화 선언'을 통해서 한국 사회, 경제, 문화, 정치 등의 분야에서 적극적인 세계화 개방정책을 추진하기 시작하였다(Williamson 1990; 2004). 선진국 클럽이라는 OECD 가입을 조건으로 기존의 상품시장의 개방에 더해서 자본시장과 외환시장까지도 빠른 속도로 개방이 추진되었다. 단순히 시장경제의 개방뿐만 아니라 정부는 제도와 의식, 관행 역시 글로벌 표준에 맞게 빠르게 변화해야 한다고 역설하였다. 달리 말하자면, 발전국가 시대의 산업화 민족주의를 비교적 폭넓게 이어받았던 보수세력이 세계화 시대라는 글로벌 흐름에 따라서 새로운 관념적 요소를 적극적으로 받아들이면서 대응을 꾀한 것이 바로 세계화 개방이라고 할 수 있다. 이러한 관념적 변화는 한편으로 외부세계의 변화에 대한 적극적인 대응이라는 측면과 아울러 기존의 산업화 민족주의를 넘어서려는 대응으로서도 이해될 수 있다.

하지만 김영삼 정부가 주도한 세계화 관념은 '절반의 성공'이거나 혹은 그에 미치지 못하는 결과로 이어졌다(모종린 편 2002). 산업화 민족주의에서 세계화로의 전환은 두 가지의 커다란 치명적인 한계를 드러냈다. 첫째는 정부가 주도한 세계화 전환은 현실 경제에서 참담한 실패와 위기로 귀결되었다. OECD 가입을 서두르면서 김영삼 정부는 금융시장과 외환시장 등의 개방을 급속히 추진하였으나, 이러한 금융개방은 곧 변동성이 극심한 글로벌 금융시장의 위험에 그대로 노출되는 결과로 이어졌다. 김영삼 정부가 급속한 금융개방을 추진하는 과정에서, 금융자유화에 따르는 위험을 통제하기 위한 적절한 수준의 감독과 관리를 시행하는 금융감독 개혁조치에 대한 폭넓은 토의나 검토는 거의 이뤄지지 않았다. 또한 우리의 기업이나 관련단체, 정부조직이 글로벌 금융시장에 적응해가기 위해서는 점진적인 개방을 통해서 선진적인 금융흐름과 관행의 기회와 위기를 학습하는 시간과 학습 사이클이 필요하다는 논의도 충분하게 이뤄지지 않은 채 빠른 속도로 금융개방이 추진되었다.

이러한 준비되지 않은, 또한 금융감독의 효율화라는 안전장치를 갖추지 못한 상태로 추진된 금융, 외환 시장의 개방은 불과 3년 만에 거대한 위기로 이어졌다. 태국에서 시작된 동아시아 금융위기의 소용돌이 속에서 우리나라도 급격히 확대된 단기 해외채무를 갚지 못하는 상황으로 내몰리게 되었고, 마침내 정부는 IMF 역사상 최대 규모의 긴급금융 구제자금을 지원받게 되는 전대미문의 금융위기로 이어졌다. 1997년 김영삼 대통령의 임기 막바지에 경제부총리와 캉드쉬 IMF 총재는 긴급금융자금을 지원받는 대신에, IMF가 제시하는 다양한 기업, 금융, 노사, 공공부문의 개혁조치들을 받아들이기로 합의하였다(Higgot 1998; Pempel 1999). 이에 따라서 금융업, 제조업 등의 여러 분야에 걸쳐서 대규모 구조조정이 시작되었고 이 과정에서 수백만 명의 실직자가 발생하면서 한국 경제와 사회는 1960년대 고속성장을 누려온 이래로 최대의 위기를 맞이하게 되었다. 국가 주도하의 고속성장에 익숙해있던 한국 사회는 수십년 만에 처음으로 엄청난 규모의 경제적 후퇴를 경험하면서 다수의 시민들 사이에서는 발전국가 시대에 쌓아놓은 자신감의 퇴조와 위기감의 고조가 나타나게 되었다.

세계화라는 관념상의 전환이 드러낸 두 번째 심각한 문제는 김영삼 정부가 주도한 세계화 전환은 정부 주도로 일방적, 하향식으로 이뤄졌다는 점이다. 김영삼 정부는 시장개방, 금융개방이라는 정책상의 세계화뿐만 아니라 의식과 제도의 개방과 세계화를 전면에 내세웠다. 이에 따라서 수많은 정부연구기관과 대학들을 중심으로 세계화의 긍정적 효과에 대한 논의가 활발하게 진행되었으나 이러한 논의들은 대부분 하향식 전파에 머물렀다고 할 수 있다(임동욱 2016). 기업이나 노동부문, 시민사회가 주도적으로 개방 질서가 가속화되고 있는 글로벌 질서에 대해서 의식하고, 이해하고 그에 따르는 우리 사회의 관습이나 사고의 적응을 논의했다고 보기는 어렵다. 마치 발전국가 시대의 국제경쟁, 경제적 민족주의를 정부가 하향식으로 주도하였듯이, 김영삼 정부가 주도한 세계화 담론 역시 거의 대부분 하향식으로 이뤄졌다. 따라서 세계화 담론에 대한 시민과 다양한 이해 관계자들의 참여와 주체적인 관여는 찾아보기 어려웠다(장훈 외 2010).

1994년 무렵부터 본격화된 이러한 세계화 관념의 두 가지 문제(즉 IMF 사태로 이어진 금융, 외환시장 개방의 실패와 하향식 세계화 담론의 유행)는 곧 김대중 정부에 들어서면서 강력한 반세계화 담론으로 이어지게 되었다(임현진 2011; 탭 2001). 1980년대 이래로 미국이 주도하는 개방 경제질서와 그에 따른 제도적 변동들에 대한 감성적 반감과 실제적 비판으로 집약되는 반세계화론은 IMF 이후에 우리 사회에서 빠르게 확산되었다. 구체적으로 말하자면, 미국 주도의 세계화 경제는 곧 자본주의 시장 경쟁논리의 전 세계적인 확산이며, 이러한 경쟁 논리는 내부적으로는 우리 사회 내부에 심각한 경제적 격차(이른바 양극화로 흔히 표현되는)를 가져오게 될 것이라는 것이다. 이러한 경제적 양극화는 또한 사회경제적 약자들의 삶의 질, 존엄성에 대한 위협으로 이어질 것이라는 것이 반세계화 담론의 핵심 관점이다. 또한 대외적으로는 개방화된 경제와 경쟁이 첨예화되면서 이러한 경쟁의 수혜자는 미국을 포함한 선진국들이고 발전도상에 있는 중진국이나 후진국들은 글로벌 경쟁에서 불리한 위치에 처하게 된다는 것이 반세계화론자들의 주장이다.

반세계화 담론은 IMF 체제 이후 우리 경제가 구조조정, 경제격차의 확대라는 회오리에 휩쓸리면서 노조, 젊은 세대를 포함한 경제적 약자, 반미 성향의 진보지식인, 진보 시민사회를 중심으로 빠르게 확산되었고, 이들을 대표하는 진보정당으로도 그 영향력이 확산되었다고 할 수 있다. 좀 더 구체적으로는 이들 반세계화 세력은 김대중 정부가 IMF와의 협의에 따라서 추진하던 노동개혁, 구조조정에 대해서 강력한 저항을 시도하였다. 또한 미국 정부가 요구하던 영화시장의 개방에 대해서, 미국산 소고기 수입(이명박 정부 시기)에 대해서 격렬한 저항과 비판을 이어갔다. 이러한 반세계화 운동정치의 가장 결정적인 계기는 노무현 정부가 추진한 한미 FTA 협정과 이명박 정부 시기의 미국산 소고기 수입파동이었다.

'낯선 식민지'라는 한미 FTA 반대운동 진영의 표현이 상징하듯이(이해영), 진보 시민사회는 노무현 대통령이 임기 중반에 추진하던 한미 자유무역협정(FTA)을 통해서 한국과 미국 시장의 통합이 심화되면 피해를 보는 것은 한국경제이고, 한국의 노동자, 농민을 포함한 경제적 약자들이라는 주장을 내세웠다. 수많은 진보성향의 시민단체들은 노무현 정부가 추진하는 한미 FTA 협정반대를 위한 협의체를 구성하고 시위, 온라인 시위, 서명운동, 세미나 등의 다양한 방식을 통해서 한미 FTA 반대운동을 전개하였다. 뿐만 아니라 진보 성향의 민주당 의원들도 한미 FTA 비준동의안에 대해서 반대의사를 표명하고 국회의 표결처리를 지연하는 전략을 구사하였다. 한미 FTA는 국회의 지연처리와 진보 시민사회의 격렬한 비판을 거치면서 가까스로 비준, 발효되었다.

정리하자면, 미국이 주도하기 시작한 세계화 개방경제의 흐름은 한국사회가 지탱해온 발전국가의 지배적 관념을 급격히 변화시키게 되었다. 보수세력은 세계화 담론을 빠르게 받아들였으며 실제로 세계화 담론에 기반한 세계화 개방정책이 추진되었다. 다시 말해 보수세력이 견지하던 산업화 민족주의는 이른바 세계화 담론으로 대체되어가고 있다고 할 수 있다. 또한 세계화 개방정책이 가져온 변동으로 인하여 반세계화 담론이 진보 시민사회를 중심으로 빠르게 확산되었다. 따라서 발전국가 시대의 산업화 민족주의는 민주화, 세계화 시대에 접어들면서 세계화—반세계화의 대립 분열 구도로 전환되었다. 결론적으로 이러한 세계화—반세계화 대립구도는 민주화 이후 보수와 진보의 정치적 경쟁과 갈등의 핵심축의 하나로 부상하게 되었다.

2. 분열의 정치사회

이 장에서는 1987년 민주화 이후 한국형 발전국가의 변화 과정을 정치사회의 성격 변화를 중심으로 살펴보고자 한다. 정당체제와 선거제도 등을 포함하는 정치사회라는 범주는 1987년 민주화와 더불어 커다란 변화에 마주치게 되었다. 민주주의는 정치적 경쟁과 시민들의 자유의 증진을 통한 개방과 경쟁을 한국 사회에 불어넣었으며, 이러한 변화는 시민들의 의사를 표현하고 이해관계를 집약하는 역할을 하는 정당체제와 선거제도의 역할과 구조의 변화를 통해서 주로 이루어졌다.

자유와 경쟁은 시민들의 이익집약을 핵심 기능으로 하는 정당정치에 어떤 변화를 가져왔는가? 발전국가가 한국의 발전을 주도하던 발전국가의 시대에(1963–1987) 한국정치의 주변부에 머물러 있던 정당정치와 선거제도는 민주화 이후 어떻게 변모하였는가? 다수의 이론가들이 기대했던 것처럼 정당정치와 선거제도는 민주화 이후에 정부와 시민들을 연결하는 핵심적인 고리로서의 역할을 충분하게 떠맡게 되었는가? 정부의 정책은 이제 정당들이 주로 좌우하게 되었는가? 또한 정당정치와 선거제도는 시민들의 정치적 참여를 주도하는 핵심적인 통로로서의 역할을 충분하게 하게 되었는가? 이를 통해서, 정치사회는 민주화 이후의 포스트발전국가의 정당성과 효율성, 안정성에 대해서 어떤 기여를 해왔는가?

민주화 이후 정당정치와 선거제도의 변화를 우리는 크게 세 시기로 구분하여 살펴보고자 한다. 첫째는 과거 민주화 이전의 특성들이 상당

부분 지속되는 성격이 강했던 민주화 초기(1987-2002), 이후 1987년에 형성된 특성에 대해서 커다란 변화를 실험하고자 했던 노무현 정부의 실험기(2002-2004) 그리고 이러한 실험 이후에 새로운 방향을 모색하고 있는 모색기(2004-2015)로 나누어 살펴보고자 한다.

1) 민주화 초기(1987-2002): 민주화 개방 속의 과거의 지속

1987년 한국사회가 오랜 권위주의 발전국가 시대를 뒤로 하고, 민주화의 길로 접어들었을 때 한국의 변화는 안팎으로 커다란 관심을 끌게 되었다. 밖으로는 1960년대 이후 아시아에서 눈부신 경제성장을 이끌어 온 네 마리의 용(한국, 대만, 싱가포르, 일본)의 하나이면서, 동시에 냉전 시대의 자유주의와 사회주의가 부딪치는 한반도에 자리 잡은 한국의 민주화는 세계적인 관심을 끌기에 충분하였다. 또한 안으로는 20여 년에 걸친 권위주의 발전국가를 뒤로 하고 시민들의 자유와 인권, 정치적 경쟁이 보장되면서, 민주적 제도 발전에 대한 기대가 고조되었다.

민주화는 곧 법치주의, 제도와 절차에 따른 자유와 경쟁이 보장되는 체제라는 인식이 주류를 이루면서, 민주화 이후 제도적 발전에 대한 기대는 대단히 고조되었다. 한편으로는 이러한 제도적 발전이 민주주의를 잘 지탱하고 보장하리라는 기대가 널리 자리 잡았고, 다른 한편으로는 이러한 민주제도의 발전이 기존의 경제발전과 선순환을 이어 가기를 바라는 기대가 또한 퍼져있었다. (물론 전자에 대한 기대가 후자에 대한 기대보다는 훨씬 널리 광범위하게 퍼져있었다.)

민주화 시대 제도적 발전의 핵심은 정당정치와 선거제도, 국회 등이었지만, 결론부터 말하자면, 민주화 초기에 이들 정치제도들은 새로운 발전보다는 과거 권위주의 시대의 특성이 여전히 두드러지는 양상을 보이게 되었다(장훈 2009). 첫째, 위의 표에서도 요약하는 바와 같이, 강력한 대통령을 중심으로 한 국가(정부)와 정당정치의 관계는 여전히 대통령이 압도적 우위에 있는 이른바 제왕적 대통령 현상이 지속되었다. 둘째, 정당정치의 내부를 보더라도, 새로운 변화와 혁신보다는 과거의 특성이 여전히 우세하였다. 정당들은 여전히 제도화되기보다는 지도자 개인의 압도적인 리더십에 의해서 지배되고 있었다. 이러한 낮은 수준의 제도화는 정당들이 여전히 정책이나 이념보다는 사회적 연줄이나, 지연, 학연 등에 의해서 지배되는 취약한 조직으로 남아있음을 의미하는 것이었다. 셋째, 정당정치와 시민사회의 관계 역시 여전히 취약하였다. 선진 민주국가의 정당들이 시민들과 긴밀한 연결망을 바탕으로 시민들의 이익과 의사를 집약해왔다면, 민주화 이후 한국의 정당들은 여전히 시민들과 수평적이고 안정적인 연결망을 만드는 데에 어려움을 겪어왔다.

제도적 발전에 대한 커다란 기대에도 불구하고, 민주화 이후에도 이처럼 유약하고 주변적인 정당정치가 지속된 까닭은 무엇인가? 가장 큰 원인은 한국의 민주화가 과거와의 급격한 단절보다는 비교적 완만하게 연속성이 두드러진 민주화였다는 점에 있다고 할 수 있다. 동유럽이나 남미, 중앙아시아의 몇몇 국가들은 1980년대 이후 민주화의 제3의 물결 속에서, 과거 권위주의 체제를 폭력적으로 내쫓는 민주화가 이루어지기도 하였지만, 한국은 대표적으로 온건하고 완만한 방식으로 민주화가 이루어진 사례라고 할 수 있다(헌팅턴 2011; Liuz and Stepan 2011).

물론 1987년 6월 민주항쟁과 1980년 광주 민주화 운동으로 상징되는 민주화 운동의 커다란 봉우리가 있기도 하였지만, 한국 민주화의 전체적인 양상은 타협과 연속성이 두드러진 민주화였다. 예를 들자면, 1987년 6월 항쟁의 거센 도전에도 불구하고, 기존의 권위주의 권력(전두환 정권)은 민주화 선거가 이뤄지던 1987년 말–1988년 초까지도 권력을 유지하면서 모든 민주화 이행의 절차와 과정을 실질적으로 관리하였다. 아울러 민주화 이행의 기점이 된 1987년 대통령 선거에서 과거 권위주의 세력의 계승자인 노태우 후보와 민정당이 민주화 지도자인 김영삼, 김대중 후보를 누르고 당선됨으로써 과거의 지속은 더욱 뚜렷해졌다(Cho 2013). (노태우 후보의 득표에다가 권위주의 과거의 원조라고 할 수 있는 김종필 후보의 득표를 더하면, 1987년 대통령 선거는 과거가 승리한 선거였음이 분명하다고도 할 수 있다.) 이에 따라서 대통령 직선제 선출이라는 몇 가지 제도적 변화 이외에 폭넓은 제도적 변화는 거의 시도되지 않은 채 한국은 민주화로 접어들게 되었다.

이처럼 권위주의 시대의 속성이 크게 유지되는 민주화가 진행된 까닭은 여러 가지를 꼽을 수 있을 것이다. 무엇보다 과거 권위주의 시대의 엄청난 경제적 성공이 이 같은 연속성이 강한 민주화를 가져왔다는 시각이 있다. 한국의 민주화는 권위주의 발전국가의 경제적 파산이나 중대한 위기, 해체에 따라서 민주화가 촉발되었다기보다는 권위주의적 경제발전에 따른 중산층과 노동자 계층의 성장이 가장 큰 동력이었다고 할 수 있다(Haggard and Kaufman 1995). 또한 민주화를 추진한 세력의 분열이라는 요인도 거론될 수 있다. 민주화 세력은 영남출신의 김영삼과 호남출신의 김대중이라는 지도자가 각자 1987년 선거에 출마할 정도로 분열되었다. 아울러 이들 제도권 정치인들과 민주화 운동의 또 다른 중심 세력이라고 할 수 있는 대학생 조직, 노동자 조직의 분열 또한 두드러졌다. 1987년 여름 6·29선언으로 민주화가 분명해지면서부터 김영삼-김대중이라는 의회주의자들과 대학생/노동자 조직의 연계는 매우 느슨해졌었다. 다시 말해 민주화 세력은 이중으로 분열되어 있었다. 이에 반해서 권위주의 세력은 내부적으로 온건파와 강경파의 갈등이 없지 않았지만, 민주화 세력에 비해서는 상대적으로 내부적인 분열이 두드러지지 않았다고 할 수 있다.

이처럼 '과거로부터의 지속'이 두드러진 제한적 민주화의 흐름 속에서, 정당정치를 포함한 정치사회 역시 커다란 변화보다는 적지 않은 연속성을 드러내게 되었다. 국가-정치사회의 관계, 정치사회 내부, 정치사회-시민사회의 관계의 순서로 보다 자세하게 살펴보자.

2) 국가-정치사회: 여전히 압도적인 국가와 대통령의 지배

먼저, 국가와 정치사회, 좀 더 구체적으로는 대통령(행정부)과 정당정치의 관계를 상세히 살펴보자. 앞장에서 우리가 상세히 논의한 바와 같이, 발전국가의 시대에 대통령과 정당정치의 관계는 거의 일방적인 지배와 종속의 관계로 운영되었다. 대통령과 행정부는 여당/야당과 비교해서 압도적인 권력자원, 인적자원을 바탕으로 모든 주요한 정책결정을 주도해왔다.

1987년 민주화 이후, 대통령의 여야 정당에 대한 압도적인 지배력은, 부분적인 퇴조에도 불구하고, 상당 부분 지속되었다. 물론 민주화 이후에 대통령이 국회나 여야 정당에 대해서 누리던 제도적 권력은 어느 정도 제한되었다. 예를 들자면, 대통령은 과거처럼 국회를 해산할 수 있는 헌법적 권한을 보유하지는 못하게 되었다. 또한 대통령은 유신헌법에서처럼 실질적으로 국회의원의 3분의 1을 지명하는 권한도 갖지 못하게 되었다. 또한 대통령의 인사권에 대해서 국회와 여야 정당이 일정한 견제를 할 수 있는 제도적 장치도 도입되었다. 대통령이 지명하는 국무총리에 대해서, 국회와 정당들은 임명 동의절차를 통해서 견제하게 되었고, 점차 이러한 견제는 대법원장, 감사원장, 국가정보원장 등을 포함한 주요 헌법기관 기관장에 대한 임명 동의로 확대되면서 대통령의 제왕적 인사권은 서서히 제한이 가해졌다고 할 수 있다.

이 같은 제도적 변화에도 불구하고, 대통령과 행정부는 여당에 대한 강력한 지배를 여전히 유지하였으며, 이러한 여당 지배를 통해서 국회에 대해서 압도적인 우위를 견지하게 되었다. 대통령의 여당에 대한 지배는 노무현 현상이 등장하던 2002년까지 튼튼하게 유지되었는데, 이러한 여당 통제는 인사권, 후보 지명권, 정치자금의 배분 등을 통해서 가능하였다. 가장 일차적인 통제의 통로는 국회의원 후보지명의 권한이었다. 특히 김영삼, 김대중 대통령은 자신들이 영남과 호남 지역에서 갖는 압도적인 지배력과 카리스마적 권위를 바탕으로 어렵지 않게 자신이 지명하는 후보들을 국회의원에 당선시킬 수 있었다. 이에 따라서 대통령의 지명이 곧 지역구 당선을 의미하게 됨으로써, 김영삼, 김대중 대통령은 여당에 대해서 압도적인 영향력을 구축할 수 있었다. 아울러 김영삼, 김대중 대통령은 또한 여당 의원들 가운데 일부를 장관으로 임명함으로써 여당에 대한 지배력을 더욱 강하게 유지할 수 있었다. 또한 김영삼, 김대중 대통령은 엄청난 규모의 정치자금을 직접 국회의원이나 후보자들에게 배분함으로써 여당에 대한 강한 통제를 유지하는 수단으로 활용하였다. 정치자금의 배분에 대한 사회과학적 연구는 매우 드물지만, 수많은 정치인들의 회고록 등을 통해서, 김영삼, 김대중 대통령 시기까지는 대통령을 중심으로 정치자금의 모금과 배분이 이뤄졌음을 미루어 짐작할 수 있다(모종린 2004).

아울러 정책의 결정과 집행의 영역에서도 대통령과 행정부의 영향력은 국회와 여야 정당을 여전히 압도하였다. 한편으로 대통령과 행정부는 정책결정과정의 핵심을 이루는 정보, 전문성, 인적 자원에서 여전히 크게 앞서 있었다면, 국회와 정당의 정책결정 능력과 전문성의 진전은 매우 더디게 이루어지고 있었다. 대통령과 행정부는 민주화 이후에도 행정고시와 각종 공무원 임용절차를 통해서 우수한 인력을 지속적으로 확보할 뿐만 아니라 권위주의 시대로부터 내려오는 제도적 권한과 전문성의 축적을 유지하였다. 이와 대조적으로 국회와 정당들이 우수한 정책인력을 확보하는 것은 매우 서서히 진행되었다. 예를 들자면, 국회는 민주화 이후 10년이 훨씬 넘어서 2000년대에 들어서 비로소 행정부의 예산편성 및 입법의 예산효과 등을 전문적으로 분석하는 예산정책처와 입법조사처를 설립하게 되었다. 이들 기구들은 이후에 꾸준히 전문성을 축적해왔지만, 여전히 이들의 인력, 예산 규모는 행정부가 거느린 숱한 연구기관 등에 비해서는 크게 뒤쳐져 있었다.

결국 대통령과 국회, 여야 정당들이 정책결정을 협의, 조정하는 제도적 채널은 대통령과 행정부가 압도하는 양상이 여전히 계속되었다고 할 수 있다. 행정부와 여당 사이에 이뤄지는 이른바 당정협의는 여전히 행정부가 주도하였으며, 국회가 행정부의 정책결정에 대해서 미치는 영향력은 여전히 사후적이고, 매우 선택적으로만 작용하였다고 할 수 있다.

정리해서 말하자면, 대통령과 행정부가 정당 및 국회에 대해서 갖는 압도적인 영향력은 가장 핵심적 영역인 의원들의 재선, 정책결정 등의 영역에서 여전히 유지되었다고 할 수 있다. 다만 민주화 이후 국회의원 선거결과에 따라서 대통령이 여당이나 국회에 대해서 갖는 영향력이 눈에 띄게 후퇴하는 경우가 발생하기도 하였다. 대표적인 사례를 꼽자면, 대통령의 소속정당이 국회 내에서 다수의석을 확보하지 못하는 경우에는(이를 흔히 여소야대, 영어로는 divided government라고 부르는데) 대통령이 여당에 대해서 갖는 압도적인 영향력에도 불구하고, 대통령은 국회 전반에 대해서 압도적인 우위를 갖기는 어려웠다. 야당이 국회의 다수당이 될 경우에, 야당들은 비록 제한적인 전문성, 인적자원에도 불구하고 대통령과 행정부에 대해서 매우 강력한 견제기능을 행사하곤 하였다. 즉 대통령과 행정부의 압도적 우위는 주로 여당이 다수 의석을 유지하는 여대야소의 정치구도 하에서 더욱 분명하였다고 할 수 있다.

3) 민주화 초기 정당정치의 연속성과 변화

정치사회의 두 번째 차원이라고 할 수 있는 정당의 구조와 역할에 있어서도, 민주화 초기에는 과거로부터의 지속이 상당부분 유지되었다. 무엇보다 민주화에 따른 정치경쟁의 개방에도 불구하고, 정당정치는 과거 발전국가 시대에 활동하던 정당들을 실질적으로 계승한 계승정당들이 독과점적으로 지배하게 되었다. 예를 들자면, 민주화로 이행하는 첫 번째 선거였던 1987년 대통령 선거와 1988년 13대 국회의원 선거는 발전국가 시대의 여당과 야당을 계승한 정당들 사이의 경쟁으로 이뤄졌다. 노태우 후보를 당선시킨 민주정의당은 1960-70년대 발전국가 시대의 여당이었던 공화당을 계승한 정당이었다. 또한 김영삼 후보의 통일국민당과 김대중 후보의 평화민주당은 발전국가 시대의 야당이었던 신민당을 계승한 정당이었다.

이후에 이들 계승정당들 사이에 숱한 합당, 분당, 당명개정을 포함한 이합집산이 진행되었지만, 기본적으로 이들 발전국가 시대의 계승정당들은 2004년 총선에서 민주노동당이 등장할 때까지 독과점 체제를 그대로 유지하였다고 할 수 있다. 이처럼 과거의 계승정당들이 민주화 이후에도 독과점적인 체제를 유지하게 된 데에는 제도적 요인들이 적지 않게 자리 잡고 있다.

구체적으로 말하자면, 정당의 설립 및 활동들을 규제하는 정당법, 정치자금법, 그리고 국회의원 선거제도는 기본적으로 새로운 정당의 진입이 쉽지 않은, 다시 말해, 기성 정당들의 독과점 체제가 유지되기 쉬운 방향으로 구성되어 있었다. 예를 들자면 정당법은 새로운 정당이 설립되기 위해서는 전국의 시·도별로 지방조직의 최소 기준을 충분히 갖춰야 하고 또한 각 지역에는 충분한 숫자의 당원들이 있어야만 정당으로 신규 등록을 할 수 있다고 규정하고 있다. 이는 다시 말해 방대한 규모의 지지자, 당원, 조직을 운영하기 위한 자금이 있어야만 새로운 정당으로 진입할 수 있다는 것을 의미한다. 이러한 진입장벽으로 인해서, 단지 소수의 예외적 정당들(2004년의 민주노동당, 혹은 1997년 대통령 선거에 등장한 현대그룹의 통일국민당)만이 실질적으로 정당정치에 진입할 수 있었다. 설혹 새로운 정당으로 진입한다고 하더라도, 국회의원 선거와 대통령 선거에서 일정한 비율의 득표를 하지 못하면, 정당의 등록을 취소하도록 한 정당법의 규정으로 인해서 군소정당들의 수명은 단축될 수밖에 없었다(장훈 2003).

새로운 정당들의 진입이 어려운 상태에서, 즉 기성정당들의 독과점이 어렵지 않게 유지되는 상태에서 기성정당들이 내부조직이나 운영방식, 이념적 구성을 크게 혁신하고 발전시킬 여지는 상대적으로 적었다고 할 수 있다. 이에 따라서 민주화 이후에도 정당정치를 독과점한 기성정당들은 발전국가 시대의 정당들의 조직, 운영, 이념상의 특성을 크게 바꾸지 않고 유지하게 되었다. 이를테면 카리스마적 지도자들이 정당조직을 제도나 절차를 통해서 운영하기보다는 개인적 리더십에 의지해서 운영하는 과거의 특성은 그대로 유지되었다. 예를 들면 김영삼, 김대중 대통령이 이끌었던 정당들은 과거의 전통적인 방식으로 모든 정당내의 주요 결정권이 이들 카리스마 지도자들에게 집중되어 있었다. 결국 권위주의 시대와 마찬가지로 개인적 지도자가 당내의 주요 권력을 독점하고, 김영삼, 김대중 대통령이라는 지도자와의 개인적 친분, 인연, 충성심, 지역적 연고에 따라서 당내의 주요한 권력과 자원이 배분되었다. 달리 말해 민주주의 정치의 엔진이라고 할 수 있는 정당 내부에는 민주적 절차와 과정이 취약하였고, 정당 민주화는 여전한 숙제로 남게 되었다.

4) 정당정치와 시민사회: 지역주의 정당체제의 정립

정당정치의 세 번째 차원은 시민사회와의 연계라고 할 수 있는데, 이 차원에서는 '과거의 지속'과 새로운 변화가 동시에 나타나게 되었다. 한편으로 시민들이 정당에 대해서 갖는 상향식 지지나 참여는 여전히 취약하였다는 점에서는 과거 발전국가 시대의 속성이 그대로 유지되었다고 할 수 있다. 하지만 정당정치와 시민사회를 연결하는 고리는 과거의 민주-반민주 대결구도에서 지역주의 경쟁으로 확연히 변화하게 되었다.

먼저 과거 지속의 측면을 보자면, 다수의 민주주의 이론가들은 신민주주의 국가가 민주주의를 안정화, 공고화 시키는 과정에서 가장 핵심적인 조건의 하나로서 정당들이 시민사회에 안정적인 뿌리를 내리고 시민사회의 요구와 지지를 상향식으로 결집하는 능력의 개발에 달려 있다고 보았다. 실제로 1970년대 중후반 이후 전 세계적인 민주화의 제3의 물결 속에서 가장 빠르고도 효과적으로 민주화가 안정된 사례로 널리 공인되는 스페인의 경우에도, 안정적인 민주화의 핵심에는 정당정치의 사회적 기반의 안정화가 작용한 것으로 널리 이해되었다(Diamond and Gunther 2001). 시민들이 정당들에 대해서 안정적인 일체감을 갖게 되고 이를 바탕으로 안정적인 지지를 보내고 정당들은 시민과 지지자, 당원들이 정당의 주요결정에 참여할 수 있는 상향식 통로와 절차를 활성화하는 것이 바로 정당정치-시민사회 연계의 핵심이라고 이해되었다.

하지만 1987년 민주화에 따른 개방과 경쟁이 도입된 이후에도, 시민들과 정당들의 관계는 과거 발전국가 시대의 후견-피후견 구조에 기반한 하향식 지지의 동원이라는 틀에서 뚜렷하게 벗어나지는 못하였다. 자발적으로 정당의 행사와 활동에 참여하는 자율적이고 능동적인 당원의 숫자는 여전히 매우 적었으며, 대부분의 당원과 활동적인 지지자들은 정당이나 정치엘리트들이 제공하는 유형, 무형의 인센티브에 따라서 참여하는 수동적인 역할에 머물렀다. 달리 말해서 정당이 제공하는 정책과 이념이 참여의 기반이 되기보다는 정당 활동의 대가로 제공받는 물질적, 비물질적 인센티브가 실질적으로 참여의 주된 동기였다. 국회의원을 포함한 정치엘리트들은 지역구의 활동적인 당원들에게 금전적인 보상이나 그 밖의 정치적, 사회적 기회나 특권 등을 제공함으로써 이들의 참여와 지지를 유지하였다는 점에서, 정당활동의 과거는 민주화 초기에 지속되고 있었다고 할 수 있다.

다만 1987년 대통령 선거와 1988년 국회의원 선거를 거치면서, 정당들이 시민들의 지지를 이끌어내는 기반으로서 지역주의가 확고하게 뿌리내리게 되었다. 발전국가 시대의 야당들이 주로 민주화라는 집합적 가치를 중심으로 지지를 동원하고, 여당인 민주공화당이 경제발전이라는 가치를 중심으로 지지를 동원하였다면, 민주화 이후에는 지역적 일체감이라는 새로운 기초가 가장 중요한 요소로 작용하게 되었다. 김영삼 후보의 통일민주당은 경상남북도와 부산을 핵심 지지기반으로 하였으며, 김대중 후보의 평화민주당은 전라남북도를 핵심 지지 기반으로 삼게 되었다. 실제로 김영삼 후보는 1987년 대선에서 자신의 출신지역인 경남과 경북, 부산에서 높은 지지를 얻은 반면에 호남 지역에서는 단지 10% 안팎의 지지를 얻었을 뿐이었다. 또한 김대중 후보 역시 자신의 출신 지역인 전남북에서 90% 전후의 압도적인 지지를 얻은 반면에 경상남북도에 얻은 지지는 지극히 미미하였다. 또한 김종필 후보는 자신의 출신지역인 충청남북도에서 압도적인 지지를 얻는 반면에 다른 지역에서의 지지는 미미한 수준에 그쳤다(강원택 2000; 김만흠 1997).

유권자들은 자신의 출신 지역 지도자에게 지역적 일체감을 느끼면서 지지를 보내고 김영삼, 김대중, 김종필 후보들은 지역적 연고나 지역적 단합을 강조하면서 지지표를 끌어모으는 지역주의 투표와 지역주의 정당체제가 1987-1988년 민주주의로 가는 첫 번째 선거에서 확고하게 자리 잡았다. 그리고 이러한 양상은 상당기간 유지되었다.

지역주의가 유권자들과 정당을 연결하는 핵심고리로서 자리 잡게 된 데에는 다양한 경제적, 사회적, 정치적, 문화적 배경이 자리 잡고 있다고 할 수 있다. 가장 가까운 요인으로는 1960-70년대 발전국가 시대에 추구되었던 지역 불균등 발전전략의 영향을 꼽을 수 있다. 후발 발전국가로서 빠르고 효율적인 경제발전을 추구하던 한국의 발전국가는 우선 거점지역을 중심으로 경제를 발전시킨 이후에 이를 바탕으로 여러 지역으로 발전의 효과가 파급되는 전략을 채택하였다. 이에 따라서 주로 경상남북도의 바닷가를 중심으로 핵심적인 공업단지들이 조성되었다. 울산, 포항, 창원, 거제 등의 영남지역 해안 도시들이 빠르게 성장하는 산업화의 거점 역할을 하게 되었다. 반면에 호남지역은 이러한 성장전략에서 상대적으로 소외된 상태로 뚜렷한 산업화 거점 도시가 없는 상태로 뒤처지게 되었다. 이러한 지역 간 차별적 발전에 대한 불만은 1971년 대통령 선거에서 이미 폭발적으로 제기된 바 있다. 당시 호남 출신의 김대중 후보는 한편으로 발전국가의 권위주의를 비판하면서 동시에 불균등 발전에 따른 호남지역의 소외 문제를 강력하게 제기하였다.

다른 한편, 민주화 이후 유권자들이 지역 정체성을 중심으로 정당지지를 보이게 된 또 다른 배경은 민주화 과정에서 지역 이외의 다른 대안적 기반들이 대체로 통제, 억압되었기 때문이기도 하다. 정당들이 지지를 동원하는 기반은 흔히 사회경제적 균열(흔히 좌-우 대결로 불리는), 종교적 균열, 지역적 균열 등이 꼽히는데, 한국의 민주화 과정에서 사회경제적 균열은 일찍이 정치적으로 동원될 가능성이 차단되었다. 앞에서도 논의한 바와 같이, 발전국가 시대의 제도와 정당들이 민주화 이후에도 실질적으로 정당정치를 지배하게 되면서, 다른 이념적 지향을 가진 진보정당들이 새로이 진입할 기회는 실질적으로 차단되었다. 결국 과거로부터 이어져온 여당, 야당들의 사회경제적 이념의 거리는 그다지 크지 않았으며, 따라서 이념적 구분이 거의 의미를 갖는 못하는 상태에서 주요 정당들은 지역적 기반에 따라서 지지를 동원하는 데에 주력하였다고 할 수 있다.

정리해서 말하자면, (1) 발전국가 시대의 지역간 불균등한 경제발전의 결과 (2) 사회경제적 균열을 포함한 그 밖의 대안적인 지지 기반의 결여 (3) 김영삼, 김대중 후보를 포함한 주요 정치지도자들의 지역주의 선거전략 등이 종합적으로 작용하면서, 민주화 이후 한국의 정당들은 지역주의라는 고리를 중심으로 시민들과 관계를 유지하게 되었다. 하지만 그 같은 연결고리는 과거처럼 주로 하향식 동원에 의존하는 것이었으며, 시민들과 유권자들의 상향식 참여는 상대적으로 부진한 상태에 여전히 놓여 있었다고 할 수 있다.

5) 새로운 실험의 시기(2002–2004): 변화의 모색과 제한적인 변동

1987년의 민주화 이후에 상당기간 과거의 특성을 지속하던 정당정치와 선거제도는 2002년 노무현 현상의 등장을 계기로 하여, 기존의 관행을 넘어서 좀 더 개방적이고 분권화된 제도와 절차를 모색하기 시작하였다. 2002–2004년에 걸친 일련의 개혁 시도를 통해서, 비록 충분하지는 않지만, 한국의 정당정치와 선거제도는 민주화 초기보다는 분권화되고 개방적인 체제를 갖추게 되었다. 이러한 변화의 모색과 결과는 국가–정치사회, 정당정치 내부, 정당정치–시민사회의 세 차원에서 진행되었다.

국가–정당정치: 제왕적 대통령의 해소를 위한 노력

과거 발전국가는 정당정치에 대해서 압도적인 우위를 유지하였다. 대통령과 행정부는 정당정치를 점차 주변부로 밀어내면서, 정책결정의 입안과 집행뿐만 아니라 거의 모든 영역에 걸쳐서 정당들을 압도하고, 정당은 단지 선거 시기에 지지를 하향식으로 동원하는 역할로 최소화되었다.

1987년 민주화가 시작된 이후에도 이러한 제왕적 대통령의 정당정치에 대한 압도적 우위는 지속되었다. 헌법상으로나, 법률상으로 대통령의 제왕적 권력은 적지 않게 축소되었지만, (1987년 헌법에서 대통령 비상대권의 삭제, 대통령 국회해산권의 삭제를 비롯하여 대통령이 지명하는 주요 직책에 대한 임명동의안의 확대 등과 같이) 대통령은 헌법상의 권한 이외에도 다양한 방식과 수단을 통해서 여당을 지배하는 제왕적 지위를 유지하였다.

이 같은 제왕적 대통령의 지배를 완화해야 한다는 개혁론은 꾸준하게 제기되었지만, 이러한 논의를 바탕으로 제왕적 대통령—정당정치의 관계에 대한 실질적 변화의 시도는 2002년 변화의 물결 속에서 당선된 노무현 대통령이 주도하게 되었다. 노무현 대통령은 대통령의 법률적, 헌법적 권한을 추가적으로 축소하기 보다는 대통령과 여당의 관계에 초점을 맞추어 관행과 제도의 변화를 통해서 제왕적 대통령—정당정치의 관계를 수평적이고 민주적이고 상호 소통하는 방식으로 변화시키고자 하였다.

우선 제왕적 대통령과 여당 사이의 지배 고리를 끊고자 하는 노력이 시도되었다. 대통령 선거 기간 중에 약속한 대로, 노무현 대통령은 대통령에 당선되면서 여당의 총재직을 사임하고 평당원으로 남게 되었다. 대통령이 여당의 제왕적 총재직을 겸임하면서 국회의원 후보지명, 정치자금의 배분 등의 권력을 통해서 여당을 지배하던 관행—즉 발전국가 시대와 김영삼, 김대중 대통령의 시대까지 지속되어온—을 변화시켰다. 제왕적 총재의 자리에서 내려와 평당원 신분을 유지하였을 뿐만 아니라, 노무현 대통령의 열린우리당은 국회의원 후보선출을 위한 경선제를 부분적으로라도 시행함으로써 제왕적 총재가 지배하던 연결고리를 약화시켰다(장훈 2013).

또한 2004년 개정된 정치자금법의 몇 가지 개혁 장치들이 정치자금의 흐름을 좀 더 투명하고 건전하게 만들었으며, 이러한 변화는 과거에 정치자금을 통해서 제왕적 대통령이 여당을 지배하던 관행을 눈에 띄게 개선하였다. 구체적으로 2004년 개정된 정치자금법은 정치자금을 조성,

〈그림 1〉

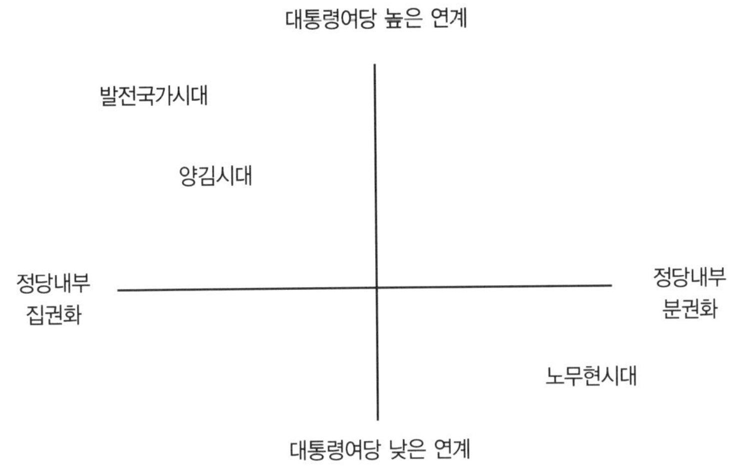

배분하고, 집행과정에서 투명성을 높일 수 있는 몇 가지 중요한 사항들을 포함하였다. 예를 들자면, ① 기업이나 모든 사회단체들은 정치자금을 원천적으로 기부할 수 없도록 금지되었으며 ② 정치자금을 기부하는 사람들의 신원이 좀 더 명확하게 선거관리위원회에 보고되고 ③ 과거에 음성적 자금의 통로가 되었던 무기명 정액영수증과 같은 제도적 허점들이 폐지되었다. 실제로 한국은행의 통화량 통계를 보면, 2004년부터는 국회의원 선거를 전후로 해서 시중의 통화량이 급격히 늘어나던 과거의 관행은 크게 사라진 것으로 파악된다.

이 같은 변화는 전반적으로 정치자금을 둘러싼 투명성, 책임성, 안정성을 높이는 효과를 가져왔을 뿐만 아니라(물론 이후에도 여전히 정치자금을 둘러싼 부패와 불법적 관행이 완전히 근절되었다고 할 수는 없지만) 이러한 변화는 곧 제왕적 대통령이 여당을 지배하던 음성적 통로가 상당부분 해소되었음을 의미하는 것이었다.

위의 〈그림 1〉에서 표현하는 바와 같이 발전국가 시대에 대통령과 여당은 높은 연계를 유지하면서 정당내부 권력구조가 집권화되어 있음으로써 대통령에 의한 제왕적 지배가 가능하였다면, 노무현 정부에 들어서면서 대통령과 여당의 제도적, 비제도적 연계는 낮아졌고 아울러 정당내부의 권력구조는 제한적으로나마 분권화되기 시작하였다.

정당정치의 내부

좀 더 분권화, 개방화된 정당정치를 향한 실험은 크게 두 차원에서 진행되었다. 첫째는 정당 내부 권력구조의 변화를 향한 실험이고, 둘째는 정당체제에 새로운 정당의 진입을 좀 더 용이하게 하는 개방화된 선거제도로의 변화였다. 먼저 정당 내부의 분권화를 향한 개혁을 살펴보자면, 앞에서도 논의한 바와 같이, 민주화 초기에 과거로부터 이어져온 계승정당들이 과거의 집중화된 권력구조를 유지함으로써, 권력집중화를 해소하고, 정당 내부 권력구조의 민주화를 추구해야 한다는 개혁논의는 10여 년 간 활발하게 진행되어왔었다.

변화의 계기는 2002년 김대중 대통령의 임기가 끝나가면서 찾아왔다. 정당을 개인적으로 지배하던 카리스마 지도자의 시대는 김대중 대통령의 퇴임과 더불어 저물어가는 것으로 보였다. 또한 민주화 이후 십여 년의 시간이 흐르면서 성장한 젊은 세대들을 중심으로 폐쇄적이고 권력이 집중화되어 있는 정당의 변화를 요구하는 목소리는 점차 커지고 있었다. 변화는 김대중 대통령이 이끌던 새천년민주당에서부터 시작되었다. 김 대통령 이후의 새로운 대안을 모색하는 과정에서 새천년민주당은 정당 내부 권력의 중핵을 이루고 있는 대통령 후보, 국회의원 후보 지명과정의 분권화를 시도하게 되었다. 미국식 개방형 경선제도를 모델로 하여, 후보 지명과정에 유권자들과 당원들의 참여를 대폭 늘리는 경선제가 도입되었다. 과거에는 수천 명의 대의원들이 참여하는 형식적인 절차를 거쳐서, 김대중 후보가 스스로의 정당의 대통령 후보가 되었다면, 새로운 경선제 하에서는 대의원뿐만 아니라(전체의 20%), 일반당원(전체 몫의 30%), 일반 유권자들(전체 몫의 50%)까지 두루 참여하도록 하는 개방이 이뤄졌다(장훈 2002).

새천년민주당의 개방형 경선제는, 비록 제한적 경선제이기는 하였지만, 시민들의 폭발적인 관심과 참여를 불러왔다. 3만5천 명의 일반 유권자 몫의 대통령 후보선출 대의원 공모 절차에 무려 180만 명의 시민들이 참여함으로써 시민들의 정당에 대한 참여의 열기가 대단한 수준임을 입증하였다. 실제로 전국 16개 시도를 거치면서 이뤄진 새천년민주당의 대통령 경선과정은 그 결과에 있어서도 기존의 당내 정치엘리트들이 선호하는 후보가 아니라 일반 유권자들이 선호하던 노무현 후보의 선출로 이어졌다. 새천년민주당의 대통령 후보경선제는 결국 다수의 지지자들과 관심과 참여를 이끌어내는 데에 성공한 셈이었고, 실제로 후보선출의 결과 역시 일반 유권자들이 선호하는 후보의 선출, 궁극적인 대통령 선거의 승리로 이어졌다.

새천년민주당의 대통령 후보 경선제 모델은 2002년 대통령 선거에서 보수정당인 한나라당에게도 확산되었다. 이어서 2007년, 2012년 대통령 선거를 거듭하면서, 구체적인 방식에 있어서 부분적인 변화는 있었다 하더라도, 이후에 한국정당의 특성으로 자리 잡게 되었다. 카리스마적 지역주의 지도자 한 사람이 정당의 대통령 후보선정, 국회의원 후보의 지명 등을 포함한 주요결정이 독점적으로 좌우하던 시대는 이로써 막을 내리고 한국의 정당들은 민주화 10여 년 만에 비록 제한적으로나마 시민들에게 참여의 문호를 개방하게 된 셈이었다.

개방형 정당정치로 가는 두 번째 개혁은 국회의원 선거제도의 부분적인 변경이었다. 앞에서도 논의한 바와 같이, 선거구에서 단순다수제 방식으로 한 사람을 선출하는 소선거구제 중심의 국회의원 선거제도와 정당법, 정치자금법 등을 기반으로 기성정당들은 자신들만의 독과점 체제를 유지해왔는데, 이에 대한 비판과 도전은 마침내 2004년에 부분적인 결실을 맺게 되었다.

2003년 헌법재판소는 기존의 전국구 비례대표제도가 (국회의원 정수의 약 7분의 1 정도를 배정하는) 별도의 과정을 거쳐서 유권자들의 의사를 반영하지 않고 지역구 후보자들의 득표결과에 따라서 정당들에게 비례의석을 배분하는 국회의원 선거제도는 한정적 위헌이라고 판결하였다. (① 별도의 투표 없이 지역구 후보자에 대한 투표를 정당에 대한 투표로 간주하여 비례대표 의석을 배분하는 것은 직접선거의 원칙에 어긋나고 ② 지역구 후보와 비례대표 후보를 지지하는 정당이 같지 않을 때에도 유권자 1인이 1표만을 행사하는 것은 유권자의 선택을 제한하고 의사를 왜곡하는 효과가 있다 것이 헌법재판소 판결의 논리였다.) 이에 따라서 국회의원 선거제도는 2004년 17대 국회의원 선거부터 1인 2표제로 전환되었다. 유권자들은 지역구 후보에게 투표하고, 동시에 정당들의 비례대표의원 후보명부에 대해서도 별도로 투표하게 되었다. 이로써 지역구 의원과 비례대표의원으로 구성된 한국의 혼합형 선거제도는 좀 더 실질적인 성격을 갖게 되었다. 비록 비례대표의원의 의석비율은 전체 의원 정수의 6분의 1에 불과하기는 하였지만, 별도로 투표를 함으로써 유권자들의 선택 폭은 넓어졌다고 할 수 있으며, 또한 소수 정치세력이나 새로운 정치세력이 정당정치에 진입할 기회는 상대적으로 많아졌다고 할 수 있을 것이다.

실제로 새로운 1인 2표 혼합형 선거제도에 따른 17대 국회의원 선거는 놀라운 결과를 가져왔다. 민주화 이후의 시기에도 여전히 제도정치권에 진입하지 못하고 있던 진보세력은 민주노동당이라는 정당을 통해서 원내에 진입하는 데에 성공하였다. 2년 전 열렸던 2002년 대통령 선거에서 불과 3.9%를 득표한 바 있는 민주노동당은 2004년 혼합형 선거제도의 등장에 따른 최대의 수혜자가 되었다. 민주노동당은 비례대표 투표에서 13%를 득표함으로써 비례대표의석으로 8석의 의석을 확보하게 되었다. 또한 2명의 지역구 후보를 당선시킴으로써 일거에 10석의 의석을 확보한 의미 있는 원내정당으로 등장하게 되었다.

1인 2표제라는 새로운 선거제도는 이른바 '분할투표'라는 방식을 통해서 민주노동당과 같은 군소정당이 새로이 정당정치에 진입할 수 있는 기회를 넓히게 되었다고 할 수 있다. 유권자가 한 표만을 가지고 있을 때에는, 한 유권자가 자신이 원하는 정당이나 후보자가 당선 가능성이 별로 없다고 판단될 때에는(예를 들자면 과거의 민주노동당과 같이) 자신의 투표가 사표가 되는 것을 방지하기 위해서라도 차선의 선택인 기성정당들을 선택하게 된다. 하지만 1인 2표제라는 제도 하에서는 자신이 가장 선호하는 군소정당에게 비례대표 투표를 하고, 지역구 투표에서는 당선 가능성이 높은 기성정당의 후보들에게 투표하는, 다시 말해, 2장의 표를 각각 다른 정당에게 투표하는 이른바 분할 투표가 가능해진다. 실제로 한 경험적 연구에 따르자면, 2004년 국회의원 선거에서 전체 투표 참가자의 약 20%가 정도가 분할투표를 한 것으로 추정된다. 또한 민주노동당이 얻은 13%의 비례대표 득표 가운데 약 60%는 지역구 투표에서는 기성정당을 지지하고 비례대표 투표에서는 민주노동당에게 투표한 것으로 추정된다(박찬욱 2004, 47-49).

정리하자면, 1인 2표제라는 혼합형 선거제도가 다소간 강화되면서, 새로운 정당들이 진입할 수 있는 가능성은 확대되었고, 실제로 이는 민주노동당의 원내진출을 통해서 확인되었다고 할 수 있다. 1987년 민주화 이후 거의 20년 만에 새로운 군소정당이 국회에 진출하게 된 것은, 바로 이같은 국회의원 선거제도가 개방의 문을 다소간 넓힌 데에 힘입은 바가 크다고 할 수 있을 것이다.

정당정치-시민사회 연계의 개방

2002년을 전후로 한 개방과 변화의 물결은 정당정치-시민사회의 관계에서도 눈에 띄게 늘어났다. 민주화 이후에도 기성정당들이 폐쇄적인 과거의 유산을 지속함으로써, 시민들은 다양한 방식으로 정당정치에 대한 개방의 압박을 서서히 높여갔다고 할 수 있다. 앞에서 논의한 바와 같이, 정당들은 2002년을 전후로 대통령 후보선출, 국회의원 후보선출 과정에 제한적 경선제를 도입하면서 서서히 시민들의 개방 요구에 대응하는 양상을 보였었다.

정당들의 대응과는 별도로, 시민들과 시민단체들 역시 스스로 정당에 대한 압박과 개입을 서서히 강화하였다. 서유럽의 1960–70년대 경험에서도 보듯이, 기성정당들이 경직되고 폐쇄적인 모습을 견지하게 되면, 시민들은 대개 두 가지의 방식으로 정당에 대한 개방 압력을 높이게 된다. 하나는 스스로가 정당을 상향식으로 만들어서 제도정치권에 진입하는 방식이다. 한국 민주주의에서는 2004년 민주노동당의 사례가 있기는 하지만, 정치참여를 위한 시민들의 자발적인 결사체로서 새로운 정당은 거의 성공하지 못하였다. 물론 시민들이 주도적으로 결성한 상향식 정당들은 전혀 없었던 것은 아니지만, 녹색당, 청년당과 같은 수많은 자발적 정당들은 기성정당 정치의 벽을 넘지 못한 채, 대선이나 총선에서 극히 미미한 득표를 얻은 이후에 정당의 유지 및 존속 요건에 미달하여 정당 등록이 취소되고는 하였다.

자발적이고 주체적인 시민들에 의한 시민정당이 별다른 성과를 거두지 못하면서, 시민들은 두 번째 전략 즉 정당의 정책이나 후보선출과정에 대한 압박을 가하는 방식으로 정당정치를 변화시키고자 시도하였다. 실로 다양한 관심을 지닌 여러 시민단체들이 자신들의 정책이슈를 정당에 반영하기 위해서 노력하였지만, 이러한 노력들 가운데 가장 주목할 만한 사례는 2000년 총선시민연대의 활동이었다고 할 수 있다(장훈 2003; 강경태 2003). 민주화 이후 4번째 맞이한 2000년 총선에서도 정당들의 폐쇄적 구조가 여전한 상태가 지속되자, 시민단체들은 정당의 가장 핵심적 활동인 국회의원 선출과정에 대한 감독과 견제에 돌입하였다. 수백 개 시민단체들이 '총선시민연대'를 구성하고 정당들이 부적절한 국회의원 후보를 공천하는 것을 비판하고 이러한 부적절한 후보들이 공천되었을 경우에는 시민단체들이 나서서 이들이 선거에서 낙선하도록 노력하는, 이른바 '낙천낙선 운동'을 전개하였다. 낙천낙선 운동에 대한 여러 가지 논란이 없지 않았지만, 시민단체들이 펼친 낙천낙선 운동은 놀라운 성과를 거두었다. 총선시민연대가 부패, 무능 등의 부적격 사유를 들어서 낙선 후보자로 선정한 인물들 가운데 무려 67%가 실제 선거에서 낙선하였다. 단지 높은 낙선율 뿐만 아니라 총선시민연대의 낙천낙선 운동은 전국적으로 50여개 이상의 지역조직을 통해서 풀뿌리 시민들의 커다란 관심과 참여(총선시민연대에 후원자로 자발적으로 등록한 시민들 숫자는 5600여 명이었고, 시민들이 총선시민연대에 보낸 후원금만도 3억5천만 원에 이르렀다.)를 이끌어내는 데에 성공하였다.

총선시민연대의 낙선운동은 2000년 이후에 분명하게 지속되지는 못하였지만, 시민들과 시민단체들이 주도한 낙선운동이 결국 2002－2004년 기간에 정당들이 부분적으로나마 대통령 후보, 국회의원 후보 선출 과정을 개방하는 제도적 변화를 추구하는 데에 적지 않은 영향을 미쳤다고 할 수 있을 것이다.

3. 민주화, 세계화의 도전과 시민사회의 변화

발전국가 시대의 시민사회는 대체로 국가의 강력한 힘, 비전에 눌려서 상대적으로 저발전된 상태였다고 할 수 있기는 하지만, 우리가 앞에서 살펴본 바와 같이 저항과 지지에 동원되는 이중적인 역할을 통해서 나름의 기능을 하고 있었다. 시민사회가 질적, 양적으로 활성화되어 있지는 않았으나, 시민사회는 발전국가의 발전전략에 대해서 동원되는 측면과 발전국가의 관념과 전략에 저항하는 저항 시민사회로 구분되어 있었다. 대학생, 노동자, 그리고 재야라 불리던 도시 지식인 그룹 등은 발전국가의 권위주의 정치, 하향식 발전전략에 적극적으로 저항하였던 반면에, 도시 중산층, 농민 등은 발전국가가 구사하던 적극적인 지지 동원에 따라서 발전국가를 지지하였다.

이러한 저항과 동원의 양상은 1987년 민주화와 더불어 커다란 변화를 겪게 되었다. 무엇보다 민주화에 따른 권위주의 정치의 후퇴, 발전국가 변용은 시민사회에게 커다란 자유와 성장의 기회를 부여하였다고 할 수 있다. 민주화에 따라서 시민들은 자발적으로 그리고 자유롭게 단체를 조직하고, 이익을 집약, 표현하고 정부의 정책에 대해서 영향을 미칠 수 있는 다양한 통로와 수단을 갖게 되었다고 할 수 있다. 달리 말하자면, 민주화는 곧 시민사회에게는 자유와 기회가 크게 신장된 새로운 문이 열린 셈이었다. 하지만 이러한 기회의 문이 반드시 시민사회의 순탄하고도 일방향적인 발전과 성숙을 보장하는 것만은 아니었다. 민주화에 따른 기회가 확대되었다고 해서, 시민사회가 빠르게 질적, 양적으로 성숙하고 그에 따라서 포스트발전국가를 견제하거나 그와 협업하는 대등한 파트너로서의 역할을 쉽사리 획득한 것은 아니었다. 민주화가 가져온 넓은 기회에도 불구하고 시민사회는 내부적으로는 성장의 진통을 겪어야 했고, 국가나 정치사회와의 협업과 파트너십의 통로는 쉽사리 제도화되거나 안정되었던 것은 아니었다. 여기에 더해서 1990년대 이후의 세계화 흐름은 또한 시민사회가 적극적으로 성장하는 데에 또 다른 기회와 제약을 부여하게 되었다(손호철 2006; 신영복·조희연 2006). 달리 말하자면, 민주화의 기회가 시민사회에 폭넓은 기회를 부여하기는 하였지만, 시민사회의 성장과 확대는 내부적인 제약, 국가–정치사회와의 안정적 파트너십을 구축하는 데에는 이르지 못하였다고 할 수 있다. 여기서 우리는 민주화의 기회와 현실의 제약이라는 이중 구조를 크게 세 부분으로 나누어 살펴보려 한다. 첫째, 시민사회의 역할이 강조되면서 거시적으로 국가, 정치사회, 시민사회가 안정적인 협력관계를 구축한다는 이른바 조합주의 모델의 논의와 그에 따른 시민사회의 역할과 구조의 변화를 검토한다. 둘째, 조합주의 모델보다는 범위를 좁혀서 정부–시민단체(시민사회) 간에 이른바 협치의 조건과 구조를 탐구하는 이른바 거버넌스 모델에 비추어 본 시민사회의 기회와 현실적 제약의 내용을 살펴볼 것이다(김석준 2002; Park 2015). 마지막으로는 1990년대 이후이 세계화가 시민사회의 역할 확대에 미친 영향을 시민사회의 역량, 시민사회의 새로운 과제라는 측면에서 논의해 볼 것이다.

1) 민주화 이후 국가–정치사회–시민사회의 조합주의: 기회와 현실의 제약

민주화에 따라서 시민사회가 폭넓은 자유를 얻게 되자, 시민사회의 역할에 대한 다양한 기대와 이론이 폭발적으로 제시되었는데, 현실적으로나 이론적으로 큰 관심을 끌었던 첫 번째 시각은 이른바 국가–노동–기업 사이의 균형과 조정을 특징으로 하는 이른바 조합주의였다. 시장경제 체제에 필연적으로 따라오게 마련인 노동부문과 기업부문의 갈등과 이를 조정하기 위한 국가의 역할은 민주주의 시장경제를 운영하는 국가들의 최대의 과제라고 할 수 있는데, 민주화에 따라서 기업과 노동이 발전국가의 강력한 통제에서 벗어나게 되자, 이러한 조합주의적 운영에 대한 관심은 민주화 초기 한국사회에서 널리 유통되었다.

국가와 정치사회를 제외한 부문을 시민사회라고 보는 관점에서는 기업과 노동부문이 시민사회의 중추를 이루게 되는데, 이러한 기업과 노동 사이의 갈등의 조정, 그리고 이러한 조정과정에서 국가의 역할을 강조하는 것이 바로 서유럽 선진국들의 경험에서 유래된 조합주의 시각이었다. 스웨덴, 노르웨이, 네덜란드 등과 같은 서유럽 중견국들을 중심으로 제2차 세계대전 이후에 자리 잡은 조합주의 질서는 민주주의와 시장경제의 활력을 선순환적으로 결합하여 장기적으로 평화와 번영을 유지하는 체제로 이해되었기 때문에, 발전국가의 후퇴 이후에 새로운 모델을 모색하던 한국사회에서 커다란 관심거리로 등장한 것은 자연스런 일이었다. 조합주의는 크게 세 가지의 중대한 요소들로 구성된 것으로 알려졌다.

첫째, 국가가 적극적으로 기업과 노동부문의 상충하는 이해관계를 조정하는 조정역을 떠맡는 것이다. 구체적으로 말해, 노동부문이 원하는 고용보장, 실업대책, 복지정책, 임금인상 등의 요구와 기업부문이 원하는 시장경제의 생산성, 유연성, 혁신성의 목표가 서로 충돌할 때에 이를 다양한 제도적 기제를 통해서 국가가 적극적으로 중재함으로써 산업평화와 시민들의 삶의 질을 보장하는 것이 제일의 조건이라고 할 수 있다.

하지만 민주화 이후 우리 사회에서 발전국가의 계승자로서의 국가는 이러한 조합주의적 국가의 역할을 충실하게 해내기에는 적절한 요건을 갖추지 못하였다고 할 수 있다. 실제로 이러한 조합주의적 체제를 염두에 둔 노사정(노조—기업—정부)위원회가 조직되고 정부가 노동—기업부문 사이의 갈등을 조정하려고 시도하였지만, 이러한 노력이 안정적인 결과를 낳지는 못하였다. 무엇보다 발전국가의 능력과 성격의 변화가 이러한 조합주의 국가의 역할에 충분하지 못하였다고 할 수 있다. 민주화 이후 김영삼—김대중—노무현—이명박 정부로 이어지는 정부의 교체와 그에 따른 행정부의 목표설정의 잦은 변동은 국가가 장기적인 관점에서 안정적인 기업—노동간의 타협구조를 유도하고 조정하기는 어려웠다. 김영삼 정부가 세계화와 금융개방 등의 개방 정책을 기업—노동에게 강조하였다면, IMF 구제금융 사태 직후에 정부를 이어받은 김대중 정부는 IMF의 권고 프로그램에 따라서 노동개혁, 기업의 구조조정과 같은 조정의 정치에 적극적으로 나서게 되었다(이연호 2007). 이처럼 행정부의 정책비전과 목표가 일관되게 추구되기는 어려웠고 그에 따라서 안정적인 목표를 견지하면서 노동—기업 사이의 갈등을 조정하는 역할을 국가가 수행하기는 쉽지 않았다. 물론 여기에 더해서 우리가 앞 절에서도 살펴본 바와 같이, 행정부의 정책역량은 이제 국회의 견제와 여야 정당의 갈등구조에 따른 제약을 받게 됨으로써, 국가가 기업과 노동 사이에서 조정역할을 적극적으로 하는 데에 장애로 작용하였다. 예를 들자면, 김대중 정부는 전례 없는 거대한 경제사회 위기였던 1997년 금융위기에 따른 커다란 위기감과 IMF의 개혁 프로그램이라는 지원세력을 등에 업고 있었음에도 불구하고, 자유민주연합과의 연립정권이라는 태생적 한계와 국회에서 막강한 세력을 구축한 야당의 견제에 밀려서 효과적인 조정을 이뤄내기는 어려웠다.

국가가 여러 가지 정치적, 사회적 제약에 따라서 조정의 권력을 적지 않게 상실해 가고 있었다면, 동시에 기업과 노동 부문 역시 조합주의적 조정에 우호적인 환경을 맞이하고 있었던 것만은 아니었다. 서유럽 조합주의의 경험에 따르자면, 효과적인 조정의 중대한 전제조건은 기업과 노동 부문의 이익이 집약적으로 모아지고 이러한 집약된 이해관계는 국가–기업–노동의 세 주체간의 타협과 조정에 있어서 안정적으로 대표되어야 한다. 하지만 민주화, 세계화 이후 한국의 기업과 노동부문에서 이러한 부문 내의 이익집약의 과정은 적절하게 작동하지 않았다. 물론 기업 부문을 대표하는 몇몇 조직(전국경제인연합회, 상공회의소 등)이 활동하고 이들 기업들 사이에 공통의 이익이 상정될 수도 있었지만, 실제로는 이들 사이에 이익의 집약과 단합보다는 내부의 분절과 분화가 더욱 두드러진 현상이었다고 할 수 있다. 대기업과 중소기업의 이해관계가 다를 뿐 아니라, 수출 위주와 내수 위주의 산업 사이의 이해관계의 충돌, 좀 더 글로벌화된 부문과 그렇지 않은 부문 간의 이해관계의 충돌이 두드러졌을 뿐만 아니라 이들 다양한 부문들 간에 이해관계를 스스로 조정, 통합하기 위한 제도적, 문화적 기반은 매우 취약하였다. 기업들은 여전히 과거 발전국가 시대에 유효했던 국가–기업 사이의 하향식/일방적 정책조정과 규제 이후의 새로운 대안을 찾는 데에 어려움을 겪고 있었다(문정인 1998; 김은미 외 2006). 전경련이나 중소기업중앙회가 회원사들에 대해서 다양한 이해관계 조정을 위한 권위와 제도화된 통로를 갖고 있는 것은 아니었다.

결국 개별 기업들은 자유화된 환경 속에서 자신들의 이해를 관철하기 위해서, 집합적인 통로와 제도화된 통로에 의존하기 보다는 개별적으로 자신들의 이해를 증진하기 위해서 정부 부처, 국회와 접촉하고 소통하는 방식에 주로 의존하였다. 달리 말해서 민주화는 기업 부문의 이익집약보다는 이해관계의 분화와 그에 따른 행동의 분절화를 가져왔다고 할 수 있다.

이러한 이해관계의 분화와 이익집약의 위축은 노동 부문의 경우에도 마찬가지였다. 권위주의 발전국가에 저항하며, 민주화 운동의 한 축으로 작용하던 시대에 노동 부문은 민주화라는 하나의 목표를 향해서 상당한 수준의 응집력을 보여주었었다. 하지만 민주화에 따른 개방과 자유는 노동 부문에게 자신들의 이해를 표현하고 관철한 기회가 넓어지는 것을 의미하였지만, 이러한 기회 못지않게 노동 부문 내부적으로는 적지 않은 어려움에 직면하게 되었다(노중기 2010; 서두원 2003).

노동조합 조직률이 민주화 이후에 서서히 낮아지는 일반적인 흐름뿐만 아니라 그 밖에도 노동 부문의 이익의 집약을 제약하는 여러 변화들이 진행되어왔다. 상대적으로 강한 교섭력과 높은 직업 안정성을 가진 대기업 노동조합과 중소기업 노동자 사이의 이해관계의 분화가 뚜렷해지기 시작했고, IMF 개혁 프로그램에 따른 노동개혁 이후에는 점차 정규직 노동자와 비정규직 노동자 사이의 이해관계의 분화가 또한 현저하게 진행되었다. 이러한 내부적인 분화는 결국 노동 부문이 노—사—정의 조합주의의 틀 속에서 이해관계를 대표하고 관철하기 어려운 요인으로 작용하게 되었다. 정리하자면, 서유럽의 경험에 기초한 조합주의적 이해관계의 조정을 통한 국가와 시민사회(기업, 노동)의 안정적이고 제도화된 협력의 틀은 국가 조정역량의 후퇴와 기업과 노동부문의 내부 분화라는 요인으로 인하여 민주화 이후 한국사회에 정착되기 어려웠다.

2) 민주화 이후 국가와 시민사회의 협치: 시민단체와 거버넌스의 이론과 현실

조합주의가 국가, 노동, 기업 부문 사이의 거시적인 협력과 조정의 틀에 주목하였다면, 이보다 훨씬 광범한 관심을 끌었던 시각은 이른바 시민사회와 거버넌스의 협치를 통한 시민사회의 역량과 책임의 강화를 강조한 거버넌스의 관점이다(김의영 2015; Nye 2000). 주로 시민사회 내에 구성되는 다양한 유형의 시민단체들과 정부의 조직들 사이의 유연하고, 협력적이며, 상호보완적인 상호작용을 강조하는 이 중범위 이론은 실제로 민주화를 통해서 양적으로 크게 성장한 시민단체들의 높아진 위상, 증대된 책임과 역할에 주목하고 있다.

시민단체와 국가 사이의 투명하고, 유연하고 협력적인 관계로서의 거버넌스를 기존의 발전국가 시대의 국가와 시민사회와의 관계와 대조해서 몇 가지 특징을 꼽아보면 거버넌스 체제 아래서 시민단체의 역할은 좀 더 분명해진다. 첫째, 발전국가 시대의 국가와 시민의 관계에서 하향식 복종이 강조되었다면, 거버넌스 체제에서는 정부—시민의 협치 구조의 당당한 주체로서 시민들의 권한강화(empowerment)가 강조된다. 둘째, 발전국가 시대에 국가—시민사회의 관계를 지배한 원칙은 법과 규제에 대한 순응이었다. 하지만 거버넌스 체제에서의 지배적인 원칙은 시민에 의한 참여, 투명성, 책임규명성(accountability)이라고 할 수 있다. 셋째, 발전국가 시대 통치의 성과 기준, 성패의 기준은 눈에 보이는 산출물(output)이었다면, 거버넌스 체제에서 핵심적인 기준은 성과보다는 과정 그 자체에 있다고 할 수 있다(김의영 2015, 22).

좀 더 구체적으로 말하자면 시민들의 참여란 시민들이 정부의 정책 결정과정 혹은 거버넌스 네트워크에 참여하는 (1) 참여의 양과 질 (2) 참여의 과정에서 보장되는 개방성, 포용성, 대표성, 형평성을 의미한다고 할 수 있다. 또한 이때 말하는 효과성이란 (1) 시민들의 참여가 경험적으로 측정할만한 현안 해결을 이루었는지의 여부 (2) 정부와 시민들 사이의 갈등을 해결하는지의 여부 (3) 현안 해결 외에 비가시적인 파급효과들(예를 들자면, 정치적 효능감을 늘린다든지, 학습효과를 높인다든지, 정부와 시민 사이에 신뢰를 높인다든지)을 가져오는지의 여부 등으로 구체화해서 살펴볼 수 있다는 것이다.

민주화 이후 시민사회의 현실은 위와 같은 거버넌스 이론의 기대에 못지않은 양적 성장을 이룬 것이 사실이다. 하지만 민주화 이후 시민단체들의 급격한 양적 성장에도 불구하고 내부적으로는 재정과 시민참여의 측면에서 취약한 성격을 안고 있었다. 또한 폭발하는 시민단체의 양적, 질적 성장에 대응하는 정부의 전략이 또한 시민단체와 정부 사이의 협치의 틀로서의 거버넌스를 제약하기도 하였다.

먼저 민주화의 개방과 자유에 따른 시민단체의 양적 성장을 살펴보자. 아래의 표에서 보는 바와 같이 시민단체는 1987년 민주화 시기를 전후로 하여 놀라운 양적 팽창을 보여주었다. 1970년대만 하더라도 민간단체총람에 새로이 기록된 시민단체의 수는 203개에 그쳤으나 1980년대 후반 민주화 시기를 거치면서 1980년대에 새로이 등록된 시민단체의 수가 620개로 증가하였다. 이후 1990년대에 들어서는 다시 두 배 이상 급증하여 무려 1752개의 시민단체가 새로이 조직되고, 활동하고 있는 것으로 집계되었다. 하지만 이러한 팽창은 2000년대 이후에는 다시 급격히 퇴조하기 시작하였다. 2000년에 새로 민간단체총람에 등재된 시민단체의 수는 225개로서 민주화 이전 시기 증가폭으로 후퇴하였다고 할 수 있다. 달리 말하자면, 1980년대 후반과 1990년대가 시민단체의 양적 성장이 폭발하던 최전성기였다고 할 수 있고, 오히려 2000년대 이후에는 새로 등장하는 시민단체의 수가 급격히 감소하여 2001년에는 178개, 2002년에는 102개 단체만이 새로이 등록되었을 뿐이었다.

그러나 1980년대 후반 1990년대에 걸친 시민단체의 놀라운 양적 성장의 이면에는 '시민 없는 시민단체' 혹은 '활동가 중심의 시민단체'라는 현실적 한계가 자리 잡고 있었다. 달리 말해 대다수의 시민단체들이 광범위한 시민 회원들의 참여와 꾸준하고 안정된 조직, 재정의 기반을 갖추지는 못한 것으로 파악되었다. 예를 들자면 아래의 표에서 보는 바와 같이, 시민단체들의 평균적인 재정구조는 매우 취약하였는데, 2003년을 기준으로 볼 때 시민단체의 절반 이상은(55.5%) 예산규모가 1억 원 이하에 불과한 영세적인 조직이었다.

〈표 11〉 시민단체의 재정 규모의 성장

	2000년	2003년
천만 원 미만	20.1(%)	6.63(%)
천만 원-1억 원	29.7	48.91
1억 원-10억 원	40.0	38.75
10억 원 이상	10.1	5.71

출처: 김호기(2007, 121)

재정적인 규모의 영세함은 또한 조직의 취약함으로 이어졌는데, 시민단체의 대부분은 상근 사무자의 숫자가 5인 이하로 드러났다. 이에 비교해서 50인 이상의 상근자를 갖춘 대규모 시민단체의 비율은 전체의 약 3%에 지나지 않은 것으로 나타났다.

〈표 12〉 시민단체의 상근자 수의 분포

	2000년	2003년
5인 미만	69.0(%)	59.95(%)
6–10인	15.6	19.68
11–50인	12.6	17.63
51–100인	0.8	2.08
100인 이상	0.4	0.66

출처: 김호기(2007, 123)

이처럼 일반시민들의 광범하고 일반적인 참여보다는 시민단체 활동가나 엘리트 중심으로 운영되는 시민단체의 조직적 특성과 또한 영세한 소규모 시민단체의 양적 폭발이라는 한국 시민단체의 성장의 특성은 이후에 시민단체와 정부의 정책결정과정이 연관되는 거버넌스의 구조에 고스란히 반영되었다. 구체적으로 말하자면, 시민단체가 거버넌스에 발휘하는 영향력의 구조는 (1) 정부의 정책결정에 대한 영향력은 비교적 높지만 (2) 시민들 스스로의 역량을 배양하거나 시민들의 사회적 욕구를 충족하는 역량은 중간 정도에 불과한 것으로 드러났다. 아울러 (3) 시민들의 참여와 내부조직의 인프라는 매우 취약한 것으로 파악되었다.

한 경험적인 분석에 따르자면, 한국의 시민단체들이 (1) 환경정책, 반부패 정책, 양성평등의 제고, 복지정책, 인권보호를 아우르는 다양한 정책분야에서 정부의 정책결정과정에 미치는 영향력은 0—3점 척도에서 2.5로 나타남으로서 상당히 강력한 영향을 발휘하는 수준으로 성장하였다고 할 수 있다. 하지만 (2) 시민들에게 적절한 정보를 제공하고 시민들 스스로의 문제해결능력, 집단행동능력, 사회적 자본 등을 형성하여 주는 시민의 능력배양의 범주에서는 0—3점 척도에서 중간 수준인 1.7 정도의 발전 수준을 나타내고 있었다. (3) 또한 정부에 대해서 사회적 서비스의 제공을 촉구하거나 소외집단의 욕구를 충족시키는 사회적 욕구 충족에 미치는 영향력의 측면에서는 중간 수준인 1.7 정도의 영향력을 갖췄다는 것이다. (4) 이러한 측면과는 대조적으로 일반시민의 참여도와 재정적, 인적, 조직상의 영향력은 각각 1.3과 1.1(0—3점 척도)을 기록함으로써 취약한 성격을 그대로 드러냈다는 것이다(한양대 제3섹터연구소, 김의영 2014, 137에서 재인용). 달리 말해 정부에 대한 영향력은 빠르고 강하게 확대된 반면에 시민들 스스로의 역량강화와 참여는 부진한, 매우 비대칭적인 방식의 성장이 민주화 이후 시민단체 성장의 특성이었다고 할 수 있다.

이러한 비대칭적인 성장은 곧 정부와 시민단체간의 거버넌스의 관계에도 중대한 요인으로 작용하였다. 네트워크 이론이 기대하였던 협치는 실제 현실에서는 시민단체의 정부에 대한 재정적 의존과 정부에 대한 정책 영향력의 확대라는 모순되고도 이중적인 양상으로 이어졌다고 할 수 있다. 시민들의 폭넓은 참여가 부족한 상태에서 시민단체들은 재정적 기반을 마련하기 위한 하나의 대안으로서 정부로부터의 재정적 지원에 주목하지 않을 수 없었으며, 또한 정부의 입장에서는 시민단체에 대한 직접 지원을 확대함으로써 정부—시민단체의 관계에 있어서 정부의 주도권을 견지하려는 태도를 취하게 되었다. 김대중 정부가 비영리민간단체지원법을 시행한 이래로 정부는 시민단체에 대한 직접적인 재정지원을 꾸준히 확대하였고, 이로써 시민단체들의 정부에 대한 재정적 의존은 점차 구조화되었다고 할 수 있다(박영선 2015; 김막래·김정훈 2009). 이에 대한 적지 않은 비판과 반성이 제기되어왔음에도 불구하고 이러한 경향이 크게 변한 것은 아니었다. 따라서 시민단체들은 시민들의 요구가 집약되는 정치적 의제의 발굴, 정부의 정책결정과정에 대한 공식적(주로 위원회에 대한 참여 등을 통해서) 비공식적(서명운동, 온라인 서명운동, 집회 등등의 방식을 통해서) 참여 등을 통해서 정부를 견제, 비판, 대안제시를 하면서도 재정적으로 의존하는 모순된 관계가 형성되었다.

정리하자면, 우선 서유럽의 경험에서 영향을 받은 조합주의 모델은 조정과 타협을 이끌어내는 국가역량의 약화와 대기업, 노동조합의 이익대표 체계의 미성숙으로 인하여 민주화 이후 한국사회에 성공적으로 안착했다고 보기는 어려웠다. 한편 시민단체와 정부 조직 간의 개방적이고 유연한 협치 네트워크에 주목한 접근은 시민단체를 중심으로 한 시민사회의 증강된 역할을 이해하고 조명하는 데에 적지 않은 기여를 했지만, 동시에 시민단체는 국가에 대한 의존과 풀뿌리 참여의 부족이라는 내재적인 문제도 안고 있었다. 결국 민주화 이후 30년간 시민사회는 양적으로 크게 성장해왔지만, 내적으로나 질적으로는 적지 않은 한계를 안고 있었다고 할 수 있다.

이러한 조합주의적 시각과 거버넌스 시각에 대한 대안으로서 최근 활발하게 조명되면서 시민사회의 변화를 포착하려 한 접근으로는 이른바 신사회운동(론)을 들 수 있다. 노동조합을 중심으로 한 사회운동이 이른바 구사회운동이라면, 신사회운동은 민주화와 자본주의 시장경제의 성숙과 더불어 시민사회 내에서 활발하게 등장한 새로운 흐름의 총칭이라고 할 수 있다. 이를테면 환경과 시장경제의 조화로운 관계를 강조하는 환경운동, 성적 소수자를 포함한 다양한 범주의 소수자의 인권을 강조하는 소수자운동, 반전-반핵에 핵심적인 가치를 두는 반전운동 등의 다양한 사회적 움직임들이 이러한 신사회운동의 범주에 들어간다고 할 수 있다. 노동조합의 정치적, 사회적 역량의 후퇴와 위축(조합주의), 시민단체의 내재적 모순(거버넌스) 등을 염두에 둘 때 이러한 신사회운동은 민주화, 세계화 이후 한국 시민사회의 증강된 역량을 파악하는 유용한 개념이라고 할 수도 있다(della Porta 2014; Gusfield 2004).

먼저 신사회운동의 양적 성장을 살펴보자면, 아래의 표에서 나타나는 바와 같이 신사회운동은 민주화 이후 대체로 10년 이상의 시간이 흐른 1990년대 후반, 2000년대에 들어서면서 폭발적으로 성장하기 시작하였음을 보여준다. 1990년대 후반에 이르면 공식적으로 등록된 신사회운동 단체의 숫자가 1천 개를 넘어서게 되면서 숫자상으로도 구사회운동 단체를 크게 앞서게 되고 2004년부터는 신사회운동 단체가 구사회운동 단체의 숫자를 2배 이상 앞서게 된다.

이러한 양적인 성장은 신사회운동의 주체세력, 지향하는 가치와 이념, 가치를 추구하는 사회참여의 방식 등에 대해서 활발한 논의를 불러일으켰는데, 대체로 1960-1980년대 서유럽의 경험을 포착하던 서유럽 신사회운동 이론의 영향을 적지 않게 받았다고 할 수 있다. 아래의 표는 구사회운동과 신사회운동의 여러 가지 특성의 비교를 요약해 놓은 것이다.

〈표 13〉 구사회운동과 신사회운동의 특성

	구사회운동	신사회운동
행위자	집단으로서 활동하고 분배상의 갈등에 관계하는 사회경제적 집단	집단으로서가 아니라 귀속적인 집합성을 위해 활동하는 사회경제적인 집단
이슈	경제적 성장과 분배, 군사적, 사회적 안정, 사회적 통제	평화유지, 환경, 인권 그리고 소외되지 않은 형태의 노동
가치	사적인 소비의 자유와 안정, 그리고 물질적 진보	중앙집권화된 통제 등에 대비되는 것으로서의 개인적인 자율성과 정체성
행위수단	1. 내적 수단: 공식조직, 대규모의 대표자 집단 2. 외적 수단: 다원주의적 혹은 조합주의적 이해관계의 중재. 정당들 사이의 경쟁. 다수결	1. 내적 수단: 비공식성, 자발성, 낮은 수준의 수평적, 수직적 분화 정도 2. 외적 수단: 부정적 용어로 표현되는 요구에 근거한 저항 정치

Offe. 1985, 94; 김호기 2007, 89에서 재인용.

클라우스 오페, 하버마스(1975), 알랭 투렌느(2007) 등의 서유럽 사회과학자들은 1960-70년대 서유럽 민주국가에서 폭발적으로 등장하기 시작한 환경운동, 반핵운동, 자주관리운동, 여성운동 등을 관찰하면서 이러한 현상의 구조적인 배경과 특성들에 대해서 다양한 논의를 전개해 왔다. 이들의 논의를 간단히 종합해보면, 서유럽 자본주의가 성숙기에 접어들면서 시장경제와 시민들의 생활세계(예를 들면, 가족, 사랑, 성, 여가, 자연과의 교감 등등)의 명확한 구분이 점차 흐려지고 생활세계마저 자본주의 시장경제의 논리에 의해서 지배되는 일이 벌어지게 되었다는 것이다. 이에 따라서 자본주의 시장체제 내에서 분배, 성장, 재분배와 같은 이슈들 못지않게 생활세계의 존엄을 지키고 주체적인 인간으로서의 정체성을 지키기 위한 노력들이 폭발적으로 제기될 수밖에 없고, 환경운동, 반핵운동, 소수자운동 등은 이러한 맥락에서 이해될 수 있다는 것이다.

실제로 1990년대 후반 우리 사회에서 본격화하기 시작한 신사회운동 역시 서유럽의 1960－80년대의 흐름과 유사한 특성들을 드러내면서 성장해왔다고 할 수 있다. 한 경험적 연구에 따르자면, 1990년대 이후 활발해진 한국의 환경운동, 인권운동 회원의 직업구성은 전문사무직이 압도적 다수를 차지하고 있다는 것이다. 환경운동 회원의 51.6%, 인권운동 회원의 74.8%가 전문사무직으로 구성되어 있다는 점에서 구사회운동과는 확연한 차이를 보이고 있다. 환경, 여성, 정치개혁, 인권, 주민자치, 교육, 소비자, 의식개혁과 같은 다양한 새로운 탈물질 이슈들에 집중하던 한국의 신사회운동이 결정적인 역량과 특성을 과시한 계기는 아마도 2008－2009년 사이의 미국산 소고기 수입반대 운동이었을 것이다. 당시 이명박 정부가 미국산 소고기 수입을 대폭 확대하려는 움직임이 있었을 때, 주부, 중고등학생, 도시 전문사무직 등의 집단들은 신사회운동의 다양한 특성을 드러내면서 강력한 반대운동을 주도하였었다(홍성태 2009; 김인영 2011). 이들은 이명박 정부가 시민들의 관심사인 (1) 건강권과 같은 이슈에 무심한 채 (2) 단지 테크노크라트적인 관점에서 미국산 소고기 수입의 확대를 졸속으로 결정하였다고 보았다. 따라서 이들은 (3) 전통적인 구사회운동의 정당이나 위계적 기반으로 해서가 아니라 매우 느슨한 온라인, 오프라인 상의 네트워크를 통해서 (4) 매우 분산적인 양상의 대중 시위, 저항 등을 통해서 테크노크라트적 사고와 대비되는 대안적인 삶의 양식과 정체성을 표현하고자 노력하였다고 할 수 있다. 이러한 특성은 다원적 가치와 정체성을 지닌 시민들이 차이의 민주주의를 실현하고 국가에 대해서 시민적 자율성을 지키고자 하는 움직임을 보였다는 점에서 신사회운동의 여러 특성들을 고르게 드러내 보인 매우 중대한 계기였다고 할 수 있다.

4. 결론

지금까지 우리의 논의를 종합하자면, 한국형 발전이란 지난 70년간 대내외적 맥락과 환경의 변화에 대응하면서 꾸준하게 변모, 진화하는 과정이었다고 할 수 있다. 단지 권위주의 시기의 눈부신 경제발전에 국한하는 것이 아니라, 한국형 발전은 1945년 해방과 권위주의 체제의 등장, 1980년대의 민주화, 1990년대의 세계화를 거치면서 꾸준히 진화해 온 역사적 현상으로 이해할 필요가 있다. 구체적으로, 해방과 건국, 한국전쟁을 거치면서 발전의 맹아가 뿌려졌지만, 초기 한국형 발전은 분명 권위주의 국가의 틀 속에서 성립되고 이룩하기 시작하였다고 할 수 있다. 하지만 권위주의적 발전은 시민사회의 성숙과 도전을 통해서 변모하였고, 1987년을 기점으로 민주화라는 새로운 맥락 속에서 한국형 발전을 새로이 모색하게 되었다. 또한 민주화 이후의 발전은 1997년 IMF 관리체제와 김대중 정부의 등장을 거치면서 세계화 개방 속에서의 발전으로 다시 한 번 진화하게 되었다.

요컨대 한국의 경제발전을 선진국을 따라잡는 추격형 모델로 설정하는 경향에서 탈피하여, 2000년대 이후 지속적으로 변화 또는 진화하고 있는 양상을 우리는 주목할 필요가 있다. 한국의 경제발전은 과거의 경험이 아니라, 지금도 진화하고 있는 현재진행형인 것이다. 또한 한국의 발전은 단순히 경제기적과 민주화에만 국한되는 것이 아니라, 다른 측면에서 계속 진화하고 있다는 측면에서 여전히 현재 진행형이다. 아직 문제 해결을 완수한 것은 아니지만, 1997년 외환위기 이후 IT 및 신기술 중심 경제로의 전환, 환경 문제의 악화에 대응하는 친환경성장으로의 전환, 복지 수요의 증대에 대한 대응 등 한국형 발전은 진화하고 있다. 달리 말해 권위주의적 발전모델이 민주화와 세계화를 거치면서 그 내용과 전략, 과제가 변용되는 과정을 거치고 있는 것이다.

여기서 우리가 주목하는 것은 한국형 발전이 단선적으로, 일방향으로 진화해왔다기보다는 각 단계별로 발전모델의 성립과 그에 내재된 모순과 갈등의 대립이라는 과정을 변증법적으로 거쳐 왔다는 사실이다. 권위주의, 민주화, 세계화를 거치는 동안 한국의 발전은 늘 내부적 도전과 모순에 직면해왔으며, 한국형 발전의 역사는 이러한 내부적 도전과 모순에 대응하는 과정을 아울러 포괄하는 셈이다. 즉 권위주의 국가의 발전은 민주적 압력을 지향하는 시민사회와의 공존, 대립을 거치면서 진화해왔으며, 1987년 이후의 한국형 발전은 개방과 참여의 압력 속에서 발전국가가 내부적으로 제도와 전략을 재구성하는 과정을 거치면서 진화해왔다. 또한 이러한 진화과정은 세계화 개방에 따른 국내적 충격과 격차의 확대라는 새로운 도전에 적응하고 대응하는 과정과 더불어 구성되어 왔다고 할 수 있다.

참고문헌

공제욱·최봉대·오유석. 1998.『1950년대 서울의 자본가』. 서울: 서울시립대학교 부설 서울학연구소.

그레고리 헨더슨 지음. 이종삼·박행웅 옮김. 2013.『소용돌이의 한국정치』. 파주: 한울아카데미.

그렉 브라진스키 지음. 나종남 옮김. 2011.『대한민국 만들기, 1945–1987: 경제 성장과 민주화, 그리고 미국』. 서울: 책과함께.

김보현. 2006.『박정희 정권기 경제개발: 민족주의와 발전』. 서울: 갈무리.

김호기. 2007.『한국시민사회의 성찰』. 서울: 아르케.

박상영. 2012. "한국 포스트발전국가론의 발전과 전개."『현대정치연구』.

박찬욱. 2004. "제17대 총선에서 2표병립제와 유권자의 분할투표: 선거제도의 미시적 효과분석."『한국정치연구』13집 2호, 39–85.

브루스 커밍스 지음. 김주환 옮김. 1986.『한국전쟁의 기원: 해방과 단정의 수립: 1945–1947』. 서울: 청사.

서희경. 2012.『대한민국 헌법의 탄생: 한국 헌정사, 만민공동회에서 제헌까지』. 파주: 창비.

송호근. 2003.『한국, 무슨 일이 일어나고 있나: 세대, 그 갈등과 조화의 미학』. 서울: 삼성경제연구소.

신명순. 1993. "한국정치와 정치문화." 김상준 편.『한국의 정치: 쟁점과 과제』. 서울: 법문사.

안진. 1990. "미군정기 국가기구 형성과정에 관한 연구." 서울대 사회학박사 학위논문.

에즈라 보겔 지음. 장인영 옮김. 1993.『네 마리의 작은 용』. 서울: 고려원.

윤천주. 1994.『투표참여와 정치발전: 우리나라의 선거실태』. 서울: 서울대학교 출판부.

이정복. 1993. 『한국의 현대정치: 1945—1948년』. 서울: 서울대학교출판부.

이철순. 2015. "해방이후 한국전쟁 이전까지의 미국의 대한정책(1945—1950) 재고." 『국제정치연구』 18집 2호, 67—90.

임혁백. 2014. 『비동시성의 동시성: 한국 근대정치의 다중적 시간』. 서울: 고려대학교 출판부.

장훈. 2003. "카르텔 정당체제의 형성과 발전: 민주화 이후 한국의 경우." 『한국과 국제정치』 19집 4호, 31—59.

장훈·이숙종 외. 2010. 『세계화 제2막: 한국형 세계화의 새 구상』. 서울: 동아시아연구원.

조희연. 『박정희와 개발독재시대: 5.16에서 10.26까지』. 서울: 역사비평사.

조희연. 2011. "시민사회, 포스트발전국가론, 동원된 근대화, 여성주의." 『한국여성학』.

진덕규 외. 1981. 『1950년대의 인식』. 서울: 한길사.

최장집. 1997. 『한국의 노동운동과 국가』. 서울: 나남출판.

한도현. 1989. "한국 농업-농민 문제 연구의 과제." 『경제와 사회』 2호, 220—233.

한도현. 1998. "1950년대 후반 농촌사회와 농촌의 피폐화." 한홍수 외 편. 『한국현대사의 재인식 4-1950년대 후반기의 한국사회와 이승만정부의 붕괴』. 서울: 오름.

황수익. 1993. "제헌 국회의원 선거." 서울대학교 한국정치연구소 편. 『한국의 현대정치: 1945—1948년』. 서울: 서울대학교출판부.

Haggard, Stephan and Robert R. Kaufman. 1995. *The Political Economy of Democratic Transitions.* Princeton University Press.

Hamza, Alavi. 1972. "The state in post—colonial societies Pakistan and Bangladesh." *New Left Review* 74, 59.

Hayashi, S. "The developmental state in the era of globalization: beyond the

Northeast Asian model of political economy." *Pacific Review* Vol. 23. No. 1, 45–69.

Jaung, Hoon. 2015. "The Historical Origins of Frail Party Politics in South Korea: The Abortive Experiment of Democratic Republican Party, 1963–1979." 『의정논총』 10(2), 313–346.

Johnson, Chalmers. 1999. "The Developmental State: Odyssey of a Concept." Woo–Cumings, Meredith. *The Developmental State*. Cornell University Press.

Kim, Byung–kook. 2011. *The Park Chung Hee era: the transformation of South Korea*. Cambridge, Mass: London: Harvard University Press.

Lee, Young–jo. 2011. "The Countryside." in *The Park Chung Hee era: the transformation of South Korea*, 345–372.

Moon, Chung–in and Jun, Byung–joon. 2011. "Modernization Strategy: Ideas and Influences." in *The Park Chung Hee era: the transformation of South Korea*, 115–139.

Offe, Claus. 1985. "New social movements: challenging the boundaries of institutional politics." *Social Research*, 817–868.

Skowronek, Stephen. 1982. *Building a new American state: The expansion of national administrative capacities, 1877–1920*. Cambridge University Press.

2부 한국형 발전의 정치경제

이승주(중앙대학교)

I. 한국형 발전모델의 이론적 모색

1. 문제 제기

1945년 해방 이후 세계 최빈국 가운데 하나였던 한국은 지난 70여 년 간 급속한 산업화와 민주화를 동시에 성취한 소수의 국가 가운데 하나로 평가된다. 6·25전쟁이 끝난 1953년 한국의 GNP는 13억 달러였고, 한국이 IMF와 World Bank에 가입했던 1955년 1인당 GDP는 65달러에 불과했다. 그러나 1962년 경제개발계획에 착수하면서 한국의 발전 경로는 새로운 국면에 접어들었다. 2014년 기준 한국의 국내총생산(GDP)은 1조 4,103억 달러로 세계 13위를 기록하였다(World Bank 홈페이지, http://data.worldbank.org/data-catalog/GDP-ranking-table),[1] 2015년 기준 한국의 1인당 국민소득은 2만 7천 5백 달러로 세계 28위였다.[2] 이러한 지속적인 발전의 결과는 한국은 2012년 1인당 국민소득 2만 달러 이상, 인구 규모 5000만 이상인 이른바 '20-50 클럽'의 일원이 되었다(《조선일보》 2012/5/28).[3]

한국의 발전은 몇 가지 측면에서 특징적이다. 첫째, 한국과 같은 개도국이 산업화에 성공하였더라도 중화학공업 또는 첨단산업 분야에서 세계적 경쟁력을 갖춘 경우는 예외적이다. 한국의 발전은 불균형성장이라는 특징을 보이고 있다. 2014년 기준 세계 수출시장 점유율 1위를 기록한 한국 제품의 품목 수는 64개로 세계 13위를 기록하였다(한국무역협회 국제무역연구원 2016, 4).[4] 구체적인 품목 내역을 보면, 화학제품 22개, 철강제품 11개, 비전자기계 7개, 섬유제품 6개, 전자기계 6개, 수송기계 4개 등 주로 중화학공업 분야에 집중되어 있다. 그리고 점유율 1위를 기록한 64개 품목들이 한국의 총 수출 가운데 약 19.5%를 차지하는 등 이들 품목의 비중이 매우 높은 편이다(한국무역협회 국제무역연구원 2016, 5).

1 실질 구매력 기준으로 환산할 경우, 한국의 GDP는 2014년 1조 7,839억 달러로 증가한다(IMF, Report for Selected Countries and Subjects).

2 실질구매력으로 환산한 한국의 1인당 국민소득은 3만 5,379달러에 달하는 것으로 나타났다. International Monetary Fund. Gross Domestic Product Based on Purchasing-Power-Parity(PPP) per capita GDP. Report for Selected Countries and Subjects.

3 한국 이외에 1인당 국민소득 2만 달러와 인구 5000만명의 기준을 충족시키는 국가는 일본(1987), 미국(1988), 프랑스, 이탈리아(1990), 독일(1991), 영국(1996) 6개국이다. 《조선일보》 2012/5/28.

4 이는 2012년의 61개에서 다소 증가한 수치이다. 한국무역협회 국제무역연구원(2013, 6). 중국은 세계 1위로 1,601개 품목에서 세계 수출시장 점유율 1위를 기록하였다(한국무역협회 국제무역연구원 2016, 1).

둘째, 한국의 경제발전은 1987년 민주화로 상징되는 민주주의 발전과 병행되었다는 점에서 다른 개발도상국들이 준거로 삼을 만한 보편성을 갖고 있다.[5] 제2차 세계대전 이후 수립된 개발도상국 중 시장경제 발전과 정치적 민주화를 동시에 이룩하고, 이를 바탕으로 원조를 받던 수원국에서 원조를 제공하는 공여국으로의 전환에 성공한 국가는 유례를 찾기 어렵다.[6] 한국의 발전 경험은 다른 개도국들이 참고할 수 있는 하나의 모델이 될 수 있다는 점에서 경제 분야에 초점을 맞춘 기존 설명의 한계를 보완하는 새로운 접근이 필요한 시점이다.

한국의 발전 과정을 경제 중심론을 넘어서는 포괄적 발전의 시각에서 설명하려는 시도는 이론적으로나 현실적으로 커다란 의미를 내포하고 있다. 이론적 차원에서 볼 때, 한국의 발전경험은 주로 선진국을 추격한다는 의미에서 추격형 모델의 대표적 사례로서 이해되고, 이를 설명하기 위해 신고전주의 경제학, 근대화론, 발전국가론 등 다양한 사회과학적 시도가 이뤄져 왔다. 그러나 이러한 시도들은 주로 경제발전의 성공 요인을 설명하는 데 초점을 맞추고 있기 때문에 한국의 발전과정에서 나타난 복합적이면서, 다차원적인 거대한 사회변동이자 정신적, 문화적 변환이라는 점을 포착하는 데 한계가 있다(Johnson 1982; Amsden 1989). 즉 한국의 성공 경험을 좁은 의미의 경제발전모델이 아닌, 사회

5 정치체제와 경제 성장의 관계에 대한 대표적 연구로는 Preworski, Limongi, and Giner 1995 참조.

6 한국은 2010년 OECD 공여국들의 클럽인 OECD DAC(Development Assistance Committee)의 정식 회원으로 활동하여, 공식적인 공여국이 되었다. "원조 공여국으로서의 역사," 한국국제협력단 홈페이지, koica.go.kr.

적, 문화적, 정치적 요인을 광범위하게 포함하는 새로운 모델을 재구성해야 할 필요가 있다. 구체적으로 1960년대 이후의 한국형 발전은 기업과 경제의 성장이었을 뿐만 아니라 한국인들의 의식과 문화의 변동이었고, 한국과 세계가 새로운 관계를 맺는 과정이었고, 또한 한국사회의 제도적 역량과 제도 개혁의 역사였다. 따라서 한국형 발전을 정치, 경제, 사회, 문화, 대외관계의 차원에서 종합적으로 접근할 때에 우리는 대외적으로 우리의 발전을 입체적으로 설명할 수 있다.

종합적 사회변동으로서의 한국형 발전을 이해하기 위해서, 이 연구는 한국형 발전이란 지난 70년간 대내외적 맥락과 환경의 변화에 대응하면서 꾸준하게 변모, 진화하는 과정이었다고 파악한다. 단지 권위주의 시기의 눈부신 경제발전에 국한하는 것이 아니라, 한국형 발전은 1945년 해방과 권위주의 체제의 등장, 1980년대의 민주화, 1990년대의 세계화를 거치면서 꾸준히 진화해온 역사적 현상으로 이해할 필요가 있다. 구체적으로, 해방과 건국, 한국전쟁을 거치면서 발전의 맹아가 뿌려졌지만, 초기 한국형 발전은 권위주의 국가의 틀 속에서 성립되고 이룩하기 시작하였다고 할 수 있다. 하지만 권위주의적 발전은 시민사회의 성숙과 도전을 통해서 변모하였고, 1987년을 기점으로 민주화라는 새로운 맥락 속에서 한국형 발전을 새로이 모색하게 되었다. 또한 민주화 이후의 발전은 1997년 IMF 체제와 김대중 정부의 등장을 거치면서 세계화 개방 속에서의 발전으로 다시 한번 진화하게 되었다.

한국의 경제발전을 선진국을 따라잡는 추격형 모델로 설정하는 경향에서 탈피하여, 2000년대 이후 지속적으로 변화 또는 진화하고 있는 양상을 정확하게 포착할 필요가 있다. 한국의 경제발전은 과거의 경험이 아니라, 지금도 진화하고 있는 현재진행형이다. 한국의 발전은 단순히 경제기적과 민주화에만 국한되는 것이 아니라, 다른 측면에서 계속 진화하고 있다는 측면에서 그렇다. 아직 문제 해결을 완수한 것은 아니지만, 1997년 외환위기 이후 IT 및 신기술 중심 경제로의 전환, 환경 문제의 악화에 대응하는 친환경성장으로의 전환, 복지 수요의 증대에 대한 대응 등 한국형 발전은 진화하고 있다. 권위주의적 발전모델이 민주화와 세계화를 거치면서 그 내용과 전략, 과제가 변용되는 과정을 거치고 있는 것이다. 이러한 변화 과정에는 개별 분야들이 분절적으로 변화하는 것이 아니라, 상호 연계를 재편하는 가운데 함께 변화하는 새로운 '전환'이라는 인식이 필요하다(Shin and Chang 2005).

우리가 주목하는 것은 한국형 발전이 단선적으로, 일방향으로 진화해왔다기보다는 각 단계별로 발전모델의 성립과 그에 내재된 모순과 갈등의 대립이라는 과정을 변증법적으로 거쳐 왔다는 사실이다. 권위주의, 민주화, 세계화를 거치는 동안 한국의 발전은 늘 내부적 도전과 모순에 직면해왔으며, 한국형 발전의 역사는 이에 대응하는 과정을 아울러 포괄하는 셈이다. 권위주의 국가의 발전은 민주적 압력을 지향하는 시민사회와의 공존, 대립을 거치면서 진화해왔으며, 1987년 이후의 한국형 발전은 개방과 참여의 압력 속에서 발전국가가 내부적으로 제도와 전략을 재구성하는 과정을 거치면서 진화해왔다. 또한 세계화 개방 이후의 발전은 개방에 따른 국내적 충격과 격차의 확대라는 새로운 도전에 적응하고 대응하는 과정으로 구성되어왔다고 할 수 있다.

본 연구는 한국의 발전이 포괄적 사회변동인 동시에 지속적으로 진화하는 과정에 있다는 점을 체계적으로 분석·설명하는 시도를 하게 될 것이다. 한국형 발전모델의 포괄적 성격과 진화하는 과정을 이론화하는 것은 한국 발전 경험의 개념적 재창조와 현실적 적용이라는 점에서 이론적·실천적 함의가 지대하다.

2. 한국형 발전 모델의 이론적 검토

1) 한국형 발전모델의 구성 요소

동아시아 발전모델이 이론적으로 주목받게 된 데는 동아시아 경제성장을 설명하는 데 있어서 신고전주의 경제학이 직면하는 이론적 한계와 관련이 있다(Stubbs 2005). 이로 인해 동아시아의 경제 성장을 설명하기 위한 대안적 이론들이 제시되었는데, 세계은행의 보고서가 이와 관련한 본격적인 논쟁을 촉발하였다(World Bank 1993). 이후 동아시아 발전모델이라는 용어가 대두되기 시작하여 동아시아 국가들의 경제 성장에 기여한 공통분모들을 추출하기 위한 다양한 시도가 이루어졌다.

동아시아 국가들에서 공통적으로 발견되는 발전모델의 공통분모를 한국의 사례에 적용하면 다음과 같이 요약된다. 첫째, 가장 좁은 의미의 동아시아 발전모델의 핵심 요소는 경제 성장에 있어서 정부의 주도적 역할이다(Johnson 1982). 개별 국가에 따라 정부 역할의 성격과 범위는 차이가 있을 수 있으나, 정부의 역할을 제외하고 동아시아 발전모델을 논하기 어려움은 주지의 사실이다. 한국형 발전모델의 경우, 정부의 역할은 특정 산업의 진흥과 지원을 통한 육성(Amsden 1989; 오원철 2002), 금융기관의 소유 또는 영향력에 기반한 기업에 대한 간접적 통제(Woo 1991; Shin and Chang 2003), 기술 인력의 양성을 통한 노동의 효과적 공급(오원철 2002; 김정렴 2006; 김형아 2005), 긴밀한 정부기업 관계(Kim 1987) 등이 공통 요소로 나타난다.

고도성장기에 형성된 한국형 발전모델에서 정부의 역할은 위에서 언급한 바와 같이 다양하게 드러난다. 그러나 이를 압축적으로 설명하면 '투입에 의한 성장'을 위한 정부의 역할이라고 할 수 있다(Krugman 1994). 이때 정부 역할의 핵심은 투입의 증가를 가능하게 하는 다양한 정책적 또는 제도적 수단을 동원하는 것이라고 할 수 있다(Haggard 2004).

한국형 발전모델을 구성하는 두 번째 요소로는 정부의 역할을 뒷받침하는 제도적·정치적 기반을 들 수 있다. 이와 관련, 일각에서는 동아시아의 고도성장이 권위주의 하에서 이루어진 데 주목하는 경향이 있으나,[7] 권위주의와 경제 성장 사이의 제도적 정합성이 높다고 보기는 어렵다. 다만, 경제 성장에 긍정적인 영향을 미치는 정치적 환경으로서 정치적 안정을 지적할 수는 있다(Johnson 1987). 정치적 안정이 정책결정자들에게는 장기적 관점에서 정책을 수립하고, 민간 행위자들에게는 기업가 정신을 발휘할 수 있는 환경을 제공한다.

한편, 이러한 논의는 사회로부터 국가의 자율성 확보로 연결된다. 국

7 이와 관련한 논의는 싱가포르 총리 리콴유에 의해 촉발된 바 있다. Zakaria(1994). 싱가포르에서 경제적 자유화 이후에도 권위주의가 지속되는 제도적 원인에 대해서는 Elgin(2010) 참조.

가가 특정 집단의 영향력을 배제하고 일관성 있는 정책을 수행하기 위해서는 일정 수준 이상의 자율성을 확보할 필요가 있기 때문이다. 국가의 자율성은 사회로부터의 압도적인 우위를 전제로 한 자율성을 상정하는 것은 아니다. 오히려 국가의 자율성은 사회와의 상대적 관계를 통해 결정될 뿐 아니라, 필요에 따라서는 사회와의 연계도 필요하기 때문이다(Evans 1995).

셋째, 한국형 발전모델을 구성하는 요소로서 이념적 기반을 들 수 있다. 후발국가로서 한국에서는 경제 성장에 대한 광범위한 국민적 합의를 바탕으로 한국형 발전모델을 수립할 수 있었다.[8] 이러한 이념적 기반이 정부의 주도적 역할을 용인하는 측면이 있었기 때문이다. 보다 협의의 경제 성장의 이념적 기반은 엘리트, 특히 경제 관료들 사이의 일체성이다(Johnson 1982). 정부 주도의 성장을 위해서는 유능한 엘리트 관료의 존재가 필수적이지만(Haggard and Moon 1983) 이러한 조건은 필요조건에 불과하다. 고도성장기 경제 관료들은 매우 동질적인 집단으로서 경제 성장이라는 목표를 공유함으로써 정책을 일관성 있게 추진할 수 있었다.[9]

넷째, 정부의 시장 순응형 정책을 가능하게 한 조건으로서 사회와의 연계 또는 네트워크를 지적할 수 있다(김용학 1996; 류석춘·왕미혜; 백종국

8 이러한 요소가 때로는 한국형 발전모델에서 중상주의 또는 민족주의적 색채를 드러내게 하는 요인으로 작용한다.

9 이밖에도 한국형 발전모델의 형성을 가능하게 한 대외적 요인으로는 미국과의 동맹을 통한 안보의 확보와 경제적 측면에서 미국 시장에 대한 접근 등을 들 수 있다. Woo-Cumings(1998). 그러나 이것이 한국형 발전모델을 성립시킨 본질적인 요인인지에 대해서는 구체적으로 검토할 필요가 있다.

1998; Okimoto 1989). 정부 정책이 효과적이기 위해서는 시장의 시그널을 정확히 선제적으로 읽고 방향을 제시하는 것이 매우 중요한데, 이를 위해서는 사회와의 연계가 필요하다. 한국이 비록 고도성장기 정부와 기업 사이의 수직적 관계를 바탕으로 경제 성장을 추진한 경향이 있지만, 이러한 가운데 제한적이나마 시장과의 연계가 인적, 조직적 수준에서 다양하게 형성되었다고 할 수 있다.[10]

2) 한국형 발전모델의 전환

1997년 외환위기 이후 한국형 발전모델은 변화의 기로에 처하게 되었다. 그 변화의 원인과 성격에 대해서 다양한 견해가 제시되고 있다. 1997년 이후 한국형 발전모델이 그 이전과는 본질적으로 차별화된 새로운 단계로 진입했다고 보는 견해가 있는 반면, 1997년 이후 한국이 커다란 변화를 겪은 것은 사실이지만 그럼에도 기존 정치경제모델의 기본 요소들이 여전히 작동하고 있다고 보는 견해가 그것이다. 이러한 논의는 1997년 이후 한국형 발전모델을 연속 또는 단절의 관점에서 접근하는 데 따른 인식의 차이를 보이고 있다. 이 장에서는 이와 관련한 이론적 검토를 통해 한국형 발전모델의 변화 성격과 방향성을 파악하고자 한다.

10 물론 정부와 기업 사이의 네트워크가 쌍방향적이었는지 또는 배타적이지는 않았는지 등에 대해서는 보다 면밀한 검토가 필요하다.

한국은 후발 개도국으로서 단기간의 압축 성장을 달성하였을 뿐 아니라, 경제성장이 민주화라는 정치발전과 함께 이루어졌다는 점에서 다른 개도국들이 참고할 준거의 틀로 활용할 대상이 되기에 충분하다. 그러나 한국의 발전 경험을 설명하는 기존의 이론적 시도들이 지닌 한계는 뚜렷하다.

첫째, 기존의 한국형 발전모델에 관한 이론적 논의는 제도적·정치적·사회적 조건 등을 고려하기는 하나 기본적으로 경제 중심적이고 정태적 분석의 한계를 갖고 있다. 신고전주의 경제학, 근대화론, 발전국가론 등이 이러한 부류에 해당한다고 할 수 있다. 발전국가론의 경우, 한국의 경제발전을 가능하게 하였던 다양한 제도적 요인들과 이들 간의 상호작용을 검토하고 있기는 하나, 기본적으로 정태적인 경향을 드러내고 있다(Johnson 1982; Amsden 1989; Kohli 1990; Woo 1990). 경제성장에 긍정적인 영향을 미쳤던 제도적 요소들을 나열하고 있을 뿐, 한국의 변화하는 사회적·정치적 조건들이 독립적으로 한국의 경제성장에 어떤 영향을 미쳤는지에 관한 동태적 또는 통합적 분석에까지 이르지 못하고 있다.

한국형 발전을 설명하는 기존 이론들은 경제 중심적이어서 정치, 사회, 문화, 남북관계 및 대외관계 등을 주변 요인 정도로 치부하는 경향이 있다(한국개발연구원 2011). 예를 들어, 1960년대 초 수출지향산업화 전략의 수립과 실행과 1970년대 초 중화학공업화정책에는 당시의 국제정치환경이 지대한 영향을 미쳤음에도 불구하고, 이를 분석틀로 체계화하여 한국형 발전을 설명하는 이론적 시도는 매우 드물다. 같은 맥락에서 경제성장과 한국인의 의식 변화 또는 정치제도의 변화 사이의 상호

작용이 어떻게 변화되어 왔는지에 대한 설명은 여전히 부족한 실정이다.

둘째, 기존의 한국형 발전모델에 대한 설명은 기본적으로 과거 지향적이며, 그 이론적·현실적 유용성이 제한적이라는 한계를 드러내고 있다. 한국의 발전 경험이 개도국에게 유용한 것은 사실이지만, 한국이 추격 전략을 수립했던 1960년대와 개도국들이 발전을 모색하는 현재와는 국내외적 상황이 매우 상이하다. 더욱이 초기 조건의 미세한 차이가 발전에 관계되는 다양한 요소들 사이의 상호작용 방식의 차이를 초래하여 궁극적으로 발전 경로의 차이로 귀결될 수 있음을 감안하면(Weiss 2000), 한국의 과거 경험에 기반한 발전모델은 이론적 유용성은 지극히 제한적일 수밖에 없으며, 따라서 한국의 과거 경험을 과도하게 강조하는 방식의 이론적·실천적 한계는 쉽게 드러난다(Evans 1995).

3) 한국형 발전 모델의 확장과 융합

위의 논의를 토대로 하면 한국형 발전모델을 새로이 수립하기 위해서는 한국의 경험에 기초하되 일반화의 수준을 높인 발전모델의 이론화가 필요함을 시사한다. 본 연구는 한국의 발전 경험을 이론화하고, 이를 기초로 하여 보다 보편적이고 일반화된 정책 또는 발전모델을 수립하기 위한 이론적 토대를 마련하고자 한다. 앞에서 지적한 대로 한국의 경험을 전수하는 과정에서 나타난 과거지향적, 경제중심적, 일방향적 경향을 탈피하여 미래지향적이며, 경제성장을 위한 포괄적 요인들을 통합하고, 개도국과의 쌍방향적 협력을 실현할 수 있는 이론적 토대를 구축하는 작업의 중요성은 아무리 강조해도 지나치지 않다.

(1) 발전 개념의 확장

본 연구에서는 새로운 이론화를 위해 '발전'이라는 개념의 확장과 융합을 시도한다. 발전 개념의 확장은 일차적으로 경제 중심의 접근법을 탈피하기 위한 이론적 장치로서 반드시 필요하다. 경제 중심의 접근법의 이론적·실천적 한계를 지적하는 기존 연구들은 다수 존재한다. 그러나 이러한 연구들은 기존의 경제 중심 접근방식의 문제점 비판에 충실한 반면, 대안을 제시하는 데 소홀한 경향이 있다. 이들은 경제 중심 접근법에 대한 방어적 대응 논리의 성격을 보이고 있을 뿐, 적극적 대항 이론으로서의 위치는 확보하고 있지 못하다. 본 연구는 단순히 경제 중심 접근법의 문제점을 지적하는 데서 그치는 다분히 소비적·소모적 문제 제기에서 벗어나, 개념적·실천적 대안을 제공하는 생산적 이론화를 지향한다. 이를 위해서는 발전모델의 확장에 필요한 정치, 경제, 사회, 문화, 남북관계, 대외관계의 도전 요인과 한국의 대응 방식을 이론적으로 규명하는 작업이 동반되어야 한다. 본 연구는 발전 개념의 확장을 통하여 이 가운데 어느 한 분야에 국한된 분석이 아니라, 이들 사이의 체계적 연관성을 유지하는 가운데 개별 분야의 특수성을 설명하고자 한다.

구체적으로 수직적·수평적 확장이 가능한 한국형 발전모델의 이론화가 필요하다. 수직적 확장이란 한국이 발전해 온 경로를 동태적으로 설명하는 것으로 발전 단계별로 나타날 수 있는 도전과 문제들을 통합적으로 고려하는 것을 말한다. 국가마다 발전의 초기 조건이 상이할 뿐 아니라, 새로이 대두되는 도전이 발전 단계별로 상이하게 나타날 수 있으므로 이러한 차이를 정확하게 규명하고 이론적 통합이 가능한 모델을 개발할 필요가 있다. 한국형 발전모델을 전파하려는 기존의 시도들이 일방향적이라고 평가받는 근본 원인은 우리의 과거 경험을 정태적으로 전달하는 데 그치고 있다는 점과 밀접한 관련이 있다. 수직적 확장의 핵심은 과거 우리의 발전 경험과 현재 그들의 상황 사이의 괴리를 메우는 데 있다.

수평적 확장은 한국형 발전모델의 전파가 기본적으로 불특정 국가들을 대상으로 하고 있다는 점을 고려할 때, 개별 국가들 사이의 차별성을 고려할 수 있는 이론적 확장이 가능하도록 하는 것을 말한다. 한 국가의 발전을 위해서는 정치, 경제, 사회, 문화를 뒷받침하는 제도와 정책들 사이의 연계가 매우 중요한데, 문제는 개별 국가마다 연계하는 방식에 차이가 있을 수 있다는 점이다. 따라서 한국의 발전 경험에 기여한 핵심적 요소들을 선별하되, 개별 국가들이 요소들 사이의 다양한 조합이 가능하도록 확장할 수 있는 모델의 수립이 반드시 필요하다.

(2) 한국형 발전모델에 대한 이론적 설명틀

가) 동원과 참여의 메커니즘

발전 개념의 확장이 경제 중심 접근법에 대한 대안 제시의 첫 번째 단계라면, 발전 개념의 융합은 두 번째 단계이다. 확장된 발전모델을 구성하는 요인들을 재조합하는 것이다. 본 연구에서는 이러한 연구목표에 따라서 다양한 요인들을 유기적 연결하는 핵심 고리로서 '동원과 참여의 메커니즘'과 '도전과 응전의 메커니즘'을 설정한다. 우선, 한국형 발전의 지속적 진화를 가능하게 한 메커니즘은 '동원과 참여'의 관점에서 이해될 필요가 있다. 권위주의시대 이루어진 경제발전의 주요 동인이 자원과 인적 자원의 위로부터의 동원이었다면, 민주주의시대 한국의 경제발전은 아래로부터의 자발적 또는 적극적 참여로 이행하는 양상을 보이고 있다. 실제로 한국의 발전 경험을 회고해 보면 사회 구성원들이 경제성장에 때로는 동원되고, 때로는 적극 참여하는 과정이 명백히 존재해 왔다.

이러한 관점에서 한국형 추격 모델이 정부 주도가 아니라 개별 행위자들의 능력의 신장에 기인한 것이었다(이근 2013).[11] 과거 권위주의 시대에는 한국의 성장이 동원의 메커니즘에 주로 의존하였다면, 민주화 이후의 경우를 보면 한국의 지속적인 발전은 사회 구성원들이 성장 과정에 적극적으로 참여해 왔다는 사실과 밀접한 관련이 있다. 한국형 발전모델의 확장은 어떤 정치적·사회적 제도와 유인 구조를 통해서 동원의 메커니즘을 참여의 메커니즘으로 순탄하게 전환할 수 있는가를 규명하는 문제로 귀결된다. 한국은 이러한 전환의 좋은 사례가 될 수 있으며, 이에 대한 이론화의 가능성을 탐색하는 것이 본 연구의 이론적 비전이다.[12]

포괄적 의미의 발전은 국가의 발전과 개인의 발전이 서로 유리된 것

---

11 이근은 이러한 측면에서 한국의 고도성장 과정에서 개별 행위자들의 능력의 증대에 초점을 맞춘 '능력 기반 관점'을 제시하고 있다(이근 2013).

12 정부와 기업 사이의 상호작용을 통한 경제 체제의 관리에 대해서는 Wade(1990) 참조.

이 아니라 양자가 서로 연결된 것이라는 의식을 고취할 때 가능하다. 달리 말해, 개인과 개인, 개인과 사회, 더 나아가 개인과 국가 사이에 호혜적 교환에 대한 신뢰가 형성될 때, 개인이 공동체의 목표를 내면화할 수 있게 된다. 이는 호혜성에 기반한 목표 의식의 공유라고 할 수 있다. 호혜적 관계는 상대방으로부터 받은 재화나 서비스를 다시 반환해야 해야 한다는 의식이 근저에 깔린 사회적 교환 또는 관계 유형이다(Mauss 1990). 호혜적 관계는 위로부터의 강제적 동원이 효과적으로 이루어지게 하는 메커니즘이나 원자화된 개인 사이에서 거래가 이루어지는 시장 관계도 아니라는 점에서 포괄적 발전의 핵심 요소라고 할 수 있다. 한국의 경제 발전이 일방적 동원이 아닌 동원과 참여의 적절한 조합을 통해서 이루어진 것이라면 그 근저에는 개인과 국가 사이에 호혜적 관계가 형성되었다고 할 수 있다(류석춘·왕혜숙 2007).

이러한 논의를 1962년 이후 한국의 경제 발전 과정에 적용하면, 한국 정부는 개별 행위들 간 그리고 개별 행위자와 국가 간에 호혜적 관계를 형성하는 데 비교적 성공적이었다고 할 수 있다. 호혜적 관계를 형성하는 발생하는 문제는 대체로 두 가지 유형으로 나타난다. 첫째, 국가가 사회 세력에 비해 저발전된 결과 민간 행위자들의 지대추구 행위를 효과적으로 방지하는 데 실패할 때 호혜적인 관계를 성립하기 어렵다.[13] 이러한 관점에서 볼 때, 1950년대 자유당 시기의 한국의 국가는 사회 세력에 비해 미약했다고 할 수 있다(Rhyu and Moon 1999).[14] 반대로 국가가

13 카터 에커트(Carter J. Eckert)는 한국의 부르조아 계급이 패권적 영향력을 행사했다고 주장한다(Eckert 1993).

사회 세력에 비해 과도하게 강력할 경우, 사회로부터 자원을 추출하려는 유혹에 빠지게 되어 이른바 '약탈 국가'화하게 된다(Evans 1995).[15] 이 또한 호혜적 관계를 성립을 저해한다. 따라서 위의 두 가지 가능성을 성공적으로 차단할 수 있을 때, 발전을 위한 호혜적 관계의 형성이 비로소 가능해진다.

한국의 경우, 기업 등 민간 행위자들이 전체 사회의 이익을 고려하지 않고 자신의 이익을 배타적으로 추구하거나 심지어 사회나 국가의 자원을 자신의 이익을 위해 편취하는 경향을 국가가 효과적으로 방지하는 데 비교적 성공한 것으로 볼 수 있다. 민간 행위자들이 국가가 부여한 혜택을 자신의 이익을 향유하는 데만 사용한 것이 아니라, 국가의 발전을 위해 이익의 일부를 다시 제공하거나 때로는 단기적인 손해를 감수하기도 하는 등의 행위를 통해 일반화된 호혜 관계를 형성한 것이다. 호혜적 관계에 대한 기대, 더 나아가 신뢰가 국가와 민간 행위자들 사이에 광범위하게 형성되고 유지될 때, 국가는 특정 행위자들에게 혜택을 제공할 수 있게 된다.

이처럼 호혜적 관계가 성립할 때, 민간 행위자는 국가가 제공하는 혜택에 접근하기 위해 지대추구적 행위를 추구하기보다는 장기적 관점에서 혜택을 상호 교환하게 된다. 한국이 1960년대 이후 정부 주도 성장의

---

14 류상영과 문정인에 따르면, 1950년대 한국의 국가가 사회에 비해 과잉발전했다는 일반의 주장과 달리, 분절적, 저발전, 미약한 특징을 드러낸다고 주장한다(Rhyu and Moon 1999).

15 피터 에반스(Peter Evans)는 자이레 등 일부 아프리카 국가에서 이러한 현상이 발견된다고 주장한다(Evans 1995).

경향을 강하게 드러냈다고 하더라도, 일방적 동원에만 의존해서는 장기간의 발전이 어렵기 때문에, 호혜적 관계에 기반한 동원과 참여의 조합을 만들어낸 것이라고 할 수 있다. 이러한 관계는 좁게는 정부—기업 관계에서 발견되며, 교육, 노동, 복지 등 점차 그 범위가 확대되어 갔다고 할 수 있다.[16]

(2) 도전과 응전의 메커니즘

'도전과 응전의 메커니즘'은 한국형 발전이 시대별 그리고 분야별로 다양한 도전에 직면하여, 그에 대한 효과적 대응을 반복하는 과정을 통해 성립되었다는 인식에서 출발한다. 즉, 1970년대 초의 안보 위기, 1980년대 중반 민주화 과정의 정치 위기, 1997년 경제위기 등 한국의 발전 과정에서 국내외의 다양한 위기와 도전에 직면하였다.[17] 한국이 이러한 위기와 도전에 대응하는 과정에서 실패를 반복하였다면 현재의 한국형 발전모델은 성립할 수 없을 것이다. 따라서 본 연구는 확장된 한국형 발전모델을 수립하기 위해 다양한 차원에서 초래된 도전에 대한 한국의 대응 방식과 그 과정에서 이루어진 다양한 행위자들의 사이의 상호작용을 규명하고자 한다.

---

16 김은미는 한국의 경제발전을 정부와 기업 사이의 공생적 관계에 초점을 맞추어 설명한다. Kim(1997) 참조.

17 박정희 시대 일련의 안보 위기가 경제 전략에 미친 영향에 대해서는 김정렴(1987) 참조. 특히 베트남 전쟁의 종전 이후 발생한 안보 위기가 한국 경제 전략의 변화에 미친 영향에 대해서는 Lee(2011) 참조.

II. 국가 건설과 안보 위협의 도전(1948–1960)

1. 국가 건설의 과제와 제도 형성

1950년대 한국이 직면한 과제는 국가 건설이었다. 건국 이후 6·25전쟁의 참화를 겪은 이승만 정부가 직면한 최대의 도전은 전후 재건이었고, 이에 대한 이승만 정부의 대응은 자립적 경제기반을 구축하는 것이었다. 문제는 식민지배에서 벗어나 새롭게 시도되는 국가 건설이라는 거대한 과제가 남북 분단으로 인한 북한의 안보 위협과 1949년 중국의 공산화로 인해 표면화되기 시작한 동아시아의 냉전 구조 속에서 진행되어야 했다는 점을 감안할 때, 이 작업의 경로가 순탄한 것이 될 것이라고 예상하기는 어려웠다. 특히, 6·25전쟁의 참화로 인해 국가 건설은 원점에서 출발해야 했다. 이 시기 한국은 자유민주주의와 자유시장경제에 기반한 국가 건설을 사유재산권의 확립과 같은 매우 기초적인 제도의 구축부터 접근해 나가야 했다. 이때 형성된 제도적 요소 하나하나 이후 한국의 발전에 지속적이고도 커다란 영향을 미칠 수 있다는 점에서 이 시기는 하나의 중대 분기점이었다고 할 수 있다.

1950년대 한국의 국가 성격에 대한 논의는 매우 중요한 의미를 갖는다.[18] 당시 한국의 국가는 과대성장국가라기보다는 정치 세력에 포획되어 파편화되고, 저발전되었으며, 힘없는 국가였다. 이러한 측면에서 1950년대 한국은 일반적인 식민지 국가의 제도적 발전과 상당한 차이를 보인다. 한국형 발전모델은 단순히 일본 모델의 이식이 아니라 1950년대 과대 성장한 정치 사회와 저발전 국가, 그로 인한 정치적경제적 실패로부터 학습이 작용한 결과라고 할 수 있다(Moon and Rhyu 1999).

국가 건설을 위한 제도 형성의 시발점은 귀속 재산 불하와 농지 개혁이었다. 1945년 8월 미군정은 일본 정부 및 일본인 소유 재산에 대한 소유권을 군정으로 귀속하는 조치를 우선 취하였다.[19] 그 다음 수순은 귀속 재산을 민간에 불하하는 것이었다. 6·25전쟁 이후 경제 체제를 수립하고 1960년대 이후 경제 발전의 핵심적 행위자였던 기업은 대체로 두

---

18 1950년대 정치경제체제의 이해는 1960년대 이후 발전국가의 등장과 이후의 산업 발전의 성격을 분석하는 데 도움을 준다.

19 미군정이 종료된 1948년에는 미군정의 재산일 한국 정부에 이양하는 조치도 이루어졌다. 1948년 9월 11일 대한민국 정부가 수립됨에 따라 미군정의 재산과 부채를 한국 정부에 이양하기 위한 '한미 재정 및 재산에 관한 최초협정'(Initial Financial and Property Settlement between R.O.K and U.S.A)이 한미 양국 정부 사이에 체결되었다. 국가기록원 홈페이지, "한미 재정 및 재산에 관한 협정," http://www.archives.go.kr/next/search/listSubjectDescription.do?id=001677.

가지 경로를 통해 형성되었다. 귀속재산의 불하는 이 가운데 하나의 경로로서 역할을 했다. 이 시기 귀속재산의 불하를 계기로 만들어진 기업들은 주로 미국 등으로부터 제공받은 원조 물자를 배급, 가공, 판매하는 경제 활동을 수행하였다. 귀속 재산의 불하에 대한 평가는 다양한 각도에서 이루어질 수 있겠지만, 해방 이후 자본주의의 제도적 근간인 사유재산제도와 재산권을 확립하고, 기업가정신을 고양함으로써 자본주의적 발전의 계기를 제공하였다는 데 그 의미를 부여할 수 있다(한국경제60년사 편찬위원회 2011).

기업 형성의 두 번째 경로는 역설적이게도 6·25전쟁을 수행하는 데 필요한 물자와 서비스를 제공하는 과정에서 발생하였다. 특히 이 기간 중에는 병참 기지 건설, 군수 물자 제조, 수송 등을 담당하는 기업들이 대거 만들어졌다. 이승만 정부는 1949년 6월 '농지개혁법'을 제정한 데 이어, 1950년에는 농지 개혁을 시행하였다. 농지 개혁은 국가의 상대적 자율성을 높이는 결과를 초래하였다(김일영 2001).[20] 농지 개혁은 소수에게 집중되었던 농지의 소유권을 다수에게 배분함으로써 건국 초기의 정치적 안정을 기하는 동시에, 농업 생산력을 증가시키고 중장기적으로 다른 산업에 대한 긍정적 파급 효과를 미치도록 하는 데 있었다(한국경제60년사 편찬위원회 2011).

20 김일영(2001)은 농지 개혁 이후 지주 계층이 몰락하는 한편, 농민과 노동자 계층이 보수화되었기 때문에 한국의 국가적 자율성이 확대되었다 본다.

2. 안보 위협과 원조의 정치경제

점증하는 북한으로부터의 안보 위협은 한국이 직면한 중대한 도전 요인이었다. 이러한 상황에서 한국은 미국과의 관계를 전략적으로 활용하는 것이 매우 중요했다. 남북이 치열하게 대립하고 있는 현실에서 한국은 한미동맹을 안보를 강화하는 것은 물론, 한국이 정치·경제·사회·문화 등 포괄적 발전을 성취하는 데 필요했다. 당시 한국 정부는 한반도의 군사적 안정이 경제 성장을 가능하게 하는 요소임을 인식하는 한편, 한미 양국 간 경제 협력을 통해 경제 발전에 활용하기 위해 노력하였다.

한국은 개도국 가운데 제공받은 원조의 규모가 클 뿐 아니라 원조를 효과적으로 활용한 국가로 평가받고 있다. 1945년 직후 한국은 주로 긴급구호원조의 형식으로 원조를 받았으나, 1953–1961년에는 경제안정과 방위력 강화를 위한 원조의 성격이 강화되었다(〈표 1〉 참조).[21] 이러한 점에서 한국이 본격적인 산업화에 착수하기 전 원조의 가치는 경제적 차원을 넘어 전략적 가치를 내포하고 있었다. 원조는 동아시아에서 냉전이 본격화되면서 한국의 전략적 가치가 증가하는 등 국제정치 환경의 변화에 따른 것이지만, 한국이 절대적 빈곤으로부터 벗어나는 것은 물론 경제발전의 계기를 마련하는 데 결정적 역할을 하였다.[22]

한국이 수원국이었던 1945년부터 1995년까지 선진 공여국들로부터

---

21 한국이 무상원조를 제공받던 1954년–1960년 사이 연평균 경제성장률은 4.9%에 달했다("원조수원국으로서의 역사," 한국국제협력단 홈페이지, koica.go.kr).

받은 원조 규모는 약 127억 달러에 달한다. 이 가운데 최대 공여국은 미국이었다. 미국이 한국에 제공한 원조 규모는 전체 수원 규모의 약 43%인 55.4억 달러에 달한다. 일본은 제2위의 공여국으로서 전체의 약 40%에 달하는 50.5억 달러 상당의 원조를 제공하였다. 전체 원조의 약 83%가 미국과 일본 두 국가에 의해 제공된 것이다(한국국제협력단 홈페이지, "ODA 알기—한국의 개발 원조," http://www.koica.go.kr).[22]

미국과 일본은 양대 공여국으로서 한국에 원조를 제공하였다는 공통점이 있으나, 미국의 원조는 경제적 지원을 위한 것뿐 아니라, 군사 원조가 포함되었다는 점에서 일본의 원조와 질적인 차이가 있다. 미국이 1947년부터 2010년 기간 중 한국에 제공한 군사 원조의 규모는 총 394억 달러로, 한국은 이스라엘에 이어 두 번째로 많은 군사 원조를 제공받았다(U.S. Overseas loans and grants, "Military Assistance, 1947—2010: Constant—Dollar Data," http://gbk.eads.usaidallnet.gov/data/detailed.html). 미국의 원조는 한국의 안보를 증진하는 데 지대한 영향을 끼친 것은 물론, 1960년대 이후 한국이 자립적 경제 발전을 해 나가는 초석의 역할을 하였다고 할 수 있다.

미국은 한국이 절대적 빈곤에 허덕이던 1950년대 말까지 한국이 받은 원조의 대부분을 제공하였다는 점에서 중요한 역할을 수행했다. 미국의 원조는 시기별로 변화하는 모습을 보였다. 1945년부터 1953년 기간 중에는 긴급구호 중심의 원조를 제공하였다. 6·25전쟁 이전인 1945년에서 1949년 사이 제공된 미국의 대한 원조의 규모는 모두 5억 210만

22 냉전 구조가 한국 정치경제에 미친 영향에 대해서는 Kimiya(2011) 참조.

〈표 1〉 한국의 수원 역사

구분		긴급구호원 원조기 (1945–1953)	본격적 원조기 (1953–1961)	차관 전환기 (1962 이후)
미국	기본법령	상호방위원조법 (MDA)	상호안전보장법 (MSA)	대외원조법(FAA)
	성격	긴급구호원조	경제안정과 방위력 강화	차관중심의 경제 원조
	원조담당	행정구조원조 (GARIOA) 1945–1949	대외원조행정기구 (FOA) 1953–1955	국제개발처(AID) 1961–
	기관 및 명칭	ECA원조 (1949–1950) SEC원조 (1951–1953)	ICA원조(1955–1961) PL480호 원조(1956–)	
	주요 원조	구호물자공여	군사원조	개발차관
	형태	기술원조, 전시긴급원조등	방위지원원조 (계획원조 및 비계획원조) 잉여농산물원조	개발증여 지원원조 잉여농산물원조등
국제기구	유엔	UNRRA (유엔구제부흥기관)	UNKRA(유엔한국재건단) – 경제부흥원조	UNDP (유엔개발계획) – 기술협력
	유엔군		CRIK(한국민간구호계획) – SEC(미육군성 물자지원)와 SUN(유엔군 물자 지원)으로 구분	

출처: 한국국제협력단 홈페이지, koica.go.kr.

달러에 달하였다(한국경제60년사 편찬위원회 2011, 109). 구체적으로 살펴보면, 1945년 광복 이후부터 1948년 정부 수립 이전까지 미국은 '점령지역 행정구호자금'(Government and Relief in Occupied Area: GARIOA)의 형태로 원조를 제공하였다. 이 유형의 원조는 긴급구호의 성격이 강했던 것만큼, 주로 소비재 공급을 통해 경제를 안정시키는 데 초점이 맞추어져 있었다.

경제 발전과 연계된 미국의 대한국 원조는 한국 정부가 탄생한 1948년 이후부터 본격화되었다. 이를 위한 제도적 틀은 1948년 12월 '한미원조협정'을 통해 완성되었고, 이에 근거한 원조가 1949년부터 시행되었다. 6·25전쟁의 발발과 함께 미국 원조는 군사 원조뿐 아니라 경제 원조를 포괄하는 전방위적 원조로 그 형태가 변모하였다. 이 가운데 경제 원조는 주로 파괴된 비료, 석유 및 반제품의 제공, 공업 및 교통통신 시설의 건설, 교육 시스템의 재건 등에 집중되었다. 미국 원조의 일부가 6·25전쟁으로 인해 파괴된 경제 체제의 재건뿐 아니라 자립적 경제 성장의 기반을 조성하기 위한 자금으로 활용된 셈이다. 전쟁이 끝난 1953년에서 1961년 사이 한국 정부는 미국의 원조를 군사 방위력 강화와 경제 체제의 안정을 위해 주로 사용하였다는 점에서 전쟁 기간 중의 원조 사용 방식을 기본적으로 유지하였다.

1957년 이후 미국의 대한국 원조는 커다란 변화를 겪게 되었다.[23] 첫째, 1957년 이후 원조 규모가 계속적으로 감소하기 시작하였다(한국경제60년사 편찬위원회, 『한국경제 60년사』, 경제일반 편, 10). 그럼에도 미국의 대한 원조 규모는 상당한 것이었다. 구체적으로 1953년에서 1961년 기간 중 미국의 대한 원조 규모는 약 17억 5천만 달러였는데, 이 액수는 당시

23 1950년대 중반 미국 정부 내에서는 공산권과의 경쟁에서 승리하기 위해 가장 효과적인 방법은 경제성장을 촉진하는 것이라는 믿음이 퍼지기 시작했고, 미국의 대한 원조정책도 이에 영향을 받아 변화되었다.

한국 GDP의 약 10%에 달하는 것으로 추산된다(한국은행 1970, 322-327). 1954-1960년 기간 중 한국의 연평균 경제 성장률은 4.9%를 기록하였다. 특히 이 기간 중 한국의 연평균 투자율은 11.8%였는데, 투자 재원의 상당 부분이 미국의 원조 자금을 활용한 것이었다(한국국제협력단 홈페이지, "ODA 알기-한국의 개발 원조").

둘째, 미국은 대한국 원조의 대부분을 차지하였던 무상원조의 비중을 1957년 이후 점진적으로 축소하는 한편, 유상원조의 비중을 확대하는 방향으로 원조 정책의 기본 방향을 바꾸었다. 이때 유상원조는 '개발차관기금'(Development Loan Fund)의 형태로 제공되었다. 이러한 변화는 한국이 1960년대 이후 해외 의존도를 낮추는 가운데 수출 주도의 경제성장을 추구하게 하는 요인으로 작용하였다.

셋째, 전쟁 기간 중 군사 원조와 경제 원조를 모두 포괄하는 전방위적 원조 방식에서 탈피하여 1957년부터 미국은 군사 원조와 경제 원조를 분리하기 시작하였다. 또한 전체 원조에서 차지하는 군사 원조의 비중을 축소하고, 경제 원조의 비중을 높이는 변화를 꾀하였다. 한국 정부는 미국 원조 정책의 변화에 따라 경제 원조의 대부분을 농업, 천연자원, 광공업, 교통 등 경제 성장의 기반을 형성하는 데 주로 사용하였다. 뿐만 아니라 한국 정부는 1960년 1월 '외자도입촉진법'을 도입함으로써 미국 이외의 선진국으로부터의 외자 도입을 추진할 수 있는 법적 기반을 갖추는 등 산업화를 위한 해외 자본의 조달을 위한 제도적 틀을 마련하기 위해 노력하였다. 또한 소비재 중심의 원조에 의존하던 이전과 달리, 한국 정부는 1950년대 미국의 대외 원조를 수입대체산업화를 효과적으로 추진하는 데 활용하였다. 원조의 배분에서 있어서 생산업자를 우선 지원하는 정책 등이 이에 해당한다.

3. 자립적 경제기반의 구축을 위한 수입대체산업화 전략

대외경제전략은 한국형 발전 모델을 구성하는 중요 요소이다. 한국형 대외경제전략은 대내적 차원의 발전전략의 성공적 실행을 위한 대외 환경의 활용이라는 의미를 갖는다. 1950년대 한국 정부가 당면한 과제는 자본주의 경제체제의 제도적 기반을 형성하는 동시에 6·25전쟁으로 파괴된 전후 재건이었다. 한국 정부는 자립적 경제 기반을 구축하기 위해 정책 역량을 집중하였다. 이 시기 한국의 경제 성장은 대외적 차원에서 한미 동맹이라는 구조적 맥락 속에서 진행되었다(우정은 2006).[24] 그러나 미국의 원조가 소비재 위주로 제공된 것은 이승만 정부가 수입대체 산업화를 추구하도록 한 요인이 되었다(김일영 2007). 이승만 정부는 1954년 산업은행을 신설하여 핵심 산업에 대한 장기 신용을 제공하는 등 초기 단계의 산업정책을 실시하기도 하였다. 이승만 정부는 이러한 정책 목표를 효과적으로 실행하기 위해 인프라의 확대, 시멘트, 철강 등 핵심 산업의 육성, 제조업 생산 능력의 확대 등을 추진하였다. 이러한

24 우정은(2006)은 이러한 점에 주목하여 이 시기 한국 경제 성장을 '동맹의 정치경제학'으로 파악한다. 한미, 더 나아가 한미일 동맹 구조가 한국 경제 성장의 성격을 근본적으로 규정하였다는 것이다.

정책들은 이후 박정희 정부가 추진하였던 성장 전략의 제도적 기반을 제공하였다는 의미를 갖는다.

산업화 전략의 측면에서 볼 때, 당시 한국 정부의 발전 전략은 수입대체산업화의 성격을 띠었다. 이승만 정부는 국내 산업을 육성하기 위해 한국경제부흥5개년계획안(1954), 경제부흥5개년계획(1956) 그리고 산업개발3개년계획(1958)을 수립하였다(박태균 2007).[25] 이승만 정부가 수입을 감소시키기 위해 원화의 가치를 절상하고 국내 산업을 보호하는 것이 대표적 사례였다. 특히 이승만 정부는 국내 산업을 보호하기 위해 수입품에 대한 고율의 관세(27.4%~66.5%)뿐 아니라 물량 제한을 부과하기도 하였다. 물량 제한의 경우, 수입물품을 세 종류로 구분하여 자유수입 품목, 정부의 사전 승인을 요하는 제한 품목, 국내에서 충분히 공급 가능한 물품에 대한 금지 품목 등으로 분류되었다(한국경제60년사 편찬위원회 2011).[26]

이러한 정책의 영향으로 인해 1950년대 한국의 무역은 기본적으로 정체된 상태를 벗어나지 못하였다. 특히 수출 규모는 미미하였는데, 문제는 수입을 억제하려는 정책에도 불구하고 수입 규모가 수출 규모를 크게 상회하였다는 점이다. 1957년 수출이 약 2,200만 달러에 불과했던 반면, 수입액은 무려 4억 4천만 달러에 달했다. 이러한 상황은 이후

25 그러나 박태균(2007)은 이승만 정부가 산업화 전략을 수립하였음에도 불구하고 실행되지 못한 것은 계획의 현실성이 부족하고 정책 의지가 강하지 못했기 때문이라고 주장한다.

26 김일영은 이승만 정부의 수입대체산업화는 통제와 보호를 주요 수단으로 했기 때문에 렌트, 더 나아가 부패를 초래했다고 평가한다(김일영 2007).

에도 지속되어 1961년 수출은 약 4,000만 달러로 증가한 반면, 수입액은 약 3억 1천 6백만 달러를 기록하여 무역 적자 구조가 유지되었다. 이는 수입을 억제하여 국내 산업을 육성하려는 산업화 전략이 지속되기 어렵다는 것을 드러내는 것이었다. 또한 무역이 정체됨에 따라, 한국 GDP에서 차지하는 무역의 비중은 지속적으로 감소하여 1957년 약 33%였던 무역의존도가 1961년 약 17.8%로 감소하였다(〈표 2〉 참조).

〈표 2〉 한국 무역 규모의 변화 추이

	수출액	수입액	무역액	GDP	무역의존도
1957	22	442	464	1400	33.1
1958	16	378	394	1700	23.2
1959	19	303	322	1900	16.9
1960	32	343	375	1900	19.7
1961	40	316	356	2000	17.8

출처: 한국무역협회, www.kita.net; 통계청, www.kostat.go.kr.

III. 국가 건설과 정부 주도의 산업화(1962–1971)

1. 한국형 발전 모델의 기원

1961년 집권한 박정희 정부가 직면한 첫 번째 문제는 이승만 정부에서 완성되지 못한 국가 건설의 과제를 완수하는 것이었다. 경제 발전을 시도하던 박정희 정부 초기 상황은 발전국가적 특성이 공고화되지 않은 시점이었기 때문에, 국가 건설의 과제는 그만큼 시급한 것이었다(Kim 2011). 국가 건설의 틀이 완성되어야 정부 주도의 경제 발전을 위한 제도적 틀을 갖출 수 있기 때문이었다. 박정희 정부는 이 과제를 신속하게 완결하기 위해 행정 개혁이라는 수단을 선택하였다.[27]

27 김형아는 한국에서 발전국가가 형성된 것을 주어진 조건으로 보는 것은 이론적 오

산업화를 본격적으로 추진하기 위해서는 자본 축적을 위한 제도의 형성이 무엇보다 급선무였다. 이승만 정부에서 자본주의의 작동을 위한 기초적인 제도들을 구축하기는 하였으나, 자본 조달을 위한 제도는 여전히 미흡한 상태였다. 1960년대 초 경제 발전을 위해 정부와 기업은 은행과 같은 금융기관을 통한 자본 조달을 주로 활용하였다.[28] 당시 정부가 금융기관에 대한 통제를 바탕으로 민간 기업에 간접적으로 영향력을 행사하려는 의도가 작용하였기 때문이다. 이후 금융 기관을 핵심 고리로 한 단순화되었으면서도 직접적인 정부의 영향력 행사 방식은 1970년대 말까지 한국형 발전 모델의 근간을 형성하게 되었다(Woo 1990).[29]

그러나 금융 기관을 통한 간접 금융 방식의 형성이 기업 통제를 위한 정부의 선호에만 기인한 것은 아니었다. 여기에는 증권 시장을 통한 자본 조달보다는 금융 기관을 통한 차입을 선호하였던 기업의 이해 관계도 반영되었다. 기업주의 관점에서도 소유권이 분산될 수밖에 없는 직접 금융 방식보다 간접 금융 방식이 소유권의 유지라는 측면에서 유리한 점이 있었던 것이다. 차입금에 대한 이자를 지불할 수 있는 수준의 영업 이익을 창출할 수 있는 한, 기업주의 입장에서 간접 금융을 선호할 여지는 충분했던 것이다. 특히, 소유와 경영이 분리되어 있지 않고 가족 경영을 특징으로 하는 한국 기업의 성격을 감안할 때, 기업주들은 증권 시장을 통한 주식의 발행은 기업에 대한 통제력 약화와 소유권의 상실

류라고 지적한다. 박정희 정부 초기 직면했던 상황은 불확실성이 매우 높았기 때문에 국가 건설은 중요한 과제로 대두될 수밖에 없었다는 것이다(Kim 2011).

28 자본 조달의 다양한 방식과 정부의 역할에 대해서는 Zysman(1983)을 참조할 것.

29 우정은은 박정희 정부의 금융 정책을 '금융 억압'으로 개념화하고 있다.

에 대한 우려를 완전히 불식시키기 어려웠다. 뿐만 아니라, 기업 공개로 인한 정보 공개와 각종 보고서의 발행, 주주에 대한 배확 등은 기업주들이 차입을 선호하게 하는 원인으로 작용하기에 충분했다. 한국 경제가 고도성장기에 진입하면서 이러한 간접 금융의 방식이 갖는 이점은 더욱 두드러지게 나타났던 것으로 보인다. 이러한 측면에서 볼 때, 고도성장기 한국의 발전 모델은 정부가 주도적으로 형성하였지만, 제한적이나마 기업의 이해관계를 반영하였다고 할 수 있다.

한편, 한국 발전 모델이 정부와 기업의 이해관계가 수렴되는 방식으로 형성되었다 하더라도 문제가 없었던 것은 아니다. 기업이 지속적으로 확장하는 데 필요한 대규모 자금을 조달하는 데 간접 금융은 한계가 있었기 때문이다. 따라서 간접 금융 방식이 한국 발전 모델의 근간이었다 하더라도, 주식 시장의 육성은 대규모의 장기 자금을 조달하기 위해 반드시 필요하였다. 한국이 금융 기관을 통한 자본 조달이라는 간접 금융 방식을 선호하였던 것도 어떤 측면에서 보면, 증권 시장이라는 제도적 장치가 미비했던 것도 하나의 원인이었다고 할 수 있다.

또한 간접 금융 방식은 기업이 이윤 창출과 관계없이 금융 기관에 금리를 지불해야 하기 때문에, 경기 순환이나 구조적 불황의 시기에 매우 취약해지는 문제점을 갖고 있다(Wade and Veneroso 1998). 해외 금융 기관으로부터 차입은 환율 변동의 영향까지 감안하면 이러한 취약성은 더욱 커질 수 있다. 더욱이 금융 기관들이 단기성 자금을 기업들의 설비 자금과 같은 장기 자금에 융통하는 경우가 빈번하였다(김정렴 2006). 이러한 현상들은 금융 기관을 매개로 한 자본 조달과 기업에 대한 영향력 행사를 핵심으로 하는 한국 발전 모델의 구조적 취약성을 드러내는 것이었다.[30] 이러한 면에서 고도성장기 한국 기업들의 자본 조달 방식은 일본 기업들과 유사하였다. 한국 제조기업들의 부채 비율은 1960년대 말부터 급격하게 증가하기 시작하였다. 이후에도 중화학공업화가 진행되던 1970년대 이후에도 이러한 추세는 지속되어 1980년대 초에 한국 제조기업들의 평균 부채비율은 거의 500%에 달하였다.

이러한 구조적 취약성을 완화하기 위해서는 증권 시장의 육성이 필요한 과제였다. 그러나 1960년대 초까지도 증권 시장 관련 제도의 형성의 필요성에도 불구하고 일종의 악순환이 반복되고 있었다. 기업의 시각에서 증권 시장은 기업들이 주식 또는 회사채 발행을 통해 장기 자본을 조달 시장의 기능을 효과적으로 수행하지 못하고 있었다. 이러한 상황에서 기업들은 금융 기관으로부터의 차입을 우선 추구할 수밖에 없었다(한국경제60년사 편찬위원회 2011).

한편, 증권 시장이 그 기능을 못하였던 근본 원인은 높은 신용을 가진 기업의 수가 많지 않았고, 개인의 입장에서 증권 시장 이외에 사금융 등 보다 매력적인 자금 축적 수단이 존재하였다. 이러한 구조적 악순환이 해소되지 못하고 지속되고 있었던 것이 당시의 상황이었다. 이러한 상황에서 박정희 정부는 금융 기관 중심의 간접 금융을 근간으로 하는 발전 모델을 유지하는 가운데, 이러한 악순환의 고리를 끊기 위해 증권 시장에 대한 신뢰를 제고할 수 있는 관련 제도들을 점진적으로 마련하기 위해 노력하였다(김정렴 2006).

---

30 간접 금융 중심의 발전 모델의 구조적 취약성에 대한 다각적인 검토에 대해서는 Wade and Veneroso(1998) 참조.

2. 정부 주도 산업화 전략의 형성

제1차 경제개발 5개년 계획으로부터 시작된 한국형 추격 전략의 핵심은 국내 잉여 노동력과 외자 유치를 결합한 '수출지향 산업화' 정책이었다. 1962년 22.6%에 불과했던 무역 의존도가 제1차 경제개발 5개년 계획이 종료된 1966년에는 26.8%로 증가했고, 중화학공업화가 본격적으로 실행된 1979년에는 55.9%까지 증가했다. 이러한 무역 증가에 힘입어 한국경제는 장기간 고도성장을 거듭하여, 박정희 정부 기간 중 평균 8.71%의 경제성장률을 기록했다(한국무역협회, "한국무역통계," http://stat.kita.net).

1962년 이후는 한국 정부가 경제 개발에 본격적으로 착수했던 시기인데, 이 시기 한국 정부는 산업화의 효과적인 추진을 위해 대외 원조를 포함한 외국 자본의 도입에 적극성을 보였다. 국내 자본의 부족의 절감한 한국 정부는 원조를 경제 개발을 위한 재원으로 인식하였다. 따라서 한국 정부는 원조를 수동적으로 받았던 이전 시기와 달리 경제 발전을 위한 외자 유치에 매우 적극적이었다.

1960년대 이후 미국의 한국에 대한 경제 지원은 원조를 차관과 직접 투자로 대체하는 형태로 변화하기 시작하였다. 이러한 상황에 직면한 박정희 정부는 원조 대신 대규모의 차관 도입을 전제로 하여 1962년 '제1차 경제개발 5개년 계획'을 수립하였고, 후발 주자의 이점을 전략적으로 활용하여 추격전략(catch-up strategy)을 본격적으로 실행하였다.

1960년대 초는 경제성장을 위한 추격 전략이 형성되기 시작한 시기였다. 후발국으로서 한국은 선진 국가들로부터 기술, 지식, 경제 정책을 직접적으로 수입하거나, 외국의 성공 모델을 적극적으로 수용하는 등 이점을 최대한 활용하는 데 초점을 맞추었다(Amsden 1989). 박정희 정부는 이승만 정부와 자립경제 기반의 구축을 목표로 하였던 이승만 정부의 경제전략과 달리 경제 성장을 달성하기 위한 구체적 수단으로 수출지향산업화(export-oriented industrialization: EOI)를 본격적으로 추진하기 시작하였다(Haggard, Kim and Moon 1991). 이 시기 한국 발전전략의 주된 특징은 전략적 자유화의 성격이 매우 강하였다는 점이다. 수출지향산업화 전략에는 자유무역과 보호무역을 혼합하여 국제통상환경을 효과적으로 활용하는 전략적 통상정책이 필요했다. 한국은 당시 주력 산업과 연계효과가 큰 소재 산업에 대해서는 과감한 무역 자유화를 추진하되, 이 산업들이 국제 경쟁력을 갖출 때까지 보호하고 소비재의 수입을 억제하는 중상주의적 정책을 추구하였다.

이 시기 대외경제발전전략은 또한 국내의 산업화 전략과 대외적 통상정책을 전략적으로 연계하였다는 데 특징이 있다. 국내적 차원의 산업화 전략과 대외경제전략의 연계는 산업 구조를 고도화하고 국가 경쟁력을 향상시키는 긍정적 효과와 산업 부문 간 불균형 성장이라는 부정적 효과를 함께 초래하였다. 수출지향산업화를 위하여 수출에 필요한 원자재와 중간재의 자유화를 적극 추진하는 한편, 수출과 무관한 소비재의 수입을 억제하는 전략적 수입 자유화를 실행하였다. 이 시기 한국 대외경제정책은 중상주의와 자유주의의 양면성을 모두 갖고 있다. 전략 산업에 대한 보호와 육성 등 중상주의적 성격을 내포하고 있었음에도 이 시기 지속적인 무역 적자를 겪고 있었다는 점이 이를 대변한다(조홍식

2007). 당시 한국 정부가 이처럼 산업화 전략과 대외경제전략을 연계할 수 있었던 것은 가트(GATT) 체제 하의 다자주의 국제통상환경을 전략적으로 활용한 결과였다(김일영 2006). 한국은 미국을 포함한 선진국들이 GATT 체제 하에서 일반특혜관세(Generalized System of Preference: GSP) 등 개도국에 우호적인 예외 조치들을 허용한 것을 적극적으로 활용하였던 것이다. 이러한 측면에서 박정희 정부의 산업화 전략은 국제정치경제적 맥락과의 관계 속에서 선택된 것이라고 할 수 있다(류상영 1996).

한국 정부의 정책 변화는 미국을 비롯한 선진국의 대 한국 원조 정책이 무상 원조에서 차관 중심의 경제 지원으로 변화하였다는 데도 그 원인이 있었지만(한국국제협력단 홈페이지, "ODA 알기-한국의 개발 원조," http://www.koica.go.kr), 한국 정부가 수동적인 수원국의 위치에 안주하지 않고 대외 상황의 변화에 능동적으로 적응하려는 의지를 나타낸 것이었다(한국국제협력단, 수원국으로서 한국의 ODA, http://www.oda.go.kr/opo/odin/mainInfoPage.do?P_SCRIN_ID=OPOA603010S01). 박정희 정부가 '경제개발 5개년 계획'을 수립하면서 외자 도입이 더욱 활발하게 이루어진 것은 이러한 배경이다.

3. 발전을 위한 동원과 참여의 결합

정부가 이 기간 중 이루어진 경제 성장을 주도하였다는 것이 일반적인 평가이지만, 그렇다고 해서 민간 부문이 수동적으로 반응하는 주변부적 역할에만 국한된 것은 아니었다. 1962년 이후의 경제 발전이 정부 주도적 성격을 내포하고 있었지만, 그렇다고 해서 정부가 동원에만 의존하여 산업화 정책을 구상하고 실행한 것은 아니었다. 당시 한국 정부는 정부 주도의 효과성을 제고하기 위해 민간의 자발성을 이끌어내기 위한 시도를 하였다. 비록 제한적이기는 했지만, 정부는 위로부터의 동원을 더욱 효과적으로 만들기 위해 아래로부터의 참여를 유도하는 방안을 다각도로 모색하였다.

이러한 시도는 크게 세 가지 차원에서 이루어졌다. 첫째, 기업과 시장의 선호를 보다 효과적으로 파악할 수 있는 제도적 틀을 만들기 위해 노력했다. 민간 부문은 기업들 사이는 물론 정부와의 의사 소통을 효과적으로 실행하기 위해 민간 부문을 조직화한 것이 이러한 사례에 해당한다. 예를 들어, 1961년 기업인들은 경제재건촉진회 결성하여 기간산업 육성계획을 작성하여, 이를 국가재건최고회의에 건의하였다(김정렴 2006). 이는 1962년 한국의 경제 발전이 정부 주도에 의한 것이었지만, 정부가 경제개발계획 초기 단계부터 민간과의 협력의 중요성을 인식하고, 민간 기업들이 의미 있는 역할을 할 수 있는 환경을 조성하기 위해 노력하였음을 의미한다.

1960년대 초에 형성된 정부·기업 간 관계는 이후에도 지속적으로 확대 발전하였다. 경제재건촉진회는 한국경제인협의회로 한 차례 바뀌고, 1968년에는 다시 전국경제인연합회로 바뀌는 과정에서 이 협회는 기업 간 이해관계를 조정하여 협력을 촉진하는 역할을 하는 것은 물론, 정부와의 의견 교환 창구 역할을 비교적 효과적으로 수행하였다(전국경제인

연합회, 연혁, http://www.fki.or.kr/about/history.aspx).

둘째, 박정희 정부는 이러한 점을 의식하고 경제 발전에 국민들이 참여하기를 강력하게 희망하였다. 이러한 의식은 박정희 대통령이 제5대 대통령 취임사에서 한 주장에서 잘 나타난다. "... 일대혁신운동을 제창하는 바이며, 아울러 이에 범국민적 혁명대열에의 적극적 호응과 열성적인 참여를 호소"하였던 것도 이러한 맥락이다. 이를 위해 필요한 것은 국민 개개인의 적극적 참여 의식인데, "국민은 한 개인으로부터 자주적 주체의식을 함양하며, 자신의 운명을 스스로 개척한다는 자립, 자조의 정신을 확고히 하고, 이 땅에 민주와 번영, 복지사회를 건설하기에 민족적 주체성과 국민의 자발적 적극 참여의 의식, 그리고 강인한 노력의 정신적 자세를 바로잡아야" 한다는 것이다(제5대 대통령 취임식 대통령 취임사 1964/12/17).[31] 이를 통해 "모든 국민이 …'생각하는 국민,' '일하는 국민,' '협조하는 국민'으로" 탈바꿈할 필요가 있다는 것이다.

셋째, 포괄적 발전을 위한 참여와 동원의 중요한 요소 가운데 하나는 교육이다. 1970년대 중화학공업을 육성하기 위한 인력의 양성은 저임금의 단순 노동자들을 공급하였던 경공업의 발전 과정과는 판이하게 다른 것이었다. 박정희 정부는 제조업의 육성을 위해서는 양질의 인력 양성이 중요하다고 보고 다양한 차원에서 노력을 하였다. 산업별로 특화된 숙련 노동자와 기술자들을 적시에 공급하는 것이 절대적으로 필요한 과제였다.

이를 위해 무엇보다 새로운 산업 수요에 부응하는 정규 교육 제도를

31 박정희 통치 이념에 대해서는 Kim(2011) 참조.

완비하기 위해 상당한 노력을 기울였다. 박정희 정부는 공업고등학교, 공업전문학교(후에 공업전문대학으로 개칭), 공과대학을 집중 육성함으로써 정규 교육 제도의 틀 안에서 제조업의 발전을 뒷받침할 수 있는 인력을 양성하고자 하였다. 예를 들어, 중동 진출에 필요한 기술 인력을 단기간에 양성하기 위해 실기 교육을 집중적으로 실시하는 시범 공업고등학교를 지정하였다. 보다 양질의 인력을 양성하기 위해 공대를 신설하거나 정원을 대폭 증원하는 한편, 1974년 공대 특성화 조치를 단행하기도 하였다(김정렴 2006, 412).

이에 더하여 기술 및 기능 인력의 지속적인 공급을 위해 정규 교육 과정 외에도 다양한 인력 양성 체제를 만들어 나갔다. 예를 들어, 중동 건설 붐에 힘입어 노동 수요가 빠르게 증가하던 건설, 정유, 화학 산업 분야의 노동자 및 기술 인력은 정규 교육 체제의 개편에만 의존해서는 적기에 공급하기 어려웠다. 정규 교육 체제를 통해 숙련 기술자를 양성하기에는 많은 시간이 소요되기 때문에 실기할 가능성이 높았다. 이러한 상황을 타개하기 위해 직업 훈련 제도를 전면 개편하고 국가기술자격 검정제도를 새로 설치하였다. 또한 직업훈련원이 1973년부터 각 도와 주요 공업 단지에 순차적으로 설치되었다(김정렴 2006, 417-418).

뿐만 아니라 기업들이 직업훈련소를 기업 내부에 설치하여 기술 인력을 스스로 양성하여 충당할 수 있는 체제를 갖추도록 하였다(김정렴 2006, 416). 이는 정부가 기술 인력의 양성을 위한 기본 제도를 만들 수는 있으나, 기업의 수요를 정확히 반영하기 어렵기 때문에 기업들이 필요한 기술 인력을 자체적으로 조달하도록 하기 위한 것이었다. 중화학공업화라는 커다란 정책 목표를 효과적으로 달성하기 위해 기업의 자발성을 이끌어내려는 시도였다고 할 수 있다.

4. 대외관계의 활용

1960년대 초 수출지향산업화 전략은 당시 미국이 한국, 일본, 대만 등 동아시아의 우방 국가들을 공산주의의 위협에 맞서는 자본주의의 보루로 육성하려는 전략에 따라 이 국가들에게 시장을 제공하였기에 실현가능한 것이었다. 한국 정부는 이러한 점을 효과적으로 활용하여 비약적인 경제 성장을 이룰 수 있었다. 한편, 한국 정부는 대외 원조의 감소라는 환경 변화에 효과적으로 대응하였다. 한국의 경제 성장이 가속화되면서 한국에 대한 원조는 급감하였다. 동맹국인 미국도 예외는 아니어서 원조의 절대 액수는 1960년대 중후반부터 지속적으로 감소하였다.[32]

원조의 절대 규모가 빠르게 감소하는 환경 변화에 대응하기 위하여, 한국 정부는 경제 발전을 위한 해외 자본의 유치를 위해 적극 노력하였다. 당시 한국 정부가 외자 유치를 적극적으로 추구한 것은 1960년대 초 이후 무상원조가 급격히 감소한 반면, 경제 개발의 추진을 위한 자금 수

32 1962년 미국의 대한 원조규모는 약 1억 6천억 달러였는데, 이는 당시 한국이 받고 있던 전체 원조의 약 70% 수준이다(한국은행 1984). 한국의 초기 경제 발전이 1972년 이후에도 다른 선진 공여국들과 달리, 미국은 한국에 대하여 원조를 지속적으로 제공하였다.

요가 급격히 증가하였기 때문이다(국가기록원, 외국인투자 유치, http://www.archives.go.kr/next/search/listSubjectDescription.do?id=006698). 이에 따라 한국 정부는 외국인 투자에 대한 정책적 배려의 필요성을 인식하게 되었다(국가기록원, 외자도입촉진법, http://www.archives.go.kr/next/search/listSubjectDescription.do?id=006750). 1차 경제개발 5개년 계획이 시작된 1962년 미국의 대한 투자는 신고건수 2건, 투자액 357만 달러에 불과했다. 한편 한국의 산업화가 진행되면서 미국의 대한 투자도 증가하기 시작하여 1970년에는 신고 건수 29건, 투자액 4천 551만 달러에 달했다. 전체 외국인 투자에서 미국의 비중은 1962년 100%, 1963년 89.1%를 기록할 정도로 절대적이었으며, 이후 점차 감소하기는 하였으나 1960년대 말까지 30%를 상회하였다. 한국의 고도성장기라고 할 수 있는 1962년에서

〈그림 1〉 외국인투자 변화 추이(1962-1979)

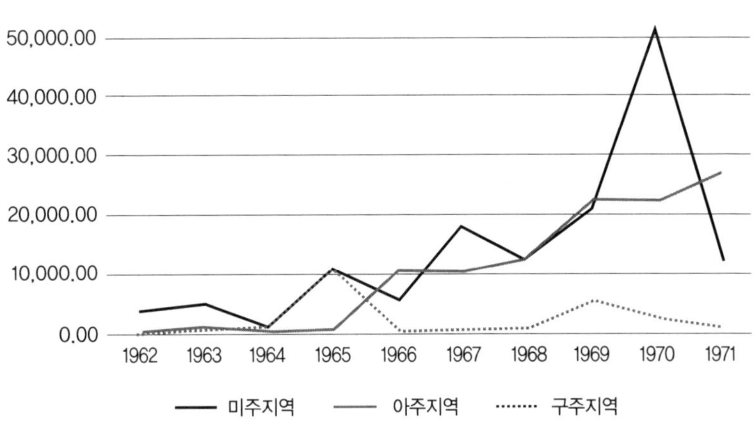

출처: 한국은행 경제통계시스템, "외국인투자," http://ecos.bok.or.kr; 지식경제부 홈페이지, "외국인투자통계," http://www.mke.go.kr/mke/index.jsp#.

1979년까지 전체 외국인 투자에서 미국의 비중은 평균 23%를 차지했다. 박정희 정부의 경제개발 5개년 계획에 외자 도입은 특히 경제성장의 기틀이 놓여진 1960년대 초반 중요한 역할을 하였다(〈그림 1〉 참조)(한국은행 경제통계시스템, "외국인투자," http://ecos.bok.or.kr; 지식경제부 홈페이지, "외국인투자통계," http://www.mke.go.kr/mke/index.jsp#).

5. 안보 위협과 산업화 전략의 변화

1968년 1월 21일 북한이 남파한 무장 공비의 청와대 습격 사건이나 같은 해 1월 23일 북한의 미 푸에블로호 납치 사건에서 나타나듯이 1960년대 말 북한이 가하는 안보 위협이 본격화되었다.[33] 북한의 위협이 가중되는 상황에서 한반도를 둘러싼 안보 현실 또한 급변하기 시작했다. 1969년 7월 괌에서 닉슨 독트린(Nixon Doctrine)을 발표하였고, 이는 1970년 2월 미국 외교정책으로 공식화되었다. 닉슨 독트린의 내용은 (1) 미국은 기존 조약에 대한 의무를 이행할 것이다, (2) 미국의 동맹국과 안보에 긴요한 국가들이 핵 보유국으로부터 위협을 받을 경우 보호(shield)를 제공한다, (3) 다른 유형의 위협에 대해서는 조약에 근거하여 군사적,

33 이러한 인식은 1969년 국정지표였던 '일면 건설, 일면 국방'에서 그대로 드러난다. 이어 박정희 대통령은 기자회견을 통해 1970년을 '일면 건설, 일면 국방'으로 정한다고 밝힌 바 있다(김정렴 2006, 382).

경제적 지원을 제공할 것이다. 그러나 미국은 위협을 받는 국가들이 인력의 제공 등에 대하여 주도적인 책임을 질 것을 기대한다 등이다(Nixon 1969/11/3).

닉슨 독트린에 따른 미국의 대한국 정책 변화는 한국이 직면한 새로운 도전이었다(Nam 1986). 위협에 노출된 당사국이 인력 제공의 주도적 책임을 져야 한다는 미국의 정책 변경은 한국에 주둔한 미 지상군의 철수 또는 감축을 의미하는 것이었기 때문이다.[34] 한국으로서는 단기적으로 미국의 정책 변화에 따른 안보 공백을 최소화하는 동시에, 장기적으로는 북한의 안보 위협에 대응할 수 있는 군사력과 이를 뒷받침할 수 있는 경제력을 배양해야 하는 도전을 해결해야 했다. 한국 정부는 두 가지 방향에서 대응 전략을 마련했다. 첫째, 1971년 미 지상군의 감축 규모를 최소화하는 동시에 미국과의 방위 협력을 강화하기 위한 한미 양국 간 협의를 진행했다. 그 결과 주한 미군 가운데 약 1만 8천 명을 감축하고, 휴전선의 방어는 한국군이 전담하는 데 합의가 이루어졌다. 한편, 주한 미군의 감축에 따른 공백을 메우기 위해 미국의 대한 방위공약을 재확인하고, 한미 양국 간 연례안보협의회를 개최하는 등 안보 협력을 강화하기로 하였다. 또한 한국군의 방위 능력을 강화하기 위해 한국군의 현대화 작업을 진행하기로 합의하고, 이를 위해 미국 정부는 군사 원조와

34 이와 관련, 이민용은 박정희 정부의 베트남전 파병 결정의 근본 원인은 경제적 요인보다는 정치적 고려에 따른 것이었다고 주장한다. 즉, 미군에 한국의 안보를 편승할 수 있었다는 주장과 달리, 박정희 정부는 미국이 주한 미군을 베트남으로 이동시켜 한반도에 안보 공백이 발생할지도 모른다는 두려움 때문에 파병을 결정하였다는 것이다(Lee 2011).

차관을 제공하기로 하였다(김정렴 2006, 388).

둘째, 안보 위협은 박정희 정부가 추진하던 경제 발전 전략의 변화를 초래하는 중요한 요인 가운데 하나로 작용하였다.[35] 한국 정부는 한국의 군사 능력을 강화하는 직간접적으로 연계된 산업을 육성, 진흥하는 정책을 추진하였다. 중화학공업을 육성하려는 정책은 두 가지 의도에서 추진되었다. 우선, 1960년대 초부터 시작된 경공업 중심의 수출 산업 육성이 1960년대 말부터 서서히 한계를 드러내기 시작하였다. 국내적으로는 농촌 지역으로부터 유입되었던 저임 노동력이 고갈되면서 기업들이 임금 상승 압박을 받게 되었다. 선진국들이 한국을 포함한 개도국들의 경공업 제품에 대한 수입 규제가 점차 강화되는 국제 통상 환경의 변화도 한국 정부가 중화학공업으로의 전환을 고려하게 된 또 하나의 중요한 요인으로 작용하였다. 1960년대 후반부터 중화학공업으로 한국의 산업 구조를 고도화하여 수출을 지속적으로 증대시킬 수 있는 새로운 전략이 필요한 시점이 다가오고 있었던 것이다.

35 김영작은 박정희 리더십이 강력한 민족의식에 기반하고 있으며 국가 목표의 우선 순위를 명확하게 설정하는 데 특징이 있다고 본다(Kim, 2011).

IV. 새로운 동원—참여 메커니즘의 형성 (1973—1979)

1. 중화학공업화의 본격적 추진

중화학공업화정책은 1972년부터 준비되었다. 1972년 정부는 일본이 수출 20억 달러를 기록했던 시점에서 중화학공업정책으로 전환한 경험을 참고하여, 한국이 수출 100억 달러를 달성하기 위해서는 중화학공업으로의 전환이 필요하다고 인식하였다(오원철 2006). 박정희 대통령은 연평균 수출 증가율 25%가 지속될 경우 1980년 수출 100억 달러를 달성하고, 1981년에는 1인당 국민소득 1,000달러를 달성할 수 있을 것으로 예상하였다. 이러한 장기 전망을 실현하기 위한 수단으로서 중화학공업화가 선택된 것이다("1973년 박정희 대통령의 중화학공업화 선언," 국가기록원 홈페이지, http://www.archives.go.kr/next/search/listSubjectDescription.do?id=007285).

중화학공업화정책은 1973년부터 본격적으로 시행되었다. 공식적인 출발점은 1973년 1월 12일 행해지니 박정희 대통령의 '중화학공업화선언'이었다. 주 내용은 1980년대 초까지 수출 100억 달러를 달성하기 위해 전체 수출 가운데 중화학 제품이 차지하는 비중을 50% 이상으로 증가시키겠다는 것으로 특히 철강, 조선, 기계, 전자, 화학, 비철금속공업 등 여섯 개 분야를 집중적으로 진흥하겠다는 것이었다.

6대 전략산업의 선정에는 다른 산업 전반에 대한 전후방 연계 효과가 크다는 점이 고려되었다. 전후방 연계 효과가 큰 산업이 부가가치 창출 효과도 크고, 궁극적으로 경제 성장에 대한 기여가 클 것이라고 판단한 것이었다. 중화학공업이 경쟁력을 갖추기 위해서는 특히 규모의 경제가 매우 중요했기 때문에 시작 단계부터 대형화를 목표로 했다. 대형화는 국내 수요에만 의존해서 달성하기 어려운 것이었기 때문에 이전의 경공업 발전 전략과 마찬가지로 중화학공업을 수출 산업으로 육성할 필요가 있다는 점이 정부와 기업 사이에 광범위하게 공유되었다.

이러한 문제의식 하에 정부는 산업별로 구체적인 목표를 설정하였다 ("1973년 박정희 대통령의 중화학공업화 선언," 국가기록원 홈페이지, http://www.archives.go.kr/next/search/listSubjectDescription.do?id=007285).

가. 제철분야는 현재의 1백만 톤 규모에서 10배를 늘려 1천만 톤 규모로 크게 확장한다.

나. 조선은 현재 25만 톤의 시설능력을 80년대 초에 5백만 톤 규모로 늘려 조선수출국으로서의 위치를 굳게 다진다.

다. 정유처리능력은 현재의 일산 39만 배럴에서 94만 배럴로 늘려 석유화학제품에 대한 국내 수요신장에 대비하는 것은 물론 석유화학 관련제품을 수출산업으로 육성한다.

라. 석유화학원료가 되는 에틸렌생산은 10만 톤에서 1980년대 초에 가서는 80만 톤 수준까지 끌어올린다.

마. 사회간접자본으로서 산업의 원동력인 발전능력은 현재의 394만kw에서 1천만kw로 늘린다.

바. 시멘트 산업은 연산 8백만 톤 시설규모를 1,600만 톤으로 배증시켜 80년대 초까지 지속적인 시설확장을 한다.

사. 자동차 생산은 연산 3만 대 규모의 시설능력을 50만 대 규모로 크게 확대함으로써 자동차의 완전한 국산화공급체제를 이룩하는 것은 물론 수출산업으로서 적극 육성한다.

아. 제2의 포항제철과 같은 제2의 종합제철공장 건설을 앞으로 추진하고 또 '대단위기계종합공업단지'와 같은 제2의 '종합화학공업단지'를 건설하며, 100만 톤급의 '대규모 조선소'를 앞으로 하나 내지 두개를

더 만든다. '대단위전자부속품생산단지'도 추진하고 있고, 마산에 있는 '수출자유지역'과 같은 단지를 앞으로 2—3개 더 만든다.

또한 집중 육성의 대상으로 선택된 6대 산업은 산업별로 구체적인 목표가 아래와 같이 설정되었다("1973년 박정희 대통령의 중화학공업화 선언," 국가기록원 홈페이지, http://www.archives.go.kr/next/search/listSubjectDescription.do?id=007285).

가. 제철분야는 현재의 1백만 톤 규모에서 10배를 늘려 1천만 톤 규모로 크게 확장한다.

나. 조선은 현재 25만 톤의 시설능력을 80년대 초에 5백만 톤 규모로 늘려 조선수출국으로서의 위치를 굳게 다진다.

다. 정유처리 능력은 현재의 일산 39만 배럴에서 94만 배럴로 늘려 석유화학제품에 대한 국내 수요신장에 대비하는 것은 물론 석유화학 관련제품을 수출산업으로 육성한다.

라. 석유화학원료가 되는 에틸렌생산은 10만 톤에서 1980년대 초에 가서는 80만 톤 수준까지 끌어올린다.

마. 사회간접자본으로서 산업의 원동력인 발전능력은 현재의 394만kw에서 1천만kw로 늘린다.

바. 시멘트 산업은 연산 8백만 톤 시설규모를 1,600만 톤으로 배증시켜 80년대 초까지 지속적인 시설확장을 한다.

사. 자동차 생산은 연산 3만 대 규모의 시설능력을 50만 대 규모로 크게 확대함으로써 자동차의 완전한 국산화공급체제를 이룩하는 것은 물론 수출산업으로서 적극 육성한다.

아. 제2의 포항제철과 같은 제2의 종합제철공장 건설을 앞으로 추진하고 또 '대단위기계종합공업단지'와 같은 제2의 '종합화학공업단지'를 건설하며, 100만 톤급의 '대규모 조선소'를 앞으로 하나 내지 두개를 더 만든다. '대단위전자부속품생산단지'도 추진하고 있고, 마산에 있는 '수출자유지역'과 같은 단지를 앞으로 2-3개 더 만든다.

정부가 설정한 목표를 기준으로 할 때, 좁은 의미의 중화학공업화정책은 당초 목표 달성 시한이었던 1981년보다 4년 빠른 1977년 그 목표를 달성하였다. 1977년 수출 1,000억 달러와, 1인당국민소득 1,000달러를 동시에 달성한 것이다. 1980년 제조업 생산액 가운데 중화학공업의 비중이 58%를 기록하면서 중화학공업 제품의 비중을 50% 이상으로 늘리겠다는 목표도 달성되었다("기록으로 보는 경제개발 5개년 계획." http://theme.archives.go.kr/next/economicDevelopment/developmentOfIndustry.do?page=4&eventId=0051550688).

한편, 중화학공업은 미 지상군 감축에 따른 군사력 강화에 직간접적으로 연관된 산업의 육성이라는 점도 동시에 고려한 것이었다. 군사력 강화를 위해서는 단기적으로 미국과의 안보 협력을 강화해야 하지만, 이미 닉슨 독트린을 경험한 한국 정부로서는 이러한 접근은 근본적인 해결책으로 생각하기 어려웠다. 한국 정부는 방위 능력을 강화하기 위해서는 그 기반이 되는 산업들을 육성하는 것이 근본적인 해결책이 될 수 있을 것이라고 생각하기에 이르렀다. 중화학공업과 방위 산업을 함께 육성함으로써 양자 간 연계를 높이는 것이 새로운 대안으로 인식되었던 것이다. 물론 양자 사이의 정책적 연계가 용이한 일은 아니었다. 특히 방위 산업의 육성은 미국의 대동아시아 전략과 연계된 사안이었기 때문에 박정희 정부로서는 정책적 선택의 폭이 넓은 것은 아니었기 때문이다(류상영 2010). 그럼에도 중화학공업화정책은 주한 미군 감축에 따른 군사력 공백을 채우기 위해 방위산업을 본격적으로 육성할 필요에 따른 것이었고, 박정희 정부는 제한된 범위 내에서 중화학공업과 방위 산업을 효과적으로 연계하는 최선의 방안을 모색한 것이라고 할 수 있다.

2. 대외경제정책의 전략적 활용

1970년대 이후 한국의 해외 자본 도입은 미국뿐 아니라 일본과 유럽 국가들로 다변화되기 시작하였다. 1960년대 중반 이후 유럽 지역으로부터 유입되는 투자액이 증가하기 시작하면서 미국의 투자 규모와 유사한 수준을 기록하였다. 이후 유럽의 투자 규모는 감소하였으나, 한일 국교 정상화가 이루어진 1965년 이후 일본의 대한국 투자가 빠르게 증가하였다. 특히 일본의 투자는 한국이 중화학공업화를 추진하는 시기에 급증하면서 1970년대 초에는 미국의 투자 규모를 상회하기에 이르렀다.

박정희 정부는 집권 이후 수출산업을 중점 육성하기 하는 산업화 전략을 추진했는데, 무역은 이 전략의 성패를 가르는 핵심 요인이었다. 제1차 경제개발 5개년 계획이 수립된 1962년 한국의 무역 규모는 약 4억 7천만 달러에 불과했다. 특히, 한국의 수출은 1950년대보다 다소 증가하기는 하였으나, 5천 4백만 달러로 수입액 약 4억 2천만 달러에 비해 매우 적은 규모였다. 그러나 이후 한국의 무역 규모는 비약적으로 증가하기 시작하여 불과 2년 후인 1964년 수출이 1억 달러를 기록하게 되었다. 다시 1971년에는 수출 10억 달러를 달성하였고, 불과 6년 후인 1977년에는 100억 달러를 돌파하였다. 이 기간 중 수입 역시 빠르게 증가하여, 수출 1억 달러를 기록한 1964년 한국의 수입액은 수출 규모를 훨씬 상회하는 약 4억 4백만 달러에 이르렀고, 수출 10억 달러를 기록한 1971년에도 수입액은 이보다 훨씬 큰 약 24억 달러에 달했다. 이후 수출 100억 달러를 기록한 1977년에는 어느 정도 균형을 이루어 수입액이 약 10억 8백만 달러를 기록하였다(한국무역협회, "무역통계," http://stat.kita.net/top/state/n_submain_stat_kita.jsp?menuId=02&subUrl=n_default−test_kita.jsp?lang_gbn=^statid=uts&top_menu_id=db11).

〈표 3〉 한국 무역 규모의 변화

	수출액	수입액	총무역액	GDP	무역의존도
1962	54	421	475	2100	22.61905
1963	86	560	646	2700	23.92593

1964	119	404	523	2900	18.03448
1965	175	463	638	3000	21.26667
1966	250	716	966	3600	26.83333
1967	320	996	1,316	4200	31.33333
1968	455	1,462	1,917	5200	36.86538
1969	622	1,823	2,445	6500	37.61538
1970	835	1,983	2,818	8100	34.79012
1971	1067	2,394	3,461	9500	36.43158
1972	1624	2,522	4,146	10700	38.74766
1973	3225	4,240	7,465	13700	54.48905
1974	4460	6,851	11,311	19200	58.91146
1975	5081	7,274	12,355	21200	58.2783
1976	7715	8,773	16,488	29600	55.7027
1977	10046	10,810	20,856	37900	55.02902
1978	12710	14,971	27,681	53100	52.12994
1979	15055	20,338	35,393	63300	55.91311

출처: 한국무역협회, www.kita.net; 통계청, www.kostat.go.kr.

한국이 이 기간 중 무역 적자를 기록하기는 하였으나, 수출과 수입이 모두 빠르게 증가하면서 무역의존도 역시 대폭 증가하였다.[36] 1962년 약 22%였던 한국의 무역의존도는 이후 지속적으로 증가하여 중화학공업화가 본격적으로 추진되었던 1970년대 초에는 약 35%를 기록하였고,

36 1960년대 초부터 1970년대 후반까지 전 기간 동안 한국은 무역 적자를 기록하였다는 점에서 이 기간 중 한국의 무역정책이 중상주의적이었다는 지적에 대해서는 보다 면밀한 검토가 필요하다.

이후에도 빠르게 증가하여 1979년에는 약 56%에 이르게 되었다(〈표 3〉 참조. 한국무역협회, "무역통계," http://stat.kita.net/top/state/n_submain_stat_kita.jsp?menuId=02&subUrl=n_default-test_kita.jsp?lang_gbn=^statid=uts&top_menu_id=db11). 이러한 변화는 한국이 수입을 제한함으로써 국내 기간 산업을 육성하려고 시도했던 이전 시기와 달리, 수출 증대를 위해 수입을 늘려나가는 적극적인 정책으로 전환한 데 따른 것이다. 한국이 무역을 빠르게 증가시키는 가운데 산업 구조를 고도화할 수 있었다.

〈그림 2〉 원-달러 환율의 변화

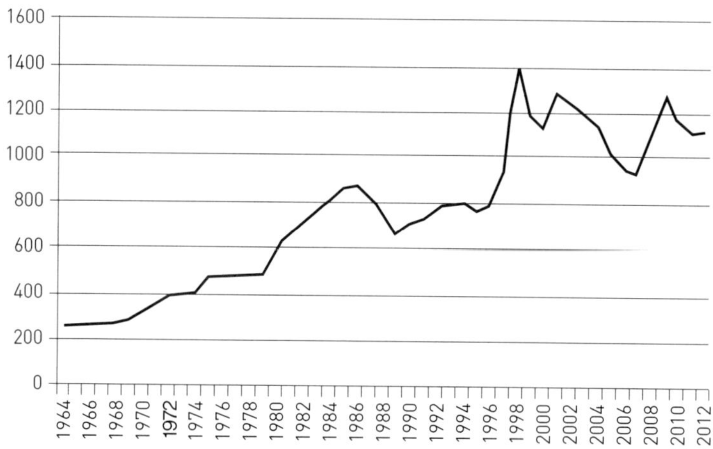

출처: 한국은행 경제통계시스템, "환율," http://ecos.bok.orl.kr.

한국은 이 시기 수출 산업을 진흥하기 위해 다양한 정책 수단을 활용하였다. 우선 한국 정부는 수출 제품의 가격 경쟁력을 제고하기 위해 환율 정책을 적극적으로 활용하였다. 제1차 경제개발계획이 시행되었던

1964년 255원이었던 원-달러 환율은 점진적으로 상승하여 1차 계획이 종료되는 1966년에는 271원까지 상승하였다. 이후 제2차 경제개발계획이 실행되었던 1967년에서 1971년 기간 중 원화 환율은 270원에서 347원으로 빠르게 상승하였다. 이후에도 원화 환율은 지속적으로 상승하여 제3차 경제개발 5개년 계획이 실행된 1972년에서 1976년 사이 392원에서 484원으로 다시 증가하였다(〈그림 2〉 참조). 이처럼 환율의 지속적인 상승은 당시 한국 정부가 목표로 하였던 수출 산업을 진흥하는 데 긍정적으로 작용하였다.

수출지향 산업화 전략의 성공을 가능하게 하였던 또 하나의 수단은 관세와 무역에 관한 일반협정(General Agreement on Tariffs and Trade: GATT)을 중심으로 한 다자주의 국제통상환경의 전략적 활용이었다(Wade 2003). 한국은 GATT 체제하에서 선진국들이 개도국들에 부여한 우호적인 예외 조치들을 적극적으로 활용하였다. 한국은 수출 산업을 육성하는 과정에서 수입도 전략적으로 늘려 나감으로써 세계 경제에 긴밀하게 편입되기 위해 지속적으로 노력하였던 것이다.

V. 산업합리화와 자유화의 이중 과제(1980−1986)

1. 정부·기업 관계의 동태적 변화

1980년대 이후 한국은 새로운 도전에 직면하였다. 1980년대 정부·기업 사이의 상호 작용은 동원과 참여의 동학이라는 관점에서 볼 때, 1970년대 이전과는 차별화된 질적 변화를 나타냈다. 이러한 변화는 산업화의 기반에 해당하는 R&D에서 잘 나타난다. 한국의 R&D 투자 규모는 전반적으로 증가하였는데, 특히 민간 기업의 R&D가 비약적으로 증가하기 시작하였다.[37]

37 이러한 추세는 2000년대 이후에도 지속되어 한국의 R&D 투자 규모는 GDP 대비 3.4%로 세계적으로 가장 높은 편이다(한국경제60년사 편찬위원회, 『한국경제 60년

1980년대 이전 R&D 투자는 정부를 포함한 공공 부문이 주도하였다(Shin and Chang 2003). 이는 중화학 공업의 육성 등 산업화가 정부 주도로 이루어진 데 일차적 원인이 있었다.[38] 중화학 공업을 육성하는 데 소요되는 투자 재원의 규모는 개별 기업이 독자적으로 부담하기에는 어려운 것이었다. 특히 R&D는 투자된 재원을 회수하는 기간이 길고, 때로는 투자액의 회수 자체가 불확실하였기 때문에 기업으로서는 상당한 위험을 감수해야 했다. 이러한 상황에서 한국 정부는 기업이 우려하는 불확실성을 완화하기 위해 정부출연연구소 등을 통하여 R&D에 대한 투자에 적극성을 보였다.

이는 정부가 새로운 산업의 육성을 하는 데 있어서 기업의 참여를 이끌어내기 위한 중요한 수단 가운데 하나였다. 즉, 1970년대 중화학공업화가 정부 주도에 의한 것은 사실이지만 기업의 호응이 없이는 성공하기 어려운 것이었기 때문에(류석춘·왕혜숙 2007), 정부는 기업의 참여를 유도하는 수단 가운데 하나로 다른 분야에 비해 불확실성이 상대적으로 높은 R&D 분야에 우선 투자를 하였던 것이다. 정책 결정과 실행의 관점에서 볼 때, 1970년대의 중화학공업화는 제한적이나마 정부와 기업 사이의 상호작용이 이루어지는 단계로 변화하였다. 정부·기업 관계가 동원에서 제한적 참여의 동학으로 변화가 이루어진 것이다.[39]

사ㅡ총괄편』, 2011).

38 한국의 이러한 특징은 고도성장기 발전국가모델을 채택한 국가 가운데 하나인 타이완과 뚜렷하게 대비된다(Shin and Chang 2003).

39 데이비드 강(David Kang)은 더 나아가 민주화 이후 한국의 정부와 기업이 '상호인질'(mutual hostage)의 상태에 있다고 주장한다.

1980년대는 참여의 동학이 더욱 가시화되었다. 전체 R&D에서 민간 기업이 차지하는 비중이 빠른 속도로 증가하였다. 이러한 변화는 일차적으로 1970년대 중화학공업화를 거치는 과정에서 기업의 대규모화가 이루어짐에 따라 기업의 R&D 투자 능력이 증대된 데서 그 원인을 찾을 수 있다(Shin and Chang 2003). 기업들이 불확실성이 크지만 경쟁력을 유지, 발전시키는 데 필수적인 R&D에 투자할 수 있는 능력이 커진 것이다.

기업의 R&D 투자 비중이 증가함에 따라 정부와 기업 사이의 역할이 동태적으로 변화하게 되었다. 기업들이 제품 개발에 보다 직접적으로 관련된 분야의 R&D 투자에 주력함에 따라, 정부는 상대적으로 기초 R&D에 집중할 수 있게 되었다. 또한 정부는 새로운 역할 분담에 그치지 않고, 기술 개발을 위해 민간 부문과의 협력 체제를 형성하는 데 주도적 역할을 하였다.

2. 자유화 전략의 형성과 통상 분쟁의 전략적 활용

한국의 경제 수준이 높아짐에 따라 대외경제관계에도 변화가 발생하기 시작했다. 1970년대 이전 특혜를 제공하던 선진국들이 탈피하여 호혜적 관계를 요구하기 시작한 것이다. 이러한 변화는 기본적으로 한국의 경제 규모가 커지고 경제 수준이 높아진 데 따른 것이지만, 1980년대 이후 한국이 미국 등 일부 선진국에 대해 지속적인 무역 흑자를 유지한 데 그 원인이 있었다. 이로 인해 1980년대 중반 이후 미국 등의 선진국들이 한국에 대해 시장 개방을 요구하기 시작하였다.

1960년대와 1970년대 대부분의 기간에 걸쳐 한국은 대미 무역 적자를 기록하다가, 1982년부터 무역 흑자로 전환할 수 있게 되었다(한국무역협회, "무역통계," http://stat.kita.net/top/state/n_submain_stat_kita.jsp?menuId=05&subUrl=n_default-test_kita.jsp?lang_gbn=%5estatid=dots&top_menu_id=db11). 1980년대 중반부터 한국의 대미 무역흑자 폭이 확대됨에 따라, 양국 간 무역 불균형은 통상 마찰의 원인이 되었다. 〈그림 3〉에서 나타나듯이, 1982년부터 시작된 한국의 대미 무역 흑자가 1991년까지 지속되어 장기간 무역 불균형이 해소되지 않자, 미국은 한국에 통상 압력을 가하기 시작하였다(한국무역협회 무역통계, http://stat.kita.net/top/state/n_submain_stat_kita.jsp?menuId=02&subUrl=n_default-test_kita.jsp?lang_gbn=^statid=uts&top_menu_id=db11). 미국은 1970년대 자국의 산업 보호를 위해 한국의 대미 수출을 규제하는 데 치중하다가, 1980년대 중반부터 공정 무역을 명분으로 한국의 시장 개방을 요구하는 형태로 압박을 가하였다. 이때 미국 정부는 이른바 슈퍼 301조를 발동하여 한국을 '우선협상 대상국'으로 지정하여 무역 불균형의 시정을 위한 압박을 강화하였다(Elliott and Bayard 1994).

미국 정부는 한국의 시장 개방을 위한 압박을 가하는 한편, 원-달러 환율 인하를 요구하는 등 다방면의 압박을 가하기도 하였다. 그 결과 1987년 822원이었던 환율이 1988년 730원, 1989년 671원으로 하락하였다(한국은행 경제통계시스템, "환율," http://ecos.bok.or.kr). 이러한 변화는 단기적으로 한국 경제에 부담을 주었지만, 장기적으로 한국 경제의 구

〈그림 3〉 한미 무역의 변화 추이

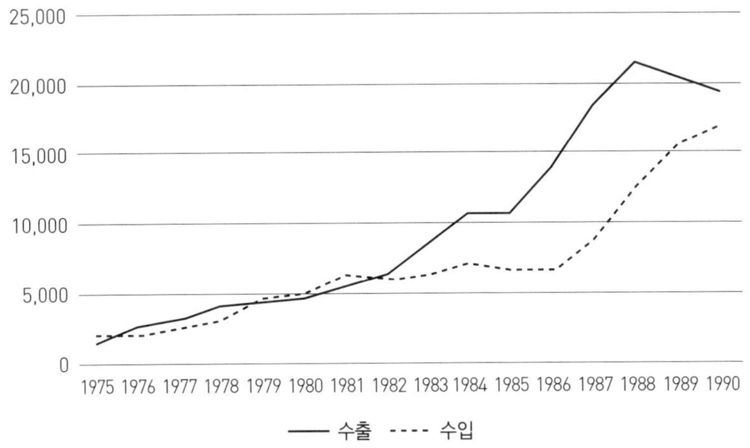

출처: 한국무역협회 무역통계, http://stat.kita.net/top/state/n_submain_stat_kita.jsp?menuId=02&subUrl=n_default-test_kita.jsp?lang_gbn=^statid=uts&top_menu_id=db11

조적 변화를 촉진하는 요인으로 작용하기도 하였다.

한국은 1980년대 통상 분쟁이라는 새로운 도전에 직면하기는 하였으나, 이것이 한국의 대외경제관계를 근본적으로 변화시킨 것은 아니었다. 한국은 오히려 국제통상환경의 변화를 전략적으로 활용하는 모습을 보이기 시작했다. 이 시기 통상정책의 변화가 국제통상환경의 변화에 대한 대응의 성격도 있지만, 국내 요인의 변화에서도 촉진되었기 때문이다. 전두환 정부는 1970년대까지 정부 주도의 산업정책과 그에 따른 보호무역정책의 문제점을 인식하고, 이를 시정하기 위해 무역 자유화가 모색하기 시작하였다. 그 결과 1970년대 30%를 상회하였던 중심 세율이 1983-87년 기간 중 20%로 하락하였고, 1988-93년 기간 중 다시 8%까지

인하되었다(최낙균 외 2001). 이처럼 한국의 무역 자유화는 1980년대 중반을 기점으로 빠르게 진행되었다.

3. 세계화의 추구

1980년대 한국은 또한 이전과 같은 정부 주도의 수출 산업 진흥을 추구하지는 않았지만, 세계 경제에 대한 적극적인 편입은 지속적으로 추구하였다. 일부 분야의 통상 마찰에도 불구하고 한국의 무역 규모가 1980년대 이후에도 지속적으로 증가한 것이 이를 대변한다. 통상 마찰

〈그림 4〉 외국인 투자 규모의 변화 추이, 1979-1987

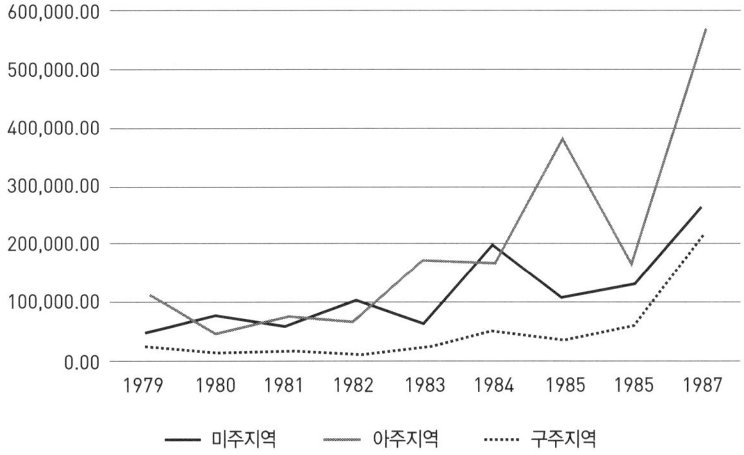

출처: 한국은행 경제통계시스템, "외국인투자," http://ecos.bok.or.kr; 지식경제부 홈페이지, "외국인투자통계," http://www.mke.go.kr/mke/index.jsp#.

은 한국의 대외경제관계에 긍정적인 영향을 미치기도 하였다. 통상 마찰이 지속되자, 한국 정부와 기업들은 미국과 일본 등 일부 선진국 중심이었던 무역 구조를 1990년대 이후 다변화하기 위해 다양한 노력을 전개하였다.

한국은 이밖에도 세계 경제와의 통합을 증가시키기 위해 다각적으로 시도하였다. 1980년 이전 한국의 대외경제관계가 무역을 중심으로 형성되었다면, 1980년대 이후 대외경제관계는 대한 투자 등 다방면에서 심화되는 양상을 보였다. 1970년대까지 한국이 경제 발전을 하는 과정에서 해외 자본의 조달은 원조와 차관이 주를 이루었던 반면, 외국인 투자는 상대적으로 소규모에 불과했다. 1980년대 이후 외국인 투자의 규모가 증가하기 시작했다(〈그림 4〉 참조). 1980년 1억 4천 3백만 달러에 불과했던 외국인 투자의 규모가 1983년 2억 6천 9백만 달러로 거의 두 배 정도 증가하였다. 이는 1980년대 한국 정부가 도입한 일련의 금융 자유화 조치와 관련이 있다. 이후에도 외국인 투자 규모는 빠르게 증가하여 불과 2년 후인 1985년에는 5억 달러를 넘어섰고, 다시 2년 뒤인 1987년에는 10억 달러를 초과하였다(한국은행 경제통계시스템, "외국인투자," http://ecos.bok.or.kr; 지식경제부 홈페이지, "외국인투자통계," http://www.mke.go.kr/mke/index.jsp#).

외국인 투자 규모의 변화에서 발견되는 하나의 특징은 미국의 투자가 큰 비중을 차지했던 1970년대 이전과 달리, 1980년대 이후에는 일본의 투자가 급증했다는 점이다. 일본의 투자는 1980년대 지속적으로 증가하여 1983년 미국을 추월하여 제1위 투자국으로 대두하였다. 이후 일본의 대한국 투자 액수는 가파르게 증가하여 1987년 전체 외국인 투자

절반 이상을 차지하게 되었다(한국은행 경제통계시스템, "외국인투자," http://ecos.bok.or.kr; 지식경제부 홈페이지, "외국인투자통계," http://www.mke.go.kr/mke/index.jsp#).

미국의 대한국 투자가 절대 규모 면에서 감소한 것은 아니었다. 연도별로 차이가 있기는 하지만, 미국의 대한국 투자는 1979년 약 4천 9백만 달러에서 1982년 1억 6백만 달러로 증가하고, 1984년에는 1억 9천 5백만 달러로, 다시 1987년에는 2억 6천 6백만 달러로 증가하였다. 이처럼 1970년대까지 통상 분야에 국한되었던 한국의 대외경제관계는 투자 분야까지 확대되는 단계에 접어들게 되었다.

한국의 대외경제관계의 다각화는 기술 도입 분야에서도 나타난다. 1980년대 이후 한국의 산업 구조가 고도화되는 과정에서 기술 혁신은 필수적이었다. 1980년대 기술 혁신은 두 가지 차원에서 이루어졌다. 첫째, 1970년대 중화학공업화를 추진하는 과정에서 대기업들이 내부 역량을 축적하여 R&D에 집중적인 투자를 하는 변화가 발생하였다. 둘째, 한국 정부와 기업은 원천 기술을 보유하고 있지 못한 분야에서 외국으로부터 기술 도입을 적극적으로 추구하고, 이를 토착화하기 위해 서로 협력하였다(〈그림 5〉 참조).

후발국으로서 한국이 경제 발전을 성취하는 데 선진국의 기업들로부터 기술을 도입한 것은 무역의 증가와 같은 양적 요소만으로는 평가하기 어렵지만 매우 중요한 기여를 한 것은 틀림없다. 특히 개도국으로서 한국은 외국으로부터 기술 도입의 중요성을 인식하고 1980년대 해외 기술 도입에 매우 적극적인 태도를 보였다. 1980년 108건에 불과했던 기술 도입 건수가 1983년 150건으로 증가하는 등 지속적으로 증가한 것이

〈그림 5〉 한국의 기술 도입 변화 추이

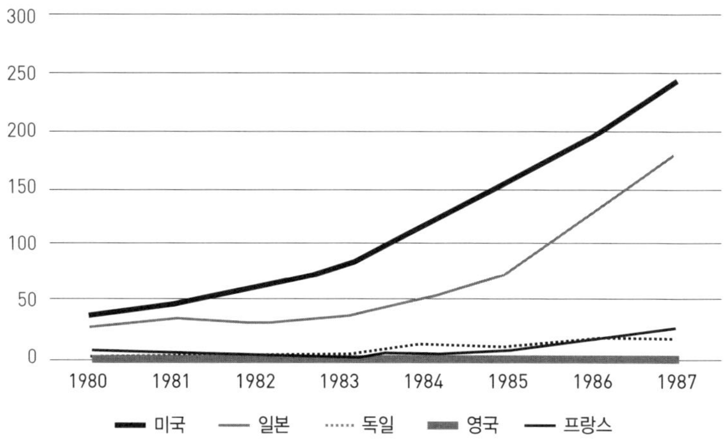

출처: 과학기술통계서비스, http://sts.ntis.go.kr/lo12/retrieve.jsp?icode=LO_TBL3012.

이를 나타낸다. 1980년대 중반 이후 해외 기술 도입의 증가 추세는 더욱 빨라져서 1984년 214건, 1975년 297건, 1986년 412건, 1987년 524건에 달하였다(과학기술통계서비스, http://sts.ntis.go.kr/lo12/retrieve.jsp?icode=LO_TBL3012). 기술 도입의 상대국 분포를 보면, 미국으로부터 기술 도입이 1980년 36건에서 1987년 240건으로 빠르게 증가하여 전체 기술 도입 건수의 거의 절반을 차지하였다. 일본은 미국에 이어 2위를 기록하였는데, 1980년 28건에서 1987년 181건으로 역시 기술 도입 건수가 급증하였다. 1980년대 중반 이후에는 독일과 프랑스 등 유럽 국가들로부터 기술 도입도 활발하게 이루어지는 등 기술 도입 면에서도 한국의 대외경제관계가 다변화되는 경향을 드러내기 시작하였다.

VI. 민주화와 세계화의 이중 도전(1988-1997)

1. 한국형 발전모델의 도전 요인

한국형 발전모델의 변화는 변화를 촉진한 도전 요인을 검토하는 작업이 선행되어야 한다. 한국형 발전모델의 변화는 우선 발전모델의 구조적 한계로 인해 비롯되었다는 점을 강조하는 연구가 있다. 한국형 발전모델은 기본적으로 선발국들을 따라잡기 위한 추격모델인데, 한국이 수십 년에 걸친 고도성장을 통해 추격을 완수함에 따라 그 효용이 자연스럽게 감소하였다는 것이다. 한국이 1970년대 이후 중화학공업화를 지속적으로 추진한 결과 자동차, 전자, 조선 산업 등에서 선발국 기업과의 격차를 상당히 좁힐 수 있었으나, 그 결과 한국형 발전모델의 효용은 이후 점차 감소하게 되었다. 추격 전략의 핵심은 선발 기업들의 혁신을

'학습(learning)'하여 시행착오를 최소화하는 것이다(Amsden 1989). 발전국가의 관료 기구는 이 과정에서 대외적으로는 국제적 기술 및 산업 동향을 파악하는 한편, 국내적으로는 이를 확산할 수 있는 정책을 시행하고 체제를 구축하는 데 주력하였다. 요컨대 추격 전략은 선발 모델의 존재가 반드시 필요하다. 그러나 한국이 모든 산업은 아니지만 적어도 일부 산업에서 선도적 위치에 도달함에 따라 실질적으로 추격할 대상이 사라지게 되었다.[40] 이는 추격 과정에서 활용되었던 개별 정책은 물론 그를 뒷받침한 제도적 배열의 효과가 급격하게 감소하게 되었음을 의미하는 것으로 한국형 발전모델의 변화가 불가피하다는 것이다.

이러한 결과는 특히 한국이 선택한 산업화 전략의 성격과 일정한 관련이 있다. 한국과 마찬가지로 추격의 과제를 갖고 있었음에도 대만과 싱가포르는 보완전략을 추구했던 반면, 한국의 대체전략을 추격의 핵심 목표로 설정하였다(Johnson 1982). 대만과 싱가포르는 선발 기업들과의 전략적 연계를 강화함으로써 추격을 실행하는 전략을 추구하였는데, 한국은 일본과 유사하게 선발 기업들과의 직접적인 경쟁을 상정한 민족주의적 경로를 채택했다(Shin and Chang 2003). 그 결과 일부 산업에서 추격을 성공적으로 완수하였으나 이러한 전략은 기본적으로 추격에 국한된 것이어서, 추격 이후의 시대에는 적합하지 않다는 것이 한국형 발전모델의 구조적 한계를 지적하는 견해의 핵심 주장이다.

한국형 발전모델의 구조적 한계를 지적하는 또 하나의 시각은 국내

---

40 추격모델의 관점에서 보면, 한국이 일부 산업에서 선발 기업들과 경쟁할 수 있는 수준에 이른 것도 추격을 위한 불균형성장전략을 채택한 결과라고 할 수 있다.

적 차원에서 정부와 기업 관계가 과거의 위계적 관계에서 수평적 관계로 변화하였다는 점에 주목한다. 한국형 발전모델에서 형성된 정부·기업관계는 정부가 기업에 대해 직접적 통제를 행사하거나 영향력 하에 놓여 있는 금융기관을 통해 간접적으로 통제하는 방식이 주류를 이루었다. 정부는 산업화 초기 기업에 대해 규율과 보상이라는 양면적 기제를 통해 기업에 대하여 하향식 전달 체계를 구축하였다(Amsden 1989).

한편, 1970년대 이후 박정희 정부가 중화학공업정책을 본격적으로 시행함에 따라 한국형 발전모델에 새로운 현상이 대두되었다. 중화학공업정책은 정부의 진입 규제에 따른 대기업화를 통해 추진되면서 현대적 의미의 재벌이 탄생하게 된 것이다. 한국 정부는 산업화가 본격화된 이후에도 외국 기업에 대한 의존도를 최소화하는 가운데 국내 금융기관들이 산업화에 필요한 자본을 기업들에 제공하는 방식을 형성함으로써 기업에 대한 우위를 지속할 수 있었다. 그러나 박정희 정부의 중화학공업정책은 궁극적으로 대기업에 대한 경제력 집중과 그에 따른 정부 의존도 하락이라는 결과를 초래하였다. 정부와 기업은 일정 기간 '공생적 관계'를 유지할 수 있었으나(Kim 1997), 궁극적으로는 기업, 특히 대기업의 정부에 대한 의존도를 낮추는 의도하지 않은 결과를 초래하였다. 특히 1980년대 초부터 정부가 금융 자유화 정책을 추진한 결과, 대기업들이 해외 금융기관에 대한 접근이 가능해짐에 따라 정부에 대한 의존도는 더욱 낮아지게 되었다.[41] 물론, 1980년대 이후에도 정부와 기업 사이

41 이정 등은 1980년대 금융 자유화가 기업의 이해관계를 반영한 결과로 본다(Lee, Lee, and Lee 2002).

에 공생, 때로는 공모 관계가 유지되기도 하였으나, 기본적으로 과거와 같은 정부 주도 현상은 사라지게 되었다는 것이다.

지금까지의 논의를 발전국가론의 관점에서 서술하면, 발전국가를 형성하던 정치적·제도적 기반이었던 사회로부터의 상대적 자율성이 훼손되었다고 할 수 있다. 이는 어쩌면 한국 정부의 산업화 전략에 내재되었던 것이라고 할 수 있다(Kang 2002). 한국 정부는 노동집약적 경공업의 육성을 통해 경제적 이륙(take−off)을 성공적으로 실행한 이후, 중화학공업으로 업그레이딩하는 전략을 추진하였다. 이때 대기업은 중화학 공업화를 직접 수행하는 민간 파트너로서 급속하게 성장하기 시작하였다. 중화학 공업화의 성공은 정부·기업 관계의 변화를 초래할 수밖에 없는 역설을 내포하고 있었던 것이다.

민주화는 국가의 상대적 자율성을 제약하는 새로운 도전 요인으로 작용하였다. 고도성장기 한국형 발전모델은 소득 불평등을 상대적으로 낮은 수준으로 유지하는데 성공함으로써 성장의 과실이 비교적 균등하게 배분될 수 있었다(World Bank 1993). 그렇다고 해서 낮은 수준의 소득 불평등이 노동에 대한 억압이 없었음을 의미하는 것은 아니다. 고도성장기 경제 발전은 노동의 배제를 수반한 것이었다. 고도성장기 경제 발전은 정부와 기업의 파트너십을 기본으로 하고, 노동은 제한적으로 그 과실을 공유할 수 있었다. 민주화는 노동의 배제에 근본적 변화를 초래하는 요인으로 작용하였다. 노동의 분배 요구가 한층 강화되고 정치적 영향력이 커져 결과적으로 노동으로부터의 자율성을 제한받는 '성공의 위기'를 초래하였다(Kim 2005; 양재진 2005).

1) 세계화

세계화의 진전은 고도성장기 형성되었던 한국형 발전모델이 예전과 같이 작동하지 못하게 하는 주요 요인으로 작용하였다. 한국형 발전모델은 수출지향산업화 드라이브를 효과적으로 추진하기 위해 세계 경제에의 통합을 지향하는 한편, 국내 산업에 대한 일정 수준 이상의 통제를 내포하고 있었다(Weiss 2005). 한국 정부는 특정 산업을 육성 대상으로 선정하여 진흥하기 위해 진입 장벽을 설치하고, 이에 대한 다양한 정책적 유인을 제공하였다(Yoo 1994). 이 기간 한국 정부는 보호, 환율 변동, 저금리 제공, 조세 혜택 등 다양한 정책 수단을 동원하여 대상 산업들을 집중적으로 육성하였다. 이러한 정책 수단을 활용하는 과정에서 한국 정부가 목표로 했던 것은 '상대 가격을 의도적으로 왜곡'함으로써 특정 산업의 비교우위를 창출하는 데 있었다(Amsden 1989).

세계화에 따른 경제 개방과 자유화는 한국 정부가 활용했던 정책 수단들이 예전과 같은 효과를 발휘하기 어렵게 만드는 요인으로 작용하였다. 여기에는 주로 세 가지 요인이 지적된다. 첫째, 1980년대 중반 이후 세계 무역의 자유화 기조가 선진국들을 중심으로 강화되면서 한국 정부가 보호무역 관련 정책들을 명시적으로 사용하는 데 어려움이 가중되기 시작하였다. 고도성장기 한국은 가트 체제가 일반특혜관세제도(Generalized System of Preferences: GSP) 등 개도국들에 대한 특혜 조치를 허용함에 따라, 이를 활용하여 수출지향산업화를 효과적으로 수행할 수 있었다. 그러나 1980년대 중반 이후 미국 등 주요 선진국 정부들이 한국을 포함하여 동아시아 국가들에 대해 공정 무역을 위한 압박을 가하기 시작하면서 과거와 같은 보호무역 조치들을 유지하는 데 현실적 한계를 갖게 되었다(Elliott and Bayard 1994). 구체적으로 선진국들이 한국에 대해 '개도국에서 졸업'할 것으로 요구함에 따라, 한국의 수출 상품에 대한 수입 규제가 강화되었다(국가기록원, "시기별 통상정책," 〈http://www.archives.go.kr/next/search/listSubjectDescription.do?id=008819〉).[42] 이는 한국형 발전모델의 성공적 실행을 가능하게 했던 요소 가운데 하나인 대외 환경의 변화를 의미하는 것이었다.

둘째, 세계화 및 자유화가 지속적으로 추진됨에 따라 고도성장기에 비해 정부·기업 관계의 근본적 변화가 발생했다. 1980년대 이후 세계화의 점진적인 진전으로 인해 대기업들이 해외 금융기관들로부터 투자 자본을 조달할 수 있는 통로를 확보할 수 있게 되었다. 이는 정부 정책에 대한 의존도를 낮추는 요인으로 작용하였다. 정부 정책에 대한 수요가 감소하는 상황에서 고도성장기에 시행했던 정책 수단을 유지하는 것은 점차 어렵게 되었다.[43] 또한 한국의 산업 구조가 고도화되는 과정에서 대기업들은 과거와 같은 하향식 또는 위계적 정부기업 관계가 기회가 아니라 제약 요인으로 작용할 가능성이 높다는 것을 인식하게 되었다. 그 결과 고도성장기 내부조직화하였던 정부와 기업관계가 근본적으로 변화하지 않을 수 없게 되었다(김정렬 1996).

---

42 선진국들의 수입 규제와 한국의 시장 개방에 대한 요구는 우루과이 라운드 협상이 개시되면서 한층 강화되었다(국가기록원, "통상정책," 〈http://www.archives.go.kr/next/search/listSubjectDescription.do?id=008819〉).

43 국민호(2011)는 정부-기업 관계의 본질적 변화는 1997년 외환위기 이후 본격적으로 나타났다고 본다.

셋째, 세계화의 진전은 쌍방향적인 것이어서 외국 기업과 투자자의 국내 진출 또한 증가할 수밖에 없다. 그러나 한국 정부의 입장에서 볼 때, 산업 정책과 무역 정책 등 직접적 정책 수단들은 기본적으로 국내 기업들을 대상으로 한 것이었기 때문에, 외국 기업들은 이러한 정책의 외곽에 위치하게 되었다. 이는 정부가 정책 수단을 과거와 같이 활용하더라도 그 효과성이 과거에 비해 제한될 수밖에 없음을 시사한다.

이처럼 세계화는 고도성장기 한국형 발전모델이 성공적으로 안착하는 데 긍정적으로 작용하였지만, 1980년대 중반 이후 도전 요인으로 대두되기 시작하였다. 도전의 핵심은 정책 수단의 활용도와 효과성을 제한하였다는 데 있다. 이는 다양한 정책 수단의 동원을 통해 정부·기업 관계를 형성했던 고도성장기 한국형 발전모델의 변화를 촉진하게 되었다. 세계화의 진전은 한국 정부가 기존 발전모델과 차별화된 새로운 패러다임을 추구해야 할 압박을 증대시키고 있었던 것이다.

2) 민주화

국내적 차원의 민주화 역시 한국형 발전모델의 변화를 촉진하는 거시적 요인이라고 할 수 있다. 이론적으로 민주주의와 자본주의 제도적 정합성이 높기 때문에 민주화는 자본주의의 발전에 기여하는 것으로 알려져 있다. 그러나 현실적으로 민주주의 이행은 경제적 불확실성을 높이는 경향이 있기 때문에 적어도 단기적으로 자본주의의 발전에 반드시 긍정적으로 작용하지 않을 수 있다(Moon and Kim 2000). 이는 비단 한국의 상황뿐 아니라 민주주의 이행을 경험한 개도국 상당수에서 발견되는 현상이기도 하다. 특히 정당과 같은 대의 제도들이 적절하게 작동하지 않을 경우 민주주의 이행 과정에서 나타는 경제적 불확실성을 효과적으로 관리하기 어렵게 된다(Haggard and Kaufman 1995).

한국형 발전모델의 관점에서도 민주주의 이행은 새로운 도전 요인으로 부상하였다. 민주화가 한국형 발전모델의 변화를 초래하는 메커니즘은 다음과 같다. 첫째, 행위자의 다양화는 한국형 발전모델의 작동 방식의 근본적 변화를 초래하였다(Wong 2005). 민주화는 정책결정에 영향을 미치는 행위자의 수를 급속하게 증가시키는 결과를 초래하였다. 이는 소수의 대기업들을 대상으로 정부·기업 관계를 형성·유지하였던 과거와 달리, 다양한 행위자들 사이의 이해관계의 균형을 형성하기 어려운 근본 요인으로 작용하였다.

둘째, 민주화로 인한 행위자의 양적 증가는 정부·기업 관계의 작동 방식에 질적인 변화를 초래하였다(염재호 1996). 고도성장기 한국형 발전모델의 근간은 정부와 제한된 수의 기업들이 일회성 협력이 아닌 장기적 관점의 제도화된 협력 관계를 구축하였다는 데 있다. 그러나 민주화로 인해 이와 같은 전통적인 정부·기업 관계의 유지가 어려워진 가운데, 새로운 관계를 형성하는 데 상당한 어려움을 겪게 되었다. 정부와 기업이 서구식 다원주의나 다두정(polyarchy)에 기반한 관계를 형성한 것도 아니었고(Dahl 1971), 그렇다고 해서 일본과 같이 소수가 아니라 다양한 이익 집단들이 제도화된 통로를 통해 정부와 상호작용하는 '정형화된 다원주의'(patterned pluralism)를 형성한 것도 아니었다(Muramatsu and Krauss 1987). 이처럼 민주화는 한국형 발전모델의 변화를 촉진하는 도전 요인으로 작용하였다.

셋째, 민주화 이후 집권한 정부들의 차별화 전략 역시 한국형 발전모델에 대한 압박을 증가시키는 요인으로 작용하였다. 1993년 집권한 김영삼 정부는 권위주의의 유산과 차별화하기 위해 한국형 발전모델의 핵심 제도와 정책들을 제거하기 시작했다. 경제기획원의 폐지, 5개년 개발계획의 중단, 정책 금융의 폐지 등이 이에 해당하는 대표적 사례이다. 이는 한편으로는 김영삼 정부가 신자유주의 정책 이념을 기반으로 일련의 자유화 조치를 취하려고 했던 것과 관련이 있지만(하연섭 2006), 다른 한편으로는 과거 권위주의 정부 하에서 수립되었던 발전모델과 차별화하려는 정치적 선택의 결과이기도 하다.

2. 한국형 발전모델의 변화: 연속성과 단절

전형적인 발전국가론자들에 따르면 발전국가모델은 정형화되거나 고정된 것은 아니다. 발전모델은 성립된 당시의 국내외 환경의 변화가 발생하면 그에 따른 적응력을 발휘하는 것으로 인식된다. 찰머스 존슨(Chalmers Johnson)은 발전국가의 주요 특징으로 계획 합리성(plan rationality)을 제시한 바 있다. 그에 따르면, 서구에서 주로 발견되는 규제 국가가 주로 절차와 규칙의 엄격한 준수를 통해 경쟁 환경을 조성하고 국가 경제 전반의 효율성을 증진시키는 특징을 보인다면, 발전국가는 절차적 문제보다는 실질적 문제(substantive matters)에 관여함으로써 효과성을 증대하는 데 보다 높은 정책의 우선순위를 부여한다. 이러한 시스템이 작동하기 위해서는 고도로 일체화된 엘리트 관료 집단의 존재가 필요하며, 보다 거시적인 환경 요인으로서 경제 성장에 대한 국민적 합의와 이를 선도하는 관료 집단에 대한 신뢰가 뒷받침되어야 한다고 지적한다(Johnson 1982).

찰머스 존슨이 발전국가를 정형화된 것으로 보지 않는다고 주장할 수 있는 근거는 발전국가모델이 국가 목표가 변화하는 이행기에는 어려움에 직면할 수 있지만, 목표가 재정립될 경우 효과성을 발휘할 수 있다고 본다는 점과 관련이 있다. 고도성장기 한국과 일본을 포함한 동아시아 국가들에서 발전국가모델이 성립할 수 있었던 이유는 경제 성장이라는 목표에 대한 국민적 합의가 비교적 확고하게 형성되었기 때문이다. 존슨 스스로 인정하고 있듯이 발전국가는 기존의 국민적 합의가 약화되거나 새로운 국민적 합의가 형성되기 이전의 전환기에는 그 역할을 수행하는 데 상당한 어려움을 겪을 수 있다. 그러나 국민적 합의가 새롭게 형성되어 국가적 목표가 새롭게 형성될 경우, 발전국가는 다시 그 목표를 달성하기 위해 매우 효과적인 역할을 수행할 수 있다(Johnson 1982). 예를 들어, 환경 문제를 포함한 지속가능한 발전이나 분배와 복지를 포함한 포괄적 발전에 대한 국민적 합의가 형성될 경우, 발전국가는 이 목표를 기능적으로 추진, 실행하는 존재로서 여전히 유효하다는 것이다. 발전국가는 제도적 이행기에는 상당한 취약성을 드러낼 수 있는 반면, 외적 환경 변화에 따른 내부의 정치적 기반이 새롭게 형성될 때 과거와는 전혀 다른 방식으로 작동할 수 있게 된다.

이러한 시각에서 볼 때, 한국형 발전모델은 과거에도 다양한 위기에 직면한 바 있으나 위기 극복 과정에서 정부의 역할을 조정하는 탄력성을 발휘하였다. 1970년대 후반 이후 대외적으로는 제2차 석유위기와 국내적으로는 정치 변동의 국면에서 발생한 중화학공업 분야의 중복 투자와 생산 과잉이라는 이중의 위기에 직면한 전두환 정부는 과거와는 달리 안정화 시책을 통한 산업 구조 조정과 자유화 정책을 추진하였다(한국경제60년사편찬위원회 2011). 전두환 정부에서 시작된 금융 자유화 정책은 이후 김영삼 정부에서 보다 전면적인 자유화를 촉진하는 토대로 작용하였다.

민주화 이후 한국형 발전모델은 새로운 대내외적 도전에 직면하였다. 대외적 차원에서는 선진국의 시장 개방 압력 증가, 세계화의 진전에 따른 자유화의 필요성 증대, 세계화 시대 국제 경쟁력의 강화와 같은 변화하는 대내외 환경에 대응하는 산업 전환과 경제력 집중의 완화와 같은 문제들이 대두되었다. 대내적 도전은 다양한 사회적 요구의 분출과 이에 대한 정책적 반영, 노동과의 새로운 관계 설정, 협소한 정치 연합의 확대 등이다.[44]

1980년대 민주화 이후 한국형 발전모델의 변화 성격과 이러한 변화에 영향을 미친 정치적·제도적 기반에 대한 이해는 매우 중요하다. 1987년 민주화 이후 한국형 발전모델은 정책적 전환의 시도에도 불구하고, 그 본질적 성격은 변화하지 않았다고 보는 견해가 있다. 첫째, 1987년 이후 한국은 대외적 차원에서 세계화의 진전에 대한 능동적 대처 필요

44 이연호(1998)는 경제적 자유화의 성공적 실현을 위해서는 역설적으로 강한 국가가 필요하다고 주장한다.

성뿐 아니라 시장 개방과 자유화의 외압 증가라는 새로운 도전에 직면하였다. 이러한 상황의 전개는 한국이 새로운 정책 패러다임을 추구하는 계기로 작용하기도 하였다. 그러나 기업의 국제 경쟁력을 강화 논리 역시 적극적으로 제시되면서 기존 정책과 제도들이 유지되는 현상이 초래되었다.

둘째, 대기업 중심의 경제력 집중을 완화하는 것이 경제적 분배를 위해서나 산업 구조의 효율화 측면에서 바람직하다는 의견이 제시되었으나 민주화 이후 경제력 집중은 오히려 강화되었다. 구체적으로 30대 대기업의 계열 기업 수가 1987년 16.8개에서 1994년 20.5개로 오히려 증가하였을 뿐 아니라, 대기업이 참여하고 있는 사업 부문도 1994년 19.1개 업종으로 증가하였다. 시장 점유율 측면에서도 상위 3사가 70% 이상의 점유율을 보이고 있는 품목이 전체 품목 가운데 64.6%였으며, 이 가운데 대기업이 75.4%를 점하였다(염재호 1996). 민주화 이후 한국 정부는 새로운 도전에 직면하여 정책 목표를 새롭게 설정하기도 하였으나, 그 효과는 일부로 국한되었다.

셋째, 경제 발전은 거시적 차원에서 정부와 기업, 미시적 차원에서는 경영자와 노동자 사이의 협력적 관계를 필요로 한다. 이에 대한 서구 선발국의 접근은 사회 복지를 확대하고 사회적 안전망을 강화하는 방식으로 나타난다. 사회보장의 확대는 노동의 동기나 의욕을 감소시켜 기업은 물론 국가 전체의 경쟁력을 약화시키는 요인으로 작용할 수도 있지만, 노동자에게 사회적 안전망을 제공함으로써 보다 안정적인 노사 관계에 기반한 효율성의 향상으로 이어질 수도 있으며, 더 나아가 궁극적으로 사회 통합의 효과를 발생시키기 때문이다.

한편 한국을 포함한 동아시아 후발국들은 고도성장기 복지 정책을 매우 선별적으로 도입하는 경향을 보였다(Wong 2006).[45] 한국형 발전모델은 주로 대기업을 중심으로 형성된 안정적 노사관계가 사실상 복지적 기능을 수행하게 되었다. 대기업에서 나타나는 고용 안정성이 일종의 복지 기능을 갖고 있었다. 노동자와 경영자들은 안정적 고용을 기반으로 장기적 관계를 형성하려는 경향이 발견되었다. 노동자는 고용 안정성을 획득하는 한편, 기업은 장기근속으로 인해 노동 숙련도가 향상되고 기업 내 기술 축적이 가능하게 된 것이다. 고도성장기 작업장 수준의 기술 축적 시스템은 이러한 노사 관계를 바탕으로 형성되었다(Amsden 1989; 김형아 2005). 민주화 이후 노동자들의 임금 인상과 노동권 개선 요구가 급증했음에도, 고도성장기 형성된 노사 관계의 기본틀은 외환위기 전까지 유지되었다.

이러한 결과를 초래한 이유에 대한 설명은 대체로 세 가지 방향에서 제시되고 있다. 첫째, 민주주로의 이행 방식이 한국형 발전모델의 제약하는 요인으로 작용하였다는 설명이다.[46] 한국의 민주적 이행은 협약(pact)에 의해 이루어졌기 때문에 지배 엘리트의 연속성이 나타난다(송호근 1994). 협약을 통한 민주화의 특징은 지배 엘리트 사이의 균열이 발생하고 이 과정에서 일부 지배 엘리트가 사회 세력과의 타협을 주도하는

---

45 조셉 웡은 한국에서 발견되는 복지 정책의 전환에 대한 정치적 설명을 제공한다. 민주화로 인해 정치인들이 과거보다 인기영합적인 정책을 추진하게 되고, 관료와 시민단체들은 이와 같은 새로운 환경을 활용함으로써 복지 정책의 확대가 이루어졌다는 것이다(Wong 2006).

46 이러한 설명은 지배 엘리트를 국가로 치환하고 합리적 행위자로 전제한다(염재호 1996).

가운데 민주주의로의 이행이 이루어진다. 정치 체제의 변동뿐 아니라 지배 엘리트의 전면적 교체를 수반하는 밑으로부터의 민주화와는 커다란 차이가 있다. 민주화가 이러한 방식으로 이루어졌기 때문에 정치 체제의 변동에도 불구하고 이전 권위주의 체제와의 단절보다는 연속성이 더 강하게 나타났다는 것이다.

지배 엘리트의 전면적 교체가 이루어지지 않기 때문에 정책 이념도 기본적으로 유지되는 경향이 강하다. 그 결과 외형적으로는 정치 체제의 변동이 발생하였으나 실질적으로는 지배 구조와 정책의 연속성이 유지되고 있다는 것이다. 협약을 통한 민주화로 인해 지배 엘리트가 정책 변화 요구에 능동적으로 대응할 수 있게 된 반면, 사회 세력의 정치 참여가 제한되었기 때문에 연속성이 나타나게 되었다(최장집 1995). 후발 개도국의 추격에 따른 국제 경쟁력 강화 필요성 등을 강조하며 기존의 성장 위주의 정책을 유지한 것이 이에 해당한다.

둘째, 1987년 이후 한국형 발전모델은 정치 연합의 성격과 밀접한 관련이 있다고 보는 견해이다(임혜란 1999). 권위주의 체제 하 고도성장기에는 정부가 소수의 대기업을 산업 정책의 파트너로 삼아 수출 중심의 산업 구조를 형성하여 경제 성장 목표를 성공적으로 완수하게 되었다는 시각이다. 이러한 정치 연합이 형성된 것은 권위주의 정부는 경제 성장을 정당성의 근거로 설정하고, 이 목표를 달성하기 위해 소수의 집단을 파트너로 선별적인 선택하는 경향이 있기 때문이다. 한국 정부는 1970년대 중화학 공업화의 추진을 위한 파트너로서 정치 연합을 형성하였다.

민주화는 고도성장 과정에서 불가피하게 초래된 부정적 산물들을 처리하는 한편, 다원화된 사회적 요구를 반영할 것으로 기대되었다. 민주화 이후 한국 정부는 이러한 정책 목표를 설정하고 실제로 추진하기도 하였으나 그 결과는 성공적이지 못했다. 그 원인은 정치 변동에도 불구하고 산업 전환을 뒷받침하는 정치 연합은 그대로 유지되었기 때문이다. 민주화 이후에도 정부와 대기업 사이의 정치 연합의 배타성이 유지된 결과, 대기업 중심의 산업 구조가 유지되었을 뿐 아니라 새로운 산업 구조로의 전환이 지연되는 결과가 초래되었다(임혜란 1999). 정치 연합의 온존이 산업 구조 조정과 경제력 집중 완화와 같은 새로운 도전에 대응하는 데 구조적 제약으로 작용하였다. 즉, 민주화 이후 새로운 한국형 발전 모델의 수립을 위해서는 정치 연합의 재편이 반드시 필요하다는 주장이다.

한편, 민주화 이후 정부·기업 관계의 변화의 성격과 그 원인을 양자 사이의 힘의 균형의 변화에서 찾을 수 있다. 박정희 시기에는 정치인과 기업인 사이에 힘의 균형이 이루어졌기 때문에 부패가 과도하게 증가하는 것을 방지할 수 있었다. 반면 1987년 민주화로 인해 이러한 힘의 균형이 기업인들이 정책 결정에 과거보다 큰 영향력을 행사할 수 있는 방향으로 변화하였다(Kang 2002). 더 나아가 관료 집단이 자신의 사적 이익 추구를 위해 국가 기구를 전용하는 현상이 발생하기 시작하였다. 시장의 국가에 대한 침투가 용이해지게 되어, 이는 궁극적으로 국가의 약화를 초래했다. 그 배경으로는 국가로부터의 보상보다 시장의 보상이 더 커지게 됨에 따라 관료들이 민간과의 네트워크를 적극 활용할 동기가 강해졌다는 점을 지적할 수 있다. 또한 관료들은 공무원으로 재직하는 과정에서 습득한 네트워크 또는 사회 자본을 자신의 배타적 이익을

위해 활용한다. 발전국가 쇠퇴의 내재적 요인이다(문상석 2016).[47]

관료에 의한 국가 기구 또는 제도의 전용 사례로는 재경부 관료들의 배타적 행태를 지칭하는 모피아나 기업지배구조 개선이라는 명분을 위해 도입된 사외이사제도를 들 수 있다. 재경부 관료들이 정책결정에 커다란 영향을 끼치고, 퇴직 후 산하 기관으로 재취업하는 기회를 확보하는 과정에서 상당한 배타적 행태를 보이고 있다. 사외이사제도의 경우 재벌의 전근대적 지배 구조를 개선하기 위해 미국식 제도를 도입하였으나, 관료의 재취업 통로로 활용되는 제도의 전용 현상이 발생했다(문상석 2016).

셋째, 민주화 이후 한국형 발전모델의 변화를 설명하기 위해서는 정치경제의 주요 행위자들 사이에 형성된 제도의 성격이 미치는 영향에 초점을 맞출 필요가 있다. 정치 변동, 지배 엘리트 구조의 변화, 정책 이념 등은 산업 수준에서 형성된 제도를 투과해야 하는 과정에서 변형이 일어나기 때문에 기존 제도의 성격을 파악할 필요가 있다(염재호 1996). 민주화 이후 한국형 발전모델의 변화가 미완일 수밖에 없는 것은 정책 이념과 기존 제도 사이의 정합성이 떨어졌기 때문이다(Aoki 2001). 규제 완화에도 불구하고 정부의 영향력이 감소하지 않거나 경제 민주화를 위한 노력에도 불구하고 경제력 집중이 오히려 강화되는 경향이 나타나는

47 문상석은 도덕적 해이뿐 아니라 관료에 의한 국가 기구의 전용이 발전국가의 쇠퇴에 더 중요하게 작용하였다고 주장한다. 도덕적 해이는 행위자가 제도의 허점을 이용하여 사적 이익을 추구하는 문제점은 있지만 권력 관계를 수반하는 것은 아닌 반면, 국가 기구의 전용은 다른 행위자들이 이익 추구를 위해 접근할 수 있는 통로를 구조적으로 차단한다는 점에서 그 부정적 효과가 더 크다는 것이다(문상석 2016).

것은 제도와 정책 이념 사이의 정합성이 낮은 것과 관계가 있다.

3. 대외경제전략의 변화

전략적 자유화를 근간으로 하는 대외경제전략은 1980년대 중반 이후 다양한 문제에 직면하기 시작하였다. 일본을 비롯한 동아시아 국가들과 만성적인 무역적자를 기록하고 있던 미국이 이를 해소하기 위해 쌍무적 차원의 압력을 가하기 시작하면서 대표적 변화의 사례이다(Bhagawati and Patrick 1991; Bayard and Elliott 1994). 미국이 GATT 중심의 다자적 무역 자유화라는 원칙에만 고수하지 않고, 한국 등의 국가들에 대하여 시장 개방의 압력을 직접적으로 행사하기 시작한 것이다. 미국 시장에 대한 의존도가 높았던 한국이 이러한 압박에 취약할 수밖에 없었던 것은 예상된 결과였다.

이러한 배경에서 1990년대 초 이후 한국은 자유화 전략을 보다 광범위하게 실행하였다. 자유화 전략으로의 선회는 서구의 선진국들을 추격하는 압축 성장의 시기가 대체로 종료된 것과도 관계가 있다. 김영삼 정부는 박정희 정부 시대의 추격 전략을 권위주의의 유산 가운데 하나로 보고 선진 개방 경제의 구축을 위한 포괄적 자유화 전략을 구사하였다. 포괄적 자유화 전략은 국내 경제 체제의 개편, 무역 및 투자 자유화, 규제 완화, 투명성 증대 등을 목표로 하였다(Hwang 2001). 미국의 지적 전통에 영향을 받은 관료와 학자들이 정책결정구조 내에 편입되기 시작하면서 이러한 변화는 가속화되었다(Weiss 2000; 조홍식 2007). 그 결과 1990년대 중반 이후 한국의 무역 자유화는 농업을 제외하면 매우 빠른 속도로 진행되었다.

무역을 비롯한 일련의 자유화 조치들은 국내정치적으로 새로운 도전 과제들이 대두되는 계기로 작용하였다. 무역 자유화가 국내정치적으로 분배의 문제를 수반하였기 때문이다. 민주화 이후 정책결정 체계가 이러한 분배 갈등을 조정하는 데 아직 역량을 발휘할 여건이 조성되지 않았기 때에 자유화의 범위가 확대될수록 분배 갈등은 더욱 첨예화될 수밖에 없었다. 1990년대 이후 한국 정부는 주요 무역 자유화 조치를 추진할 때마다 거의 예외 없이 강한 반대에 직면하였다(정진영 2004; 최태욱 2006). 한국 정부가 우루과이 라운드(UR), 도하개발어젠다(DDA), 한·칠레 FTA, 한·미 FTA 등 광범위한 무역 자유화를 추진하는 과정에서 거의 예외 없이 항의와 반대을 피하기 어려웠다. 이는 한국 정부가 무역 자유화의 지속적인 진전을 위해서는 새로운 동원과 참여의 메커니즘을 발견해야 하는 과제가 대두되었음을 의미하는 것이었다.

결론적으로 1990년대 초반 이후 개방되는 산업 분야의 강한 반대에도 불구하고 무역 자유화가 지속적으로 이루어졌다. 이는 한국 정부가 광범위한 무역 자유화와 불균등한 보호 및 무역 자유화를 위한 직접적 보상의 지급이라는 새로운 응전의 방식을 채택한 결과이다. 한국 정부는 무역 자유화를 광범위하게 진행하는 가운데 농업 등 일부 피해 산업을 집중적으로 보호함으로써 무역 자유화에 대한 반대를 완화하는 방식을 채택하였다. 또한 보호만으로 무역 자유화에 대한 반대를 완화하기 어려운 경우, 피해 산업 분야에 대한 직접적 보상을 제공하는 방식을 혼합하였다. 피해 산업 분야의 구조 조정 및 경쟁력 강화 정책을 병행하기는 하였지만 어디까지나 정책의 초점은 피해에 대한 직접 보상이었다. 직접 보상을 사회적 안전망의 강화 등과 같은 간접 보상을 우선하였던 것이다. 한국 정부가 민주화 이후 대외경제전략을 지속적으로 추진할 수 있었던 것은 이러한 이면의 메커니즘이 작용한 결과이다(이승주 2011).[48]

48 민주화 이후 한국에서 포괄적 무역 자유화와 강한 반대가 공존하는 현상이 작동하는 메커니즘에 대해서는 이승주(2011) 참조.

VII. 외환위기와 새로운 정치경제모델의 형성 (1997–2012)

1997년 외환위기 이후 한국형 발전모델은 변화의 기로에 처하게 되었다. 그 변화의 원인과 성격에 대해서 다양한 견해가 제시되고 있다. 1997년 이후 한국형 발전모델이 그 이전과는 본질적으로 차별화된 새로운 단계로 진입했다고 보는 견해가 있는 반면, 1997년 이후 한국이 커다란 변화를 겪은 것은 사실이지만 그럼에도 기존 정치경제모델의 기본 요소들이 여전히 작동하고 있다고 보는 견해가 그것이다. 이러한 논의는 1997년 이후 한국형 발전모델을 연속 또는 단절의 관점에서 접근하는 데 따른 인식의 차이를 보이고 있다. 이 장에서는 이와 관련한 이론적 검토를 통해 한국형 발전모델의 변화 성격과 방향성을 파악하고자 한다.

1997년 이후 변화의 양상에 대한 일반적인 관측은 한국형 발전모델이 신자유주의로의 질적인 변화 과정을 겪고 있다는 설명이다. 이는 한국이 고도성장기에 형성되었던 발전모델에서 탈피하여 새로운 모델을 수립하는 과정에 돌입했다고 본다는 점에서 단절을 강조하는 시각이다. 한편, 일각에서는 1997년 이후의 변화를 단절보다는 연속성의 관점에서 접근한다. 이러한 시각은 1997년 이후 한국 정치경제가 다양한 차원에서 신자유주의적 요소를 수용한 것 자체를 부인하는 것이 아니라, 이러한 변화에도 불구하고 정부 주도의 산업 진흥이 여전히 유지되었을 뿐 아니라, 신자유주의의 핵심이라고 할 수 있는 규제 체제의 정비 또한 정부의 역할을 강화하는 역설적인 결과가 초래되었다는 것이다.

구체적으로 김대중 정부는 1997년 외환위기 극복 과정에서 IT산업, 특시 벤처 기업에 대한 집중적인 지원책을 통해 새로운 성장 산업으로 육성하기 위해 노력하는 한편, 1997년 외환위기의 직접적 원인을 제공했던 금융업에 대한 규제를 강화하기 위해 금융감독원을 창설하고 시장 경쟁을 활성화하기 위해 공정거래위원회를 강화하는 시도를 하였다. 그러나 이러한 변화가 정부 역할의 축소가 아니라 오히려 정부 역할의 확대를 수반하였다는 점에서 기존 발전모델로부터 완전히 이탈했다고 보기 어려우며, 더욱이 이러한 성격은 이명박 정부까지 유지되는 모습을 보이고 있다는 것이다.[49]

49 김인영(2009)은 발전국가의 핵심 요소인 자본으로부터의 자율성과 효과적인 산업 정책을 실행할 수 있는 고도의 능력을 결여하고 있다는 점에서 발전국가와는 차별화된 개발국가로 지칭한다(김인영 2009).

1. 외환위기와 기로에 선 한국형 발전모델

외환위기는 경제적 파급 효과가 컸다는 면에서 분명 위기였다. 외환위기는 전후 장기간 지속되었던 고도 경제 성장뿐 아니라 사회적 근대화를 중단시켰다는 점에서 비단 경제 위기였을 뿐 아니라 정치사회적 위기였다고 할 수 있다. 반면, 위기는 근본적인 경제적, 정치적, 사회적 변화를 촉발하는 촉매로 작용하기도 하였다(MacInyre et. al. 2008). 물론 외환위기 이후 한국형 발전모델이 해체의 단계까지 진행되었는지에 대해서는 다양한 견해가 있을 수 있으나, 한국형 발전모델이 상당한 변형을 거치게 되었다는 데 대해서는 대체적으로 견해가 일치되고 있는 것으로 보인다.

외환위기의 직접적 원인을 한국형 발전모델의 구조적 한계에서 찾을 경우, 고부채 모델의 취약성과 정실 자본주의의 문제로 집약된다(IMF 1998; Krugman 1998). 한편, 외환위기는 1990년대 초 이후 이미 진행되었던 정책 패러다임 변화의 결과로 볼 경우, 한국형 발전모델의 성급한 해체, 제도적 이행 전략의 부재, 과도한 자유화 등이 원인으로 지적된다(Shin and Chang 2004; 윤상우 2006).[50]

50 반면, 외환위기의 원인을 금융 세계화의 급속한 진전에 따른 취약성의 증가 및 탈냉전 이후 국제정치의 구조적 변화 등에서 찾는 시각도 있다(Radelet and Sachs 1998; Woo-Cumings 1998). 그러나 이러한 외부 환경의 변화는 외환위기의 원인이라기보다는 배경적 요소로 보는 것이 보다 타당할 것으로 보인다.

1) 한국형 발전모델의 구조적 한계

한국형 발전모델의 구조적 한계는 산업화를 위한 자본 조달 방식에서도 나타난다. 위에서 언급하였듯이, 한국형 발전모델은 산업화를 추진하는 과정에서 외국 기업에 의한 해외직접투자(FDI)를 제한하는 가운데 해외 차관을 상대적으로 선호하였다. 이는 한국 경제의 대외부채 의존도를 높이는 구조적 취약성을 초래함에 따라, 1997년 외환위기의 주요 원인으로 작용하였다. 자본 조달 방식은 산업화 과정에서 형성되는 정부·기업 관계의 핵심인데, 정부와 정치의 성격이 직접 또는 간접 금융 방식을 결정하게 된다(Zysman 1983). 한국의 경우, 일본과 유사하게 고도성장기 산업화를 주도했던 대기업들의 자본 대비 부채 비율이 평균 400%를 상회할 정도로 매우 높은 수준이었다(Wade and Veneroso 1998).[51] 이러한 방식이 형성될 수 있었던 이유 가운데 하나는 고도성장기 정부가 기업에 대한 장악력을 유지할 수 있었던 주요 수단으로 작용하였기 때문이다. 이러한 자본 조달 방식은 고도성장기 한국 기업들이 이자를 상환할 정도의 수익률을 유지할 수 있었을 때는 커다란 문제가 없었으나, 중복 투자 등으로 인해 생산 과잉의 문제에 노출되면서 한국형 발전모델의 구조적 한계를 선명하게 드러내는 요인으로 작용하였다는 것이다.

51 웨이드와 베네로소는 고부채 모델이 가능했던 이유는 한국의 저축률 높았고, 국내 주식 시장과 채권 시장이 발전되지 않은 상황에서 금융기관으로부터의 차입이 유일한 대안이었기 때문이라고 주장한다(Wade and Veneroso 1998).

정실 자본주의 역시 한국형 발전모델의 구조적 결함을 지적하는 유력한 견해 가운데 하나이다. 정실 자본주의와 관련한 논의는 1997년 외환위기의 발발을 계기로 본격화되었다(김병국·임혁백 2000). 이에 주목하는 견해는 주로 거래비용이론을 활용한 정치경제적 설명을 제공하고 있다. 데이비드 강(David Kang)은 한국 정치경제에서 부정부패가 없었던 것은 아니나, 대기업이 성장하면서 정치 리더십과 대기업이 서로 견제할 수 있었기 때문에 부정부패가 경제 성장을 저해하는 수준까지 이르지는 않았다고 본다. 반면, 민주화 이후 정치 자금에 대한 수요가 급증한 반면, 재벌의 경제적·정치적 영향력은 더욱 커져 힘의 균형이 무너졌기 때문에 정부가 대기업의 로비에 취약하게 되었다는 것이다(Kang 2002).

데이비드 강이 한국 정치경제의 구조적 문제점을 지적하였다면, 이정희 등은 이와 유사하면서도 차별화된 시각을 제공한다. 대기업에 의한 경제력 집중으로 인해 정부·기업 관계의 근본적 변화가 발생한 것이 외환위기의 직접적인 원인이라고 보는 것이다. 고도성장기 한국 정부와 대기업은 긴밀하고 장기적 관계를 형성하는 가운데 실질적으로 '유사 내부조직(quasi-internal organization)'처럼 기능하였다. 그리고 이러한 관계는 적어도 1980년대 중반까지 정부가 대기업보다 우위에서 관계를 주도하는 가운데 긍정적 측면이 더 컸다고 할 수 있다. 그러나 이후 정부 우위의 위계적 관계가 손상되기 시작하면서 재벌이 정부가 중개하는 금융에 대한 의존도를 낮춤으로써 더 강한 영향력을 확보하게 되면서 한국 정치경제는 정실 자본주의화 하였다는 것이다(Lee, Lee, and Lee 2002).

2) 한국형 발전모델 변화의 외재적 요인

이 시각은 로버트 웨이드와 프랭크 베네로소가 설득력 있게 제시한 바 있다(Wade and Veneroso 1998). 1997년 외환위기는 고부채 모델에 입각한 성장 방식의 문제보다는 한국 정부가 1990년대 초 금융 부문을 중심으로 성급한 자유화를 시도한 결과라고 볼 수 있다. 문제는 당시 한국 정부가 자유화 조치를 취했던 원인인데, 웨이드와 베네로소는 이를 한국 정부의 자발적 선택이 아닌, IMF, OECD, 서구 선진국 정부의 요구에 따른 결과로 본다.[52] 한국의 외환위기는 고부채 모델의 구조적 문제로 인해 촉발된 것이 아니라, 국제 금융 기구 또는 미국 정부가 요구하였기 때문이고, 이로 인해 한국형 발전모델의 근간을 형성하였던 시스템의 불안정성이 급격하게 높아진 결과라는 것이다. 더 나아가 한국이 IMF가 구제 금융을 제공하는 과정에서 제시한 프로그램은 긴축과 금융 자유화를 핵심 내용으로 하고 있는데, 이는 미국의 금융 자본–미 재무성–IMF(Wall Street–Treasury–IMF)의 이해 관계가 일치하였기 때문이다(Wade and Veneroso 1998).

이러한 시각에 따르면, 한국이 신자유주의로의 선회를 하게 된 데는 IMF 프로그램의 이행이 결정적 계기가 되었다(윤상우 2009). 이러한 해석은 IMF 프로그램이라는 외재적 요인으로 인해 한국형 발전모델의 변화가 불가피하게 되었다는 데 초점을 맞추고 있다. 외환위기 극복을 위

52 반면, 린다 웨이스(Linda Weiss)는 1990년대 초 자유화 추진을 김영삼 정부의 정치적 의도와 관료 집단의 이념적 정향이 변화한 결과라고 주장한다(Weiss 2001).

해 제시된 단기적 처방과 장기적 개혁 과제가 모두 신자유주의적 요소를 포함하고 있었기 때문이다. IMF는 한국 정부에게 단기적으로는 긴축적인 통화정책과 재정정책정책을 시행하도록 요구하는 한편, 보다 근본적인 제도적이고 구조적인 개혁을 요구한 바 있다. 심지어 위기에 대한 단기 처방이었던 긴축적 통화정책과 재정정책마저도 한계 기업의 퇴출을 배제하지 않았다는 점에서 위기에 처한 한국으로서는 근본적인 변화로 인식하지 않을 수 없었다. 보다 구조적인 개혁 프로그램으로는 이른바 4대 부문 개혁 – 금융, 기업, 노동, 공공 부문 – 에 자유화, 기업지배구조 개선, 노동 유연성 증대, 민영화 등이 포함됨으로써 한국형 발전모델의 신자유주의적 선회가 불가피하게 되었다는 것이다(지주형 2009; 김형기 외 2007). 이 경우 한국의 신자유주의 수용은 내재적 요인에 의한 것이 아니라, IMF 프로그램을 이행하는 과정에서 나타난 현상이라고 할 수 있다.

2. 한국형 발전모델의 변화에 대한 이론적 논의

한국형 발전모델의 변화를 촉진한 요인을 규명하는 작업이 중요한 것은 이를 바탕으로 변화의 성격과 방향을 탐색하기 위함이다. 추격이라는 일차적 목표가 달성된 이후 한국형 발전모델의 변화는 어떻게 포착할 수 있을 것인가? 이와 관련한 논의는 대체로 세 가지 방향에서 검토할 수 있다. 1990년대 중반, 특히 외환위기를 계기로 한국형 발전모델이 과거와는 완전히 차별화된 새로운 신자유주의 모델로 이행했다고 보는 시각, 발전주의적 요소를 여전히 강하게 내포하고 있는 가운데 새로운 도전에 대응하기 위해 변화 요소를 담고 있는 포스트 발전국가론, 전형적인 신자유주의 모델도 아니고 그렇다고 전형적인 포스트 발전국가모델도 아닌 제3의 모델로 이행하고 있다고 보는 시각이 그것이다. 여기에서는 이와 관련한 논의를 차례로 검토한다.

1) 신자유주의 모델

외환위기 이후 한국형 발전모델의 변화 성격은 기본적으로 '신자유주의체제'로 규정해야 한다는 주장이 제기되고 있다(문돈·정진영 2014). 이러한 시각에 따르면, 신자유주의에 기반한 경제 운용 원리는 국가의 선도적 역량을 이미 침식하기 시작했다는 점을 주목하는 데서 시작된다. 산업 정책 등을 통해 경제 전반에 깊숙이 침투하던 정부의 역할이 세계화로 촉발된 규제 완화와 자유화의 과제를 수행하는 새로운 경제적 과제의 장애물이 되고 있다는 것이다. 더욱이 노동 비용의 상승과 후발 개도국의 산업화 등으로 인해 고도성장기로의 진입을 이끌었던 전통적인 제조업에서의 비교우위를 점차 상실함에 따라 지식기반경제로의 이행이 점차 중요해지는 변화는 한국형 발전모델의 어려움을 더욱 가중시키는 요인으로 작용하였다. 지식기반경제에 동원되는 핵심 요소들이 본질적으로 초국적이라는 점을 감안할 때, 정부의 시장 개입이 효과를 발휘하기 어려운 환경으로 지속적인 변화를 거듭하고 있다는 것이다. 더 나아가 이 시각은 정부의 시장 개입이 효과적이기는커녕 비생산적인 담합으로 퇴행하고 있다고 본다.

그 결과 한국은 과거와는 차별화된 일련의 정책들을 도입하게 되었다. 외환위기 직후 김대중 정부는 공급 과잉의 문제를 해소하기 위해 산업 구조 조정을 하는 한편, 대대적인 자유화 조치들을 도입하였다. 금융 부문의 경우, 외환 자유화 및 해외 투자 자유화와 관련한 추가적인 자유화 조치들을 시행하는 한편, 대대적인 금융 기관 인수 합병을 통하여 금융 기관의 수를 절반 수준으로 축소하였다. 기업 부문 개혁의 초점은 기업지배구조 개선에 맞추어졌는데, 사외이사제도 등 신자유주의, 특히 미국식 제도들이 대거 도입되었다. 노동 부문에서는 일부 실업 수당 등 복지 제도 및 사회적 안전망을 강화하는 정책들이 도입되기는 하였으나, 대체로 노동 시장의 유연성을 높이는 데 초점이 맞추어졌다(양재진 2001).

자유주의 정책의 도입과 시행을 긍정적으로 평가하는 측에서는 한국이 비단 외환위기를 극복하는 수단이 되었을 뿐 아니라, 한국 경제 체질의 근본적 변화를 초래하여 새로운 단계로 진입하게 하였다고 본다. 한국이 외환위기를 계기로 그동안 탈각하기 어려웠던 과거의 발전주의에서 탈피하여 매우 충실한 신자유주의 국가로 환골탈태하였다는 것이다(Pirie 2005).

2) 포스트 발전국가론[53]

53 포스트 발전국가는 후기 발전국가 또는 탈 발전국가로 번역될 수 있다. 전자가 발전

포스트 발전국가론은 다양한 관점을 갖고 있기 때문에 하나의 이론 체계라고 하기 어렵지만, 기존 발전모델이 변화의 압력에 직면하고 있다는 점에 대해서는 견해를 달리하지 않는다. 즉, 세계화와 민주화로 인해 촉발된 다양한 문제들—행위자의 다양화, 정책 수단의 효과성 저하, 정부·기업 관계의 변화, 노동으로부터의 자율성 변화—로 인해 기존의 한국형 발전모델은 변화가 불가피하다는 것이다. 그 대안으로 논의되는 것이 포스트 발전국가론인데 이에 대한 논의를 위해서는 포스트 발전국가의 개념적 정의가 필요하다. 일각에서는 신자유주의와 발전주의가 혼합된 것을 포스트 발전국가로 지칭한다. 이는 포스트 발전국가를 일종의 잔여적 개념으로 이해하는 것으로 전형적 신자유주의도 전형적 발전주의도 아닌 유형이라는 의미이기 때문이다.

따라서 포스트 발전국가는 좀 더 적극적으로 정의할 필요성이 대두된다. 일반적으로 포스트 발전국가는 정도와 수준의 차이는 있으나, 발전주의적 요소를 여전히 내포하고 있는 국가라고 할 수 있다(장하준 2006; 장하준·정승일·이종태 2012). 그러나 고도성장기 형성되었던 발전주의는 국내외 환경의 변화로 인해 그 한계가 분명해지고 있는 만큼, 포스트 발전국가가 구사하는 정책 수단은 과거와 같은 방식을 고수할 수 없을 뿐 아니라 그러한 방식은 바람직하지도 않다고 본다. 이때 발전주의적 요소를 어떻게 규정할 것인가의 문제가 발생한다. 만일 발전주의를

국가와의 연속성에 주목하는 반면, 후자는 발전국가와의 단절을 강조하는 경향이 있다. 이 연구는 포스트 발전국가가 전통적인 발전국가와의 단절과 연속성을 모두 포함하고 있다는 점에서 두 가지 번역 가운데 하나를 따르지 않고, 포스트 발전국가라는 용어를 사용한다.

국가의 상대적 자율성, 경제 성장에 대한 광범위한 국민적 합의, 엘리트들 사이의 고도의 일체성, 산업정책을 실행할 수 있는 역량 등으로 규정한다면, 외환위기 이후 한국에서 전형적인 발전국가는 찾아보기 어렵다.[54] 그러나 정부가 구사하는 고도성장기와는 상당히 다른 방식으로 시장에 개입하지만, 세계화와 민주화 등 국내외 변화에 대한 능동적 대응이라는 새로운 과제에 직면하여 정부가 변환적 역할(transformative role)을 수행하는 데 주목할 경우 포스트 발전국가의 가능성을 탐색할 수 있게 된다.

여기에서는 피터 에반스와 조셉 웡의 논의를 중심으로 포스트 발전국가론을 소개한다(Evans 1995; Wong 2005). 이들은 세계화된 시대에도 정부의 역할은 여전히 중요하며, 오히려 그 필요성은 더욱 커질 수 있다고 주장한다. 에반스는 정부의 역할이 필요한지 여부가 아니라, 어떤 역할이 필요한지에 대한 논의를 하는 것이 보다 생산적이라는 것이다(Evans 1995). 기업가 정신을 이끌어 내고 새로운 생산 능력을 창출하기 위해서는 과거보다 더욱 복잡하면서도 정교한 정부의 역할이 필요하다. 그 배경으로 세계화로 인해 국제분업이 근본적으로 변화하고 있다는 점을 지적한다. 과거에는 개별 국가가 보유한 부존 요소를 최대한 활용하여 비교우위를 창출하는 것이 발전 전략의 핵심이었다면, 생산의 세계화로 인해 더 이상이 발전이 한 국가 내의 발전 경로에 국한되지 않는 새로운 현상이 대두하게 되었다. 즉, 지구화된 생산 네트워큰 매우 위계

54 동아시아 발전국가에서 공통적으로 발견되는 구성 요소에 대해서는 Wu(2007) 참조.

적인 구조를 형성하게 되는데, 이때 국내 산업 역량과 변화하는 생산 체계의 관계를 설정하는 것이 새로운 변환의 핵심이 되었다. 따라서 새로운 국제 분업으로 인해 주요 산업 분야에서 지구화된 생산 네트워크가 형성됨에 따라, 새로운 가치 사슬 내에 자국 산업을 어떻게 위치시킬 것인가가 정부에게 매우 중요한 과제가 된다. 심지어 정부는 필요에 따라서는 이미 보유하고 있는 비교우위의 기반을 해체하고 새로운 비교우위를 창출하는 역할을 수행해야 한다는 것이다. 지구화된 생산 체계에서 비교우위의 창출은 부존 요소의 활용뿐 아니라, 국내 기업들 사이의 경쟁과 협력 관계 형성, 정부 정책, 기타 정치, 사회적 제도의 복합적 상호작용의 결과이라는 점에서(Porter 1998), 정부는 이러한 복잡한 상호 작용을 조율하는 역할을 담당할 필요가 있다.

이때 정부의 역할은 복잡한 가치 사슬 내에서 상대적으로 고부가가치 분야에 국내 기업들이 진출할 수 있도록 하는 것이다. 이런 면에서 여전히 발전주의의 모습이 남아 있다. 즉, 정부의 역할은 여전히 낙후된 산업 분야를 털어내고 선도 산업 분야에 진출할 수 있는 방법을 찾아내는 데 있다. 이러한 주장은 사실 1990년대 초 로버트 웨이드에 의해 이미 제시된 바 있다. 웨이드에 따르면, 한국을 포함한 동아시아 국가들은 정부가 독자적으로 경제 성장을 주도하였다기보다, 다양한 행위자들 사이의 유기적 관계를 형성함으로써 경제 성장에 우호적인 환경을 조성하는 '시장에 대한 조정'(governing the market)이 중요하다(Wade 1990). 이때 정부의 핵심적 역할은 새로운 산업에 대한 투자를 증대할 수 있는 능력과 높은 리스크로 인해 민간 기업들이 투자에 소극적인 산업 분야에 대한 적극적인 진출과 같은 기존의 역할과 함께, 국내 산업이 국제 경쟁에

효과적으로 대처할 수 있도록 독려하는 다양한 정책과 제도적 환경을 조성하는 데 있다.[55]

다만, 에반스는 정부의 새로운 변환적 역할이 필요한 원인을 규명한 데 이어, 새로운 역할의 유형과 그것이 효과적으로 작동할 수 있는 조건을 구체적으로 제시하였다는 데 의의를 찾을 수 있다. 에반스는 세계화된 시대의 정부가 수행해야 할 새로운 역할로 산파(midwifery)와 조력자(husbandry)를 제시한다. 이 두 가지 역할은 정부와 민간 행위자들 사이의 관계를 새롭게 설정하는 것으로 산파가 개별 산업 분야에서 새로운 기업들이 만들어질 수 있도록 하는 것이라면, 조력자는 민간 기업들을 육성하는 것이다. 이는 정부의 전통적 역할인 관리인(custodian) 또는 생산자(demiurge)와 명확히 구분된다. 또한 정부가 이와 같이 새로운 역할을 효과적으로 수행할 수 있기 위해서는 개별 민간 행위자들의 영향력을 배제할 수 있는 자율성과 사회와의 관계를 유지하는 네트워크를 갖추어야 한다는 의미에서 착근된 자율성(embedded autonomy)을 그 전제조건으로 제시하였다. 정부가 변환적 역할을 수행하려면 지적 능력과 다양한 민간 행위자에 의존하는 능력을 결여한다면 자율성만 보유하게 되고, 내부적인 견고함을 결여한 채 민간 부문과의 네트워크만을 형성하게 될 경우 다양한 행위자들 사이의 집합행동의 문제를 해결하지 못

55 이러한 관점에서 볼 때, 시장에 대한 조정은 일정 수준 이상의 다원주의적 경쟁을 배제하지 않는다. 다원주의적 경쟁을 통해 형성된 시장 메커니즘은 혁신을 촉진하기 때문이다. 따라서 정책의 목표는 지대를 완전히 제거하는 것이 아니라, 경쟁에서 승리한 행위자들이 지대를 획득할 수 있는 시스템을 형성하는 데 초점을 맞출 필요가 있다. 지대의 제거는 다원주의를 오히려 위축시킬 수 있기 때문이다(존 케이 2008).

하게 된다는 점에서 자율성과 배태성이 모두 필요하다는 것이다(Evans 1995).

웡은 민주화라는 국내적 차원의 변화에도 주목한다. 민주화는 행위자 수의 증가로 인한 일관성 있는 정책결정과 정부와 기업이 제도화된 협력의 어려움을 가중시킬 수 있다. 민주화는 정부의 직접적인 시장 개입 능력은 물론 정부가 시장을 조정하는 능력을 감소시키게 된다. 한국형 발전모델이 정치적 권위주의를 전제로 성립한 것은 아니라고 할지라도 일관성 있는 정책결정을 뒷받침할 수 있을 정도의 정치적 안정이 한국형 발전모델의 주요 구성 요소라고 전제할 때(Johnson 1987), 민주화는 적어도 단기적으로 효과적인 정부 정책을 가능하게 하는 정치적·제도적 기반을 상당 정도 훼손하였다고 할 수 있다(Wong 2005).

그럼에도 포스트 발전국가의 가능성을 엿볼 수 있는 이유는 민주화로 인한 변화가 정부의 역할을 역설적으로 필요로 하는 환경을 초래하고 있기 때문이다. 포스트 발전국가론자들에 따르면, 행위자 수의 증가가 정책결정의 일관성을 저해하는 것은 사실이라고 인정한다. 그럼에도 불구하고 이들은 행위자 수가 증가하는 상황에서 다양한 행위자들 사이의 복잡다기한 이해관계를 조정할 수 있는 유일한 행위자는 정부밖에 없다는 것이다. 더 나아가 정부가 행위자들 사이의 이해관계를 조정하는 단순한 역할뿐 아니라, 행위자들 사이의 협력을 촉진하는 적극적인 역할의 필요성이 점증하고 있기 때문이다(Wong 2005). 특히 지구화된 생산 체계 속에서 산업화에 성공하기 위해서는 행위자들을 유기적으로 연계하는 클러스터를 형성하는 것이 매우 중요한데, 이러한 역할을 수행할 존재는 궁극적으로 정부일 수밖에 없다. '학습'에 기반한 산업화를 넘어, '발명'과 '혁신'에 기반한 산업화로 이행하기 위해서는 상류와 하류 행위자들이 유기적으로 협력할 수 있는 생태계를 만드는 것이 필수적이라는 것이다. 예를 들어, 원천 기술을 개발하는 대학 또는 상류 기업들이 기술의 상업화에 주력하는 하류 기업들에게 기술을 이전할 수 있는 효과적인 생태계를 조성하는 것이 지속적인 산업화를 위해 중요하다. 포스트 발전국가의 가능성은 국가가 이러한 생태계를 조성하는 데 있어서 얼마나 효과적인 역할을 수행할 수 있는가에 달려 있다.

포스트 발전국가로의 성공적인 전환을 위해 필요한 두 번째 요소는 행위자 수의 증가로 인해 변화된 시장에서 어떻게 효과적인 경쟁 환경을 형성할 것인가와 밀접한 관련이 있다. 위에서 언급한 협력을 촉진하는 생태계의 형성은 적정 수준의 경쟁으로 보완되지 않을 경우 담합과 공모로 퇴행할 가능성을 배제할 수 없다. 포스트 발전국가의 과제는 협력과 경쟁의 균형을 적정 수준에서 유지하는 것이 된다.

경쟁은 그 자체로도 중요하다. 시장 경쟁이 정부 개입의 축소 또는 철폐로 완성된다고 보는 자유주의적 시각과 달리, 포스트 발전국가론자들은 경쟁을 위한 유인의 제공 자체가 정부 정책의 결과라고 본다(Wong 2005). 특히 첨단 산업의 특성을 감안할 때, 다양한 민간 행위자들이 자발적으로 기술 개발과 혁신을 위해 적극적으로 참여함으로써 경쟁적 시장을 조성할 것이라고 기대하기는 어렵다는 것이 포스트 발전국가론자들의 시각이다. 일반적으로 첨단 산업은 막대한 연구개발비와 이익 실현까지 장기간이 소요되는 등 상당한 불확실성이 수반된다. 이러한 환경에서 위험을 회피하는 경향이 있는 민간 행위자들이 자발적으로 첨단 산업에 뛰어들기를 기대하기는 어렵다.[56] 자본을 제공하거나 벤처 캐피

탈이 활성화함으로써 정부가 경쟁 시장을 조성하는 데 주도적 역할을 할 필요가 있다는 것이다.

3) 발전주의와 신자유주의의 결합

신자유주의 모델과 포스트 발전국가론은 모두 추격이 종료된 이후 한국형 발전모델의 변화 방향에 대한 진단은 다르지만, 한국형 발전모델이 기존 모델에서 탈피하고 있으며, 새롭게 형성된 모델이 고도의 내적 정합성을 갖고 있다고 본다는 점에서 공통점을 내포하고 있다. 그러나 이러한 견해와 달리, 한국형 발전모델이 신자유주의도 포스트 발전국가도 아닌 제3의 모델로 변화하고 있다고 보는 시각이 있다. 외환위기 이후 한국이 규제국가로 강력한 전환을 하는 가운데 발전국가적 요소들을 여전히 유지하고 있다고 보는 시각이 있다(이연호·임유진·정석규 2002).[57] 외환위기 이후 김대중 정부는 시장에 대한 직접적 개입을 자제하는 대신, 시장 메커니즘을 강화하는 방향으로 선회하였다. 노무현 정부 역시 고도성장기에 실행되었던 정부 주도의 산업 정책을 지양하고, 민간 부문이 주도하는 시장을 조성하는 방향 전환을 추구하였다. 이명

---

56 이러한 불확실성을 완화하기 위해서는 효과적인 산관학 협력 체제를 수립할 필요가 있다. 대학과 기업이 기술의 개발자와 수요자 또는 판매자와 구매자의 관계가 아니라, 연구 단계에서부터 위험과 이익을 공유하는 협력적 체제를 만들 필요가 있는 것이다(서울대학교 공과대학 2015, 314).

57 외환위기 이후 한국 정치경제를 신자유주의체제라고 규정하는 문돈·정진영은 '규제국가형 발전모델'을 대안적 모델로 제시하고 있다(문돈·정진영 2014).

박 정부는 여기에서 더 나아가 기업 활동을 제약하는 규제를 과감하게 철폐함으로써 기업이 자유롭게 활동할 수 있는 시장 친화적 환경을 조성하겠다는 목표를 설정했다.[58]

이러한 시각 역시 통합적인 설명 체계를 갖춘 하나의 이론이라고 보기는 어려우나, 그 핵심은 한국형 발전모델이 일견 상반된다거나 모순된다고도 볼 수 있는 요소들을 동시에 내포한 혼합형(hybrid) 또는 융합적(fused) 모델로 변화하고 있다고 보는 데 있다.[59] 발전주의적 신자유주의(Choi 2012)론이나 규제국가적 신자유주의론(김인영 2008)이 이러한 주장의 대표적 사례이다.

문제는 시각에 따라 구체적으로 어떤 요소들이 결합되었다고 보는지에 대해서는 상당한 차이가 발견된다는 데 있다. 박상영(2015)은 발전주의와 신자유주의의 결합을 잔여적 혼재성, 경로의존적 혼재성, 융합적 혼재성 세 가지로 구분한다. 잔여적 혼재성은 신자유주의로의 이행이 변화의 주요 축을 이루고, 발전주의적 속성은 말 그대도 부분적으로 잔존하는 경우이다. 경로의존적 혼재성은 외환위기 전후로 신자유주의적 요소들이 상당 부분 도입된 것은 사실이지만, 기존의 발전주의를 형성

58 대표적인 사례로 공정거래위원회의 역할 변화에 주목할 필요가 있다. 이명박 정부는 공정거래위원회가 수행해야 할 본연의 기능으로 시장경제 규율을 명확하게 수립하는 데 있음을 강조하였다(김인영 2009).

59 김인영에 따르면, 외환위기 이후 역대 정부는 발전주의의 속성이 경로의존적으로 작용하는 가운데 신자유주의 프로그램을 수용한 결과 발전주의와 신자유주의가 혼재된 포스트 발전국가의 모습을 띠고 있다고 주장한다(김인영 2013). 이러한 관측은 발전주의와 신자유주의가 결합되었다는 점을 지적하는 주장으로서는 일리가 있으나 구체적으로 경로의존이 어떻게 작동하는지에 이론적 규명이 미흡한 한계가 있다.

하고 있던 제도들이 긴밀하게 맞물려 있어 해체되지 않고 여전히 강력한 영향력을 행사하는 경우이다. 융합적 혼재성은 신자유주의적 요소와 발전주의적 요소가 상승 작용을 하는 가운데 양자의 속성이 하나의 모델로 전환되는 것을 가리킨다. 외환위기 이후 한국정치경제의 본질적 성격이 '발전주의적 신자유주의'(developmental neoliberalism)로 변화하였다고 보는 시각도 이에 해당한다(Choi 2012). 이러한 시각은 발전주의나 신자유주의의 연장선에 있는 것이 아니라, 양자의 혼종이라고 본다는 점에서 제3의 유형이라고 할 수 있다.

기존 연구들이 주로 신자유주의와 발전주의의 비중을 가늠하여 어떤 속성이 더 강하게 나타나는지 또는 양자가 어떻게 상호작용하여 새로운 모델로 이행하는지에 주된 관심을 갖고 있는 반면, 이 글에서는 신자유주의와 발전주의가 결합하는 방식과 메커니즘을 검토하는 데 목적이 있다. 제3의 유형을 체계적으로 검토하기 위해서는 발전주의와 신자유주의 가운데 어떤 쪽의 비중이 더 큰지를 따져보는 작업도 중요하지만, 이러한 시도가 초래하는 문제점도 적지 않기 때문이다. 발전주의와 신자유주의의 비중을 비교하는 것은 정량적으로 어려운 문제일 뿐 아니라, 어느 하나의 비중이 더 크다는 것을 밝힌다고 하더라도 더 큰 비중을 갖고 있는 특정 모델과의 연속성의 결과라고 볼 수 있는 개념상의 문제가 발생한다. 더 나아가 발전주의와 신자유주의 가운데 하나의 모델에 경도되지 않은 제3의 모델로의 이행은 발전주의와 신자유주의의 화학적 결합을 전제로 한다. 예를 들어, 외환위기 이후 역대 정부는 발전주의의 속성이 경로의존적으로 작용하는 가운데 신자유주의 프로그램을 수용한 결과 발전주의와 신자유주의가 혼재된 포스트 발전국가의 모습을 띠고 있다는 주장이 제기되고 있는데(김인영 2013), 이러한 관측은 발전주의와 신자유주의가 결합되었다는 점을 지적하는 주장으로서는 일리가 있으나 구체적으로 경로의존이 어떻게 작동하는지에 이론적 규명이 미흡한 한계가 있다. 또한 경로의존성이 작용한 결과 초래된 새로운 체제의 본질적 성격을 보다 명확하게 규정할 필요가 있다. 이러한 관점에 입각하면, 일견 상출되는 것처럼 보이는 발전주의적 요소와 신자유주의적 요소가 화학적 결합을 통해 상승 작용을 일으켜 질적인 변화의 양상을 드러낼 때, 비로소 제3의 모델의 가능성을 찾을 수 있을 것이다.

한국형 발전모델의 신자유주의적 전환이 이루어지는 과정에서도 발전주의의 모습은 여전히 유지되고 있다. 이러한 현상에 주목하는 연구들은 기본적으로 정부가 외환위기의 극복 과정에서 산업 구조 조정의 폭과 방식을 설정하였다고 본다. 다만 이러한 견해는 발전주의가 과거와 같이 대다수 주요 산업에서 동시다발적으로 포착되는 것이 아니라, 산업 분야별로 상이하게 나타나고 있다고 본다(Lim 2010).[60]

김대중 정부에서는 위기 극복 과정에서 정보통신산업을 선정하여 집중적인 지원을 하였을 뿐 아니라, 이를 효과적으로 수행하기 위한 제도적 정비를 한 바 있다. 정책 수립의 주무 부처로서 정보통신부를 창설한

60 이밖에도 외국인 투자에 대한 자유화 조치가 대폭 이루어졌음에도 불구하고 여전히 일부 산업에서 FDI에 대한 신중한 접근이 나타난다는 점, 산업 구조 조정이 이루어지고 난 이후에도 대기업 중심 산업 구조가 유지되고 있다는 점 등을 외환위기 이후 발전주의의 특징으로 지적하는 연구들도 있으나, 이러한 지적이 경험적으로 타당한지에 대해서는 의문의 여지가 있다.

것이나, CDMA 기술 상용화의 사례에서 잘 나타나듯이 토착 기술 개발을 위한 산관학 체제를 형성한 것이 그 대표적 사례이다(변상규·김한주·김태유 2002).[61] 이 과정에서 김대중 정부는 정보통신산업에 상대적으로 저금리의 대규모 자금을 투입하는 발전주의의 모습을 보이기도 하였다. 이는 암스덴이 설파한 상대적 가격 왜곡의 전형적 사례이다. CDMA 기술 상용화를 계기로 외국산 장비를 국내산으로 대체하였을 뿐 아니라, 새로운 수출 산업으로 부상하는 전형적인 수출지향형 산업으로 대두하였다(변상규·김한주·김태유 2002).

다만 고도성장기 한국형 발전모델과 차별화되는 지점은 정부·기업 관계의 변화이다. 한국 정부가 이 시기 정보통신산업의 발전을 위해 주도적인 역할을 한 것은 사실이지만, 직접적 개입 못지않게 중요했던 것은 산관학 협력을 용이하게 하는 환경을 조성하였다는 점이다. 개입의 방식이 과거에 비해 간접적이고 유연한 방식으로 변화하였다. 한국 정부는 이를 통해 기술 개발에 수반되는 다양한 불확실성을 상당 부분 완화해주는 역할을 하였다(홍성걸 2006). 특정 산업을 성장 동력으로 선정하여 집중 육성하는 것은 과거의 방식이었지만, 정부·기업 관계는 보다 수평적이고 호혜적인 관계로 변모하였다.

이러한 변화의 의미에 대해서는 양면적 해석이 가능하다. 일각에서는 정부·기업 관계가 수평적으로 변화한 것을 정부의 역할이 감소한 증거로 보고 있다(김인영 2009, 189). 그러나 발전국가론자들의 논의에 따르면,

61 양재진은 이러한 모습에 주목하여 외환위기 이후 발전국가가 다시 대두되었다는 의미에서 신발전국가주의(neo-developmental statism)를 제시한 바 있다. 양재진.

산업의 성장과 정부의 역할은 반비례 관계를 갖는다. 집중 육성의 대상으로 선정한 산업의 성장 초기 단계에는 정부의 지원을 상대적으로 더 많이 필요로 하기 때문에 정부 우위 현상이 지속되는 경향이 나타나게 된다. 그리고 그 산업이 성장 궤도에 진입하게 되면 정부는 자신의 역할을 자연스럽게 감소시킬 뿐 아니라, 새로운 성장 산업을 발굴, 육성하는 데 자원을 투입하게 된다.[62]

발전주의적 모습은 가장 신자유주의적으로 평가 받는 이명박 정부에서도 나타난다. 이명박 정부는 규제 완화, 자유화, 민영화, 세율 인하 등 신자유주의적 성격의 정책을 이행하기 위해 노력하는 한편, 녹색성장정책에서 나타나듯이 경제 성장과 환경 사이의 선순환 구조를 창출하기 위해 관련 산업에 대한 적극적인 지원을 제공했다.[63] 더욱이 2008년 글로벌 금융 위기는 이명박 정부가 1990년대 이후 시행된 금융 자유화를 재검토하는 요인으로 작용하였다. 미국은 1933년 투자은행과 상업은행의 분리를 규정한 '글라스-스티걸법'을 개정함으로써 상업은행과 투자은행 업무의 겸업을 허용하는 '그램-리치-블라일리법(Gramm-Leach-Bliley Act)'(1999년)을 제정하였다. 이를 계기로 미국에서는 금융산업의 규제 완화와 자유화가 빠르게 진행되었다. 이후 인수합병을 통해 대형 투자은행이 만들어지면서 이들을 중심으로 다양한 파생상품들이 출시되

62 이러한 현상은 반도체산업, 자동차산업 등에서도 발견된다(홍성걸 1993).

63 녹색성장정책을 발전주의의 한 모습으로 이해할 것인가에 대해서는 다른 견해가 있을 수 있다. 녹색성장정책은 환경보다는 성장에 초점이 맞추어져 있으며, 그 성장마저도 미래지향적 선도 산업의 발굴과 지원이라는 발전주의적 프로젝트라기보다는 과거의 토건국가적 성격을 강하게 내포하고 있다는 견해가 그것이다. 이상헌(2009) 참조.

는 변화가 발생하였다. 그러나 이러한 변화는 서브프라임 사태에서 나타났듯이 실제로는 위험에 대한 관리가 제대로 이루어지지 않았을 뿐 아니라, 이에 대한 금융 당국의 규제도 매우 부실한 상황이었다. 이는 결국 전례 없는 글로벌 금융 위기의 주요 원인이 되었다.

이명박 정부 역시 2008년 글로벌 금융위기 이후 이러한 문제를 인식하고 금융 자유화에 대한 보완 조치를 시행하게 되었다. 이는 결과적으로 신자유주의의 추진 속도를 늦추는 결과를 초래하였다. 이후 금융 자유화의 속도와 범위가 조절되면서 이명박 정부의 정책 기조가 신자유주의에서 일부 탈피하는 현상을 보이게 되었다.

신자유주의와 발전주의가 결합하는 지점은 두 가지를 지적할 수 있다. 첫째, 외환위기 이후 한국 정부는 신자유주의적 요소를 시행하기 규제라는 수단을 주로 동원하였다. 이른바 규제의 역설이다. 서구 선진국의 경험을 살펴보면, 규제 완화는 역설적으로 재규제를 수반하는 경향이 있다(Vogel 1998). 보겔은 규제 완화가 거의 대부분 재규제를 수반하는데, 재규제의 목적에 따라 네 가지 유형으로 구분하고 있다. 이 가운데 1997년 이후 한국이 어떤 유형에 속하는지에 대해서는 좀 더 구체적으로 검토할 필요가 있다. 재규제가 시장 경쟁의 실질적 강화라는 목표를 지향함에도 발생할 수 있는데, 이러한 경우를 경쟁친화적 재규제(pro-competitive reregulation)라고 한다. 정부가 시장 경쟁을 활성화하고 공정한 경쟁을 확보하기 위해서 규제 완화와 함께 재규제를 시행한다는 것이다. 경쟁의 효율을 위해 소규모 사업자를 지원하고 지배적 사업자에게 제약을 부과하는 규제를 도입하는 것이 대표적 사례에 해당한다. 그 결과 경쟁이 실질적으로 제고되는 반면, 정부의 시장 또는 산업에 대한 영향력은 점차 감소하게 된다(Vogel 1998, 26). 한편, 한국 정부가 국내 기업에 이점을 제공하고 외국 기업의 이점을 약화시키기 위한 차원에서 재규제를 도입하여 결과적으로 자유화가 조치가 시행되더라도 국내 기업들의 경쟁력을 강화하는 전략적 재규제(strategic reregulation)와 정부 부처가 자신의 권한을 확대하기 위해 시행하는 확장적 재규제(expansionary reregulation)가 있다.

이러한 맥락에서 볼 때, 외환위기 이후 한국 정부는 경쟁친화적 재규제, 전략적 재규제, 확장적 재규제가 동시다발적으로 전개되는 양상을 보였다.[64] 예를 들어, 김대중 정부는 시장 행위자들 사이의 공정한 경쟁 환경을 조성한다는 명분을 들어 규제, 특히 대기업에 대한 규제를 강화하였다(김정해 2005). 김대중 정부의 이러한 성격은 노동 분야에서도 발견된다. 김대중 정부는 이른바 협조적인 노사정 관계에 기초한 조합주의모델을 시도하기도 하였으나, 궁극적으로 노동시장의 유연성을 확대하는 규제국가적 정책을 도입하는 한편, 사회적 안전망 등을 강화하는 노동 정책을 동시에 추진하는 모습을 보였다는 것이다(김인영 2009).

규제를 통한 시장에 대한 간접적 개입을 특징으로 하는 이러한 현상은 노무현 정부에서도 발견된다. 노무현 정부는 공정 경쟁을 위협하는 것으로 인식된 대기업을 규제 강화를 통해 간접적으로 제어하려고 하였다(김광일·김동영 2006). 실제로 노무현 정부는 대기업들의 규제 완화에

64 이러한 관점에서 볼 때, 외환위기 이후 한국형 발전모델이 시장에 대한 개입을 축소하는 규제국가로 이행하는 모습을 보이고 있는 것은 사실이지만, 그것이 의미하는 결과에 대해서는 좀 더 체계적으로 검토할 필요가 있다. 여기서 핵심은 규제국가의 등장이 국가 권능의 약화를 반드시 초래하는가의 문제이다.

대한 지속적인 요구를 제한적으로 수용하는 한편, 오히려 이들에 대한 규제를 대폭 증가시켰다.[65]

대기업에 대한 규제 강화는 두 가지 방향에서 이루어졌다. 기업지배구조의 개혁으로 외환위기의 원인을 제공했던 기업의 과도한 부채를 조정하고 기업 총수의 영향력 행사 등을 제한한다는 이유로 추진되었다. 이에 따라 상호지급보증과 순환 출자를 제한하는 규제가 부과되고, 사외이사 제도 등 기업지배구조를 개선하는 일련의 규제가 도입되었다. 이와 같은 일련의 규제들은 외환위기 직후 IMF 프로그램을 이행하는 과정에서 추진된 측면도 있으나, 정부의 영향력을 강화하는 결과가 초래되었다.

금산법 또한 대기업의 경제력 영향력 확대를 차단하는 대표적 규제 조치가 되었다. 금산법은 대기업이 은행을 소유하는 데서 발생할 수 있는 문제—경제력 집중의 심화와 기업과 은행의 동반 부실 가능성 등—의 가능성을 차단한다는 차원에서 도입되었다. 금산법은 금융 자본에 대한 대기업의 지배를 방지한다는 명분으로 도입되어 대기업이 은행과 같은 금융 기관들을 소유·지배하지 못하도록 한 것이다. 대기업이 은행을 소유할 경우 사금고화하여 실질적으로 지배하는 문제가 있을 뿐 아니라, 위기가 발생할 경우 동반 부실의 위험성도 배제할 수 없다는 이유도 제시되었다. 이처럼 외환위기 극복 과정에서 대기업에 대한 규제

65 김광일·김동영(2006)에 따르면, 노무현 정부는 전경련 등을 통해 제기된 대기업의 규제 완화 요구 가운데 불과 18.7%만 수용한 반면, 2003년 증가한 규제 건수가 253건에 달하는 데서 나타나듯이 규제를 통해 기업에 대한 간접적 통제를 시도하였다.

가 강화된 측면이 있다. 또한 이를 통해 정부의 시장 개입이 오히려 강화된 측면이 있다.

둘째, 한국 정부는 외환위기 극복을 위해 주요 산업의 구조 조정을 단행할 수밖에 없었는데, 이 과정에서 역설적으로 정부의 역할이 강화되었다. 외환위기 극복 과정에서 김대중 정부는 대기업들이 사업 분야를 교환하도록 하는 이른바 '빅딜'을 추진한 바 있다. 빅딜의 일차적 목적은 외환위기의 한 원인을 제공했던 주요 산업 분야에서 투자 중복에 따른 공급 과잉의 문제를 해소하는 데 있었다. 더욱이 기업의 과도한 부채가 외환위기를 초래한 중요 원인 가운데 하나였기 때문에, 위기 해결 과정에서 기업의 정부에 대한 의존도는 높아질 수밖에 없었다. 이러한 점에서 외환위기는 정부의 상대적 자율성이 회복되는 역설적 결과를 초래하였을 뿐 아니라, 정부·기업 관계에서 정부가 우위를 확보하는 중요한 계기로 작용하였다.[66]

이러한 현상이 발생할 수 있었던 이유로는 위기 관리의 일차적 담당자로서 정부의 권한이 일시적으로 증대되었다는 점도 작용하였다. 그러나 산업 구조 조정 과정에서 정부의 공적 자금의 투입이 대규모로 이루어졌을 뿐 아니라, 금융 부문에 대한 구조 조정으로 인해 정부의 금융기관에 대한 통제력과 영향력이 강화되었다. 이러한 결과는 금융 기관에 대한 지배를 매개로 한 기업에 대한 간접적 통제력의 행사를 근간으로 했던 전통적 한국형 발전모델과 크게 다르지 않다(류석춘·왕혜숙

66 김인영은 이러한 점에 초점을 맞추어 빅딜을 정부의 강압적 구조 조정으로 이해한다(김인영 2009, 187).

2007). 외환위기 이후 신자유주의적 정책이 대거 실행되었음에도 일부에서 발전주의의 유지 또는 부분적 강화에 주목하는 이유는 여기에 있다.

문돈과 정진영(2014)은 정부의 역할이 증대된 것은 위기 극복이라는 특수한 상황에서 발생한 일시적 현상으로 보아야 하며, 전반적으로는 정부의 역할이 외환위기 이후 감소되는 방향으로 변화가 이루어졌다고 본다. 이들이 주목하는 것은 외환위기 이후 한국정치경제에서 넓은 스펙트럼에 걸쳐 있는 어찌 보면 상충될 수도 있는 다양한 요소들이 혼재되어 나타나는 것은 사실이나, 그렇다고 해서 이를 혼합형 모델로 이해하는 것은 현상을 정확하게 파악하지 못하는 결과를 초래한다고 주장한다. 이러한 논리를 좀 더 확장하면, 현실은 언제나 일정 수준 다양한 요소가 중첩적으로 뒤섞여 있을 수밖에 없으며, 다양한 요소들 가운데 경중을 가려 가장 중요한 요소를 가려내고 이를 초래한 원인을 분석하는 것이 개념화에 도움이 된다고 볼 수 있다. 문돈과 정진영의 표현에 따르면, "체제 전체의 성격을 규정짓는 지배적인 질적 특성"을 파악하는 것이 우선되어야 한다는 것이다(문돈·정진영 2014). 외환위기 이후 한국 정치경제의 지배적 특성은 '금융 자유화,' '대외개방,' '정부의 시장 개입 감소,' '규제 완화,' '노동 유연화' 등이며, 이를 총체적으로 아우를 수 있는 체제는 신자유주의체제라는 것이다(문돈·정진영 2014).

이 논의를 좀 더 구체적으로 전개하면 다음과 같다. 외환위기 이후 한국의 상황에 적용해보면 정부의 역할이 위기 극복 과정에서 증대된 것은 사실이나, 이러한 변화가 제도화된 것이라고 보기는 어렵기 때문에 오히려 위기 극복의 결과에 주목할 필요가 있다. 위기 극복 과정에서 외국인 투자자들이 금융 기관들을 인수함으로써 금융기관에 대한 정부의 장악력이 현저히 약화되었을 뿐 아니라, 이로 인해 구조적인 측면에서 정부·금융기관·대기업을 핵심 축으로 하는 한국형 발전모델의 본질적 변화가 발생했다(문돈·정진영 2014).[67] 이러한 시각에 따르면, 고도성장기 한국형 발전모델은 금융기관에 대한 장악력을 바탕으로 정부가 시장에 전략적으로 개입하는 방식이 주류를 이루었는데, 이에 대한 근본적 변화가 발생한 것으로 이해한다. 더 나아가 기업 구조 조정 과정에서도 기업의 채무를 감소시키는 변화가 추진되었는데, 이 역시 기업의 정부 의존도를 낮추는 결과를 초래하였다. 따라서 정부의 역할이 일시적으로 증대되었다고 하더라도, 이는 어디까지나 위기 극복 과정에서 나타난 중간 결과일 뿐이며, 그로 인해 초래된 궁극적인 결과는 한국형 발전모델의 변화라는 것이다.

체제 전반의 성격을 규정해야 한다는 진단에 동의하더라도 여전히 제기될 수 있는 의문은 자유화, 개방, 규제 완화 등은 외형적으로 신자유주의의 핵심 요소인 것으로 인정되나, 그것이 곧 발전주의의 해체 또는 약화로 볼 수 있는가 하는 점이다. 외환위기 이후 발전주의와 신자유주의가 유기적으로 결합하였다는 증거를 찾기 어려우나, 그렇다고 해서 한국 정치경제모델이 세계화론자들이 주장하듯 전형적인 서구 시장경제모델로 수렴한 것도 아니며, 과거의 한국형 발전모델의 차별성을 그대로 유지하고 있다고 보기도 어려운 것이 사실이다(하용출 2012).

---

67 이러한 분석은 상당한 설명력이 있으나, 다음의 사항들이 검토되어야 할 것이다: (1) 금융기관에 대한 정부의 영향력이 실질적으로 약화되었는지 여부 (2) 그렇다고 할 경우, 정부 영향력의 약화가 외국인 투자자에 의한 금융기관 인수·합병의 결과인지 여부 등을 면밀하게 검토할 필요가 있다.

자유화, 개방, 규제 완화는 일반적으로 시장의 경쟁을 촉진하는 신자유주의적 요소로 이해된다. 그러나 이러한 정책들이 발전주의와 유리되었다고 주장하기 위해서는 자유화, 개방, 규제 완화가 국내 기업 또는 산업이 외국 기업 또는 산업과 경쟁하는 데 유리한 수단으로 활용하기 위한 전략적 선택일 수 있다는 점에 주목할 필요가 있다. 발전주의가 중상주의적 성격을 띠는 경향이 있기는 하지만, 그 수단마저도 언제나 중상주의적일 필요는 없기 때문이다. 자유화, 개방, 규제 완화 등을 시행하는 정부의 의도가 경쟁을 촉진해서 시장 효율성을 높이는 데 있다면, 이를 신자유주의로의 전환이라고 불러도 문제가 없을 것이다. 그러나 같은 정책이라도 정부의 의도가 국내 기업의 경쟁력을 제고하기 위한 수단으로 활용되는 것이라면 이는 발전주의의 연장선에 있는 것으로 보는 것이 타당할 것이다.[68] 다만, 이러한 설명이 보다 설득력을 갖기 위해서는 자유화, 개방, 규제 완화와 같은 정책 수단을 경쟁력 강화를 위해 전략적으로 동원한다는 점을 논리적·경험적으로 입증하여야 하는 과제는 여전히 남아 있다.

68 이러한 관점에서 볼 때, 한국 정부가 금융 부문의 자유화와 규제 완화는 국내 금융기관들의 경쟁력 제고와 그에 따른 금융업 전체의 발전이라는 전략적 의도를 갖고 추진하였다는 해석도 제공되고 있다(신진영 2011).

3. 한국형 발전모델의 변화 과정

한국은 대외지향적인 경제정책에 따라 1990년 이후 더욱 치열해진 국제경쟁체제 속에서 대외개방과 금융자유화를 추진하게 되었다.[69] 그러나 개방과 자유화 과정을 효과적으로 관리하는 데 실패하면서 1990년대 중반 이후 한국 경제는 구조적인 취약성을 드러내기 시작했다. 그 결과 1997년 한국은 외환위기의 소용돌이에 빠지게 되었고, IMF가 제공하는 구제 금융을 받음 뒤에야 위기에서 벗어날 수 있었다. 외환위기 당시 한국은 국가 부도 직전까지 가는 위기에 처하게 되었지만 IMF와 외국 금융기관으로부터 유동성을 확보하여 어렵게 위기를 넘길 수 있었다.[70]

1997년 아시아 금융위기는 한국이 1960년대 이후 실행하였던 발전국가 모델을 재검토하고, 신자유주의적 정책을 본격적으로 추진하는 계기가 되었다. 한국의 고도성장을 추동하였던 정부와 민간 부문 사이의 긴밀한 관계가 정실 자본주의(crony capitalism)로 폄하되는 등 한국의 발전모델은 경제 성장을 성공적으로 수행한 성과가 있기는 하였으나, 한국의 추격이 완수된 시점에 폐기되어야 할 모델로 치부되었다(Krugman 1994).

---

69 1990년대 김영삼 정부가 취한 금융 자유화가 한국정치경제모델에 미친 영향에 대해서는 Weiss(2001) 참조.

70 외환위기의 원인, 과정, 결과에 대한 간결한 검토에 대해서는 Wade and Veneroso (1998) 참조.

1) 위기의 원인과 전개 과정

한국은 1990년대 이후 전방위적 세계화의 압력에 직면한 것으로 알려져 있다. 무역, 금융, 노동에서 세계 경제와의 통합도가 높아짐에 따라 한국 정치·경제의 거버넌스 역시 구조적 변화를 모색해야 하는 상황에 처했다. 긴축적 재정 운용, 경제적 효율성의 향상과 소득 분배의 개선에 중점 을 둔 공공지출, 세제 개혁, 금리 자유화, 경쟁적 환율 체제, 무역 자유화, 외국인 직접투자(FDI) 자유화, 민영화, 규제 완화, 재산권의 확립 등을 주 내용으로 하는 신자유주의에 기반한 세계화의 급진전은 정부 주도의 성장을 지속했던 한국에 특히 중대한 도전이었고, 한국 경제의 구조적 변화를 촉진하는 대외적 요인이었다.

1993년 출범한 김영삼 정부는 우리 경제의 세계화와 OECD 가입을 위한 전략의 일환으로 금융자율화 및 시장개방 정책을 추진하였고, 은행 및 비은행 금융기관의 해외 활동에 대한 규제를 대폭 완화하였다. 이에 따라 1994~96년 기간 중 24개의 투자금융회사가 종합금융회사로 전환되면서 해외활동을 할 수 있게 되었고, 국내 은행들이 28개의 해외지점을 열면서 이들의 해외부채가 급증하였다. 특히 1994년 경기가 상승국면에 접어들면서 기업의 투자수요가 늘어나자 금융기관들은 단기 외화 차입을 급격히 늘려 이 수요에 대응하였다. 이에 따라 외화자산과 부채 사이의 만기불일치 문제가 개별 금융기관의 미시적 차원에서, 그리고 경제 전체의 거시적 차원에서도 심각한 수준에 달하고 있었다. 그럼에도 정부는 규제제도나 감독체제를 강화하지 않았다. 국내 금융기관의 자율화 과정에서와 마찬가지로 자본시장 개방과정에서도 건전성 감독이 강화되지 못한 것이었다(한국경제 60년사 편찬위원회 2011). 결론적으로 선진국 경제가 엄격한 시장규율과 금융감독, 합리적 기업지배구조 등 글로벌 스탠더드(Global Standard)로 이행하는 동안 한국은 대마불사의 기존 사고 방식과 은행의 방만한 경영, 정경유착과 그에 따른 도덕적 해이 등의 문제에 직면해 있었으나 정부는 이에 대해 적절한 조치를 취하지 못하였다.

그 결과 1996년 이후 한국은 불확실성의 증대를 알리는 다양한 시그널을 접하게 되었다. 1996년 4월 반도체 가격 폭락으로 촉발된 교역조건이 석유파동 이후 최대인 20%의 연간 하락율을 기록하였다. 또한 대외지불 부담이 급증하였는데, 1992년 629억 달러에서 1996년 1,643억 달러로 연평균 27% 증가하였다. 특히 단기 대외지불 부담이 1992년 216%에서 1996년 280%로 증가하였다. 교역조건 악화로 수익성이 악화되는 가운데 기업들은 추가적인 채무를 통해를 일시적으로 유동성 경색을 피하는 미봉책에 의존하는 경우가 발생하였다. 그러나 이러한 방식은 어디까지나 임시변통에 불과한 것이어서 근본적인 해결책이 되기에 역부족이었다. 1997년 들어 한보(1월)에 이어 삼미(3월)와 진로(4월)가 부도를 내면서 유동성 문제는 더욱 심각하게 되었고 국제 금융시장은 불안한 모습을 보이기 시작했다. 10월 말에는 아시아 주식시장이 폭락하여 패닉 상태에 직면하고 일본의 금융위기에 대한 불안 또한 고조되었다. 대내외 환경이 악화됨에 따라 국제 신용평가기관들은 한국의 신용등급을 하향조정하기 시작하였다. 결국 11월 국제 채권자들이 국내 은행들로부터 자금을 인출하기 시작하였고, 이로 인해 은행들이 외화자금 수요를 조달할 수 없게 되었다. 한국은행이 긴급자금 지원에 나섰으나 외환 보유고가 곧 고갈되면서 외환위기가 발생하였다(한국경제 60년사 편찬위원회 2011, 94–96).

2) 위기 극복 과정

위기 극복 과정은 크게 세 단계로 나누어진다. 첫째, 위기가 유동성 부족에서 비롯된 것이었기 때문에 IMF 등으로부터 유동성 위기를 해소하기 위한 긴급 자금을 제공받는 단계이다. 김대중 정부는 미국의 지원이 결정적이라고 판단하고, 미국 정부의 협력을 구하기 위해 노력했다. 단기외채의 만기 연장은 IMF는 물론 민간 금융기관의 지원을 이끌어내는 데도 중요했기 때문이다. 미국 정부의 지원 의사가 확인되자, IMF는 1997년 12월 3일 210억 달러의 구제금융을 승인했다. 이에 더하여 World Bank가 100억 달러, ADB가 40억 달러를 지원하기로 결정함에 따라 국제금융기관의 총 지원 규모는 350억 달러가 되었다. 또한 미국, 일본, 독일, 프랑스, 영국, 캐나다, 호주가 200억 달러를 지원하기로 결정함으로써 한국에 대한 지원 규모는 총 550억 달러가 되었다("IMF 외환위기 극복: 550억 달러의 빚을 진 경제국치의 날," 기록으로 만나는 대한민국 70년, 〈http://theme.archives.go.kr/next/koreaOfRecord/imf.do〉). 특히 IMF는 1998년 1월 8일까지 한국에 지원하기로 돼 있었던 20억 달러의 조기 지급을 승인했다. IMF는 또한 1997년 12월 말에서 1998년 1월 초 사이 총 100억 달러의 자금을 조기에 제공하기로 결정하였다. 이러한 상황 변화를 파악한 민간 금융기관 역시 발 빠르게 움직였다. 1997

년 12월 29일 8개국 13개 금융기관은 채권단 회의를 통해 한국의 외채 상환 연기에 원칙적으로 합의한 것이 대표적인 사례이다(정덕구 2004, 344-346).

둘째, 김대중 정부는 제2의 외환위기를 선제적으로 예방하는 차원에서 유동성 확보의 일환으로 외국인 투자를 유치하는 데 주력하였다. 김대중 정부가 금융 자유화를 위시한 개혁 조치를 조기에 시행한 것은 이 때문이다. 미국의 대한 투자가 1996년 286건 8억 7천만 달러에 불과했던 미국의 투자 규모가 1997년에는 277건 31억 8천만 달러로 증가한 데서 나타나듯이 외국인 투자가 빠르게 증가하였다(지식경제부 홈페이지, "외국인투자통계," http://www.mke.go.kr/mke/index.jsp#). 외국인 투자의 증가는 위기를 해소하는 데 긍정적 요인으로 작용했다. 외국인 투자자의 진출은 한국 경제의 유동성 증대뿐 아니라 한국 경제 전반에 대한 신인도를 제고하는 데 기여했다.

셋째, 외환위기가 한국 발전모델에 오랜 기간 축적된 문제를 노출하는 계기가 되었다는 점에서 좁은 의미의 위기 관리를 넘어, 구조 개혁 및 제도 개혁을 실행하기로 합의하였다. 기업·금융·노동·공공 부문 등 이른바 4대 부문 개혁이 그것이다(〈표 4〉 참조). 개혁의 초점은 단기적으로는 위기의 조속한 극복을 위한 거시경제정책과 궤를 같이 하는 것이었으나, 장기적으로는 한국 발전모델의 변화를 추구하는 데 있었다.

〈표 4〉 한국의 IMF 개혁프로그램의 주요 내용

	정책	주요 내용
긴축	통화정책	• 물가/환율 안정을 위한 긴축 – 유동성 환수 및 금리 인상 – 1998년 1/4분기 총유동성(M3) 성장률 9%로 감축 – 콜금리 30% 이상으로 상승(1998년 2월 이후 콜금리 의 신중한 하락 허용: 1998년 2월 7일 의향서) – 환율과 단기금리를 시장지표로 활용 – M3, 본원통화, 순 국내자산에 대하여 목표 설정
	예산정책	• 소규모 예산 흑자 유지(1차 양해 각서) • 국내총생산의 0.8%까지 예산적자 허용(4차 양해각서) • 교통세, 특별소비세 인상, 과세대상 확대 – 가능한 지출 축소
시장 개방	상품시장	• 무역 관련 보조금 폐지 • 남아 있는 품목들의 수입 자유화 • 수입선 다변화 정책 폐지 • 기존 자본자유화 계획을 앞당겨 시행
	자본시장	• 1일 환율 변동폭 제한 폐지 • 외환시장 개입 제한 • 외국인의 자산 및 부동산 소유 제한 철폐 • 채권시장 완전 자유화 • 기업 및 금융기관의 해외 차입에 대한 잔여 규제 폐지
	노동시장	• 상생의 노사협력체제 구축 • 근로자 권익강화 • 노동시장 유연성 제고
	공공부문	• 공공부문을 핵심역량 위주로 슬림화 • 공공부문 운영의 효율화 • 재정운영의 투명성·효율성 제고
	기업부문	• 기업의 수익성 및 건전성 제고 • 기업경영의 투명성 제고 • 상시구조조정시스템 정착을 위한 법·제도 정비 • M&A 활성화

	금융부문	• 금융 감독 강화 • 금융기관의 건전성·수익성 제고: BIS 비율의 엄격한 적용 • 글로벌 스탠더드 촉진을 위한 FLC 도입 • 부실금융기관 정리 및 통합 • 부분 예금보장제 • 공적자금 조성 및 집행 • 금융 구조조정 촉진을 위한 제도적 장치

출처: 재정경제부(1997); 재정경제부 외(2002); 신장섭·장하준(2004).

정부는 IMF와의 협약을 이행하는 차원에서 단기적으로는 통화 정책과 및 재정 정책을 긴축적으로 관리하였다. 통화정책의 경우, 시장으로부터 유동성을 환수하는 조치를 취하거나 금리를 가파르게 인상한 것 등이 이에 해당하였다. 금리 인상은 해외 자본을 유치한다는 목적에도 부합하는 것이었기 때문에 단기간에 급속하게 이루어졌다. 그러나 1998년 2월에 체결된 2차 각서에 30% 이상으로 인상되었던 콜금리의 신중한 인하를 허용하는 등 정책의 변화가 이루어지기 시작하였다. 예산정책은 1차 양해 각서에서 소규모 흑자 예산을 편성하기로 합의하는 등 긴축 기조를 유지하기로 하였다. 그러나 여기에서도 4차 양해각서에서 국내총생산의 0.8%까지 예산적자를 허용하기로 하는 등 일부 변화가 도입되었다. 이밖에도 특별소비세와 교통세 등을 인상하기로 하는 등 재정 건전성을 공고하게 하기 위한 조치들이 이루어졌다(〈표 4〉 참조).

또한 4대 부문 개혁과 관련, 금융·기업·공공 부문의 구조개혁을 강도 높게 추진되었다. 노동 부문에서는 정리해고제와 파견근로제, 노조의 정치활동 허용 등을 골자로 하는 노사관계 개혁이 큰 폭으로 이루어졌다. 금융 부문에서도 외국인 투자를 촉진하기 위한 조치들이 속속 도입되었다. 금융 시스템의 건전화·투명화·효율화를 위한 구조조정을 실시하고, 금융기관의 퇴출을 위한 명확한 기준을 도입하며, 시장규율을 확립하고 경쟁을 강화하는 것이 주요 내용이었다. 이러한 맥락에서 외국인 투자자에 대한 금융기관의 매각이 이루어졌다. 이는 IMF와의 합의를 준수하고 있다는 것을 의미할 뿐 아니라, 한국 정부가 지속적인 개방을 추진하였음을 의미하는 것이었다(〈표 4〉 참조).

여기서 주목할 것은 IMF가 기업구조 조정과 금융구조 조정을 긴밀하게 연계해서 진행해야 그 효과를 기대할 수 있다고 주장한 점이다. 기업구조 조정의 원칙은 시장경제원리에 입각해서 진행되어야 하는데, 정부 또는 금융기관의 지원이 이루어질 경우 구조 조정의 원칙이 훼손될 수 있다고 보았기 때문이다. 금융기관에 대한 정부 지원과 달리, 부실기업에 대한 금융 지원이 허용되어서는 안 된다는 것이다(대외경제정책연구원 1998).

국제적 신용도 평가 금융위기 이후 한국 정부가 IMF와 합의한 개혁 조치들을 일관성 있게 실행함에 따라, 주요 제도들이 국제 규범에 상당히 수렴되었다. 그 결과 한국의 구조 개혁에 대한 긍정적 평가가 잇따랐다. IMF, 미국 언론, 해외 신용평가기관의 호의적인 평가는 한국이 과거 정부 주도의 경제 성장 방식에서 탈피하여 신자유주의적 개혁을 적극 실행하였다는 인식에 따른 것이었다. 실제로 개혁조치 가운데 상당수가 신자유주의적 성격을 갖고 있었던 것이 사실이다. 개혁 실행 과정에서 미국식 제도가 이식되기도 하였고, 이를 바탕으로 미국을 포함한 외국 자본이 한국에 빠르게 유입되면서 전통적인 발전 모델의 변화가 이루어지기도 하였다.

1990년대 이후 한국 정부는 금융산업의 발전이 한국 경제의 지속적인 성장을 위해 필수적이라고 보고, 이를 위한 수단으로서 자유화와 규제 완화를 추진하였다. 이러한 정책 전환의 배경에는 두 가지 요인이 작용하였다. 우선, 세계화가 금융 부문을 중심으로 빠르게 진전되는 가운데, 서구 선진국 정부들이 자국의 금융산업의 경쟁력 강화를 위해 규제 완화를 경쟁적으로 추진하는 대외적 환경 변화가 고려되었다. 한국의 금융 규제의 수준이 선진국과 비교할 때 매우 높고, 이것이 금융산업의 경쟁력을 제고하는 데 장애 요인이라는 인식 또한 작용하였다.[71] 금융규제에 대한 기본 방향은 이명박 정부의 가장 중요한 금융 관련 규제 정책인 금융지주회사법 개정과 자본시장법 제정과 이후의 개정에서 반영되었다(신진영 2011).

대외경제정책에서도 중요한 변화가 발생하였다. 국내총생산(GDP)의 70% 이상을 대외 부문에 의존하고 있는 한국의 입장에서 볼 때, FTA의 경쟁적 확산은 해외 시장에서 한국 기업의 경쟁 여건을 악화시키는 등 FTA의 미체결로 인한 기회비용이 급격하게 증가시켰다. FTA의 추진이 더 이상 선택이 아닌 필수가 된 것이다(대외경제정책연구원 2003). 외환위기 이전 한국은 전통적으로 다자주의 통상정책을 선호하였다. 그러나 외환위기와 함께 국내산업의 구조조정 및 개방정책을 본격적으로 추진하게 되면서, FTA는 우리 경제의 체질을 바꿀 핵심 정책수단으로 등장하게 되었다. 더구나 한국의 대외경제 규모가 국내총생산(GDP)의 80%

71 이명박 정부는 이러한 정책 목표를 계승하는 가운데, 금융 소비자에 대한 보호를 강화한다는 목표도 추가로 제시하였다(기획재정부 2011).

이상을 차지하고 있는 상황에서 한국이 기존의 수출시장을 유지하고 새로운 시장에 진출하기 위해서는 FTA 추진이 불가피하였다. FTA 체결국 수를 고려할 때 한국의 총 교역에서 FTA 체결국과의 교역이 차지하는 비중도 80%를 넘어설 것으로 예상되고 있다(한국경제 60년사 편찬위원회 2011, 67—68).

이러한 결과에도 불구하고, 한국이 신자유주의 모델로 전면적인 변화를 했다고 보기는 어렵다. 한국이 1990년대 이후 금융 자유화를 대대적으로 추진하기는 하였으나, 관치 금융의 모습이 여전히 유지되고 있을 뿐 아니라 제조업 중심의 산업 구조 또한 유지되고 있다(이병천 2011).[72] 이러한 면에서 한국의 변화를 미국식 신자유주의로의 수렴으로 해석하기는 어렵다.

3) 한국형 발전모델 전환의 메커니즘

발전주의와 신자유주의의 결합을 경로의존의 시각에서 파악하는 연구들은 대체로 두 가지로 구분된다. 첫째, 신자유주의적 요소의 도입에도 불구하고, 발전국가적 운영 방식은 여전히 유지되고 있다는 견해이다. 이 시각은 한국이 신자유주의로 변화하였음에도 불구하고, 정부의

72 이러한 현상이 발생한 것은 대기업의 은행 소유를 제한하는 규제로 인해 대기업들이 금융산업으로 진출하지 못하고 제조업 중심 체제를 유지하고 있기 때문인데, 이는 정부뿐 아니라 정치권과 시민사회의 선호가 작용한 결과이다.

정책적 능력과 수단은 본질적으로 변화하지 않았다고 본다(임혜란 2008; Kalinowski 2015). 신자유주의적 요소의 도입이 공식적 차원에서는 매우 광범위하게 이루어졌으나, 발전국가적 요소들이 비공식 차원에서는 여전히 작동한다는 점이다(류상영·이승주 2006; Stubbs 2009).

둘째, 발전국가의 핵심적 정책 목표가 여전히 유지되고 있는 가운데 신자유주의적 요소가 정책 수단과 일부 제도적 차원에서 발견된다고 보는 시각이 있다. 신자유주의적 변화에도 불구하고, 국제 경쟁이라는 발전주의의 본질적 목표가 여전히 소멸하지 않았기 때문이다. 피리에는 한국정치경제가 신자유주의로 이행한 것 자체는 매우 합리적인 것이었다고 평가한다. 그는 신자유주의 정치경제로의 이행의 원인을 세계화된 경제에서 경쟁하는 기업들이 외국 자본에 접근하도록 허용해야 했다는 데서 찾는다(Pirie 2008). 외형적으로는 신자유주의적 정책들이 대거 시행되었으나, 저변에 깔려 있는 이념적 기반은 여전히 국제 경쟁력 강화라는 중상주의적 요소라는 것이다. 이로 인해 신자유주의 정책이 시행되는 가운데 때때로 경쟁력 강화를 위한 시장 개입이 나타나게 된다(Stubbs 2009).

이러한 설명은 발전주의가 일정 수준 이상 유지되고 있는 현상을 포착하고 있다는 점에서 상당한 의미가 있다. 제도의 변화가 이전부터 시작된 변화의 방향을 유지하게 된다고 전제하고, 한국형 발전모델은 추격의 종료 이후에도 발전주의적 유산의 영향 아래 놓이게 되어 과거 체제와 연속선상에서 변화를 추구하게 된다(Woo 1999, xii). 또는 한국 정치경제모델이 발전주의에서 신자유주의로 일시에 이행하지 않고 신자유주의적 요소를 포함한 발전주의로 변화하는 것도 경로의존이 작동한 결과라고 할 수 있다.[73] 제도적 변형이 발생하더라도 과거 제도와 단절적으로 발생하는 것이 아니라 연속성을 갖게 된다.

그러나 이러한 설명은 경로의존성이 구체적으로 작동하는 방식에 대한 이론적 근거가 취약하다는 단점이 있다. 경로의존성의 작동은 중대 분기점(critical junctures)의 존재를 전제로 한다. 이러한 시각이 설득력을 가지려면 발전주의의 지속이 복수의 선택지가 존재하는 가운데 다른 선택지가 차단된 결과, 현상유지적 경향이 강하게 작동하였음을 증명할 필요가 있다. 일반적으로 경로의존성은 외부효과(externality), 잠금(lock-in), 자기강화(self-reinforcing), 되먹임(feedback) 등의 메커니즘을 통해 작용한다고 알려져 있다(Pierson 1999; Mahoney 2000). 그러나 한국형 발전모델의 경로의존적 변화를 주장하는 시각들은 한국의 발전주의의 유지가 구체적으로 어떤 메커니즘을 거쳐 경로의존적 현상을 보이고 있는지 구체적으로 규명할 필요가 있다. 이러한 메커니즘을 구체적으로 분석하지 않은 채, 발전주의적 요소가 그대로 유지 또는 강화되었다고 주장하는 것은 경험적 분석을 결여한 주장에 그칠 위험성이 있다.

---

73 칼리노우스키는 이러한 현상에 주목하여 한국이 신발전국가(neo-developmental state)로 변화하고 있다고 주장한다. 그에 따르면, 한국 발전국가가 신자유주의적 요소를 수용한 결과 제도적 요소들이 화학적 결합을 통해 완전히 새로운 모델로 이행한 것이 아니라, 발전주의와 신자유주의적 요소들이 서로 다른 층위를 구성하는 '제도적 층위화'(institutional layering) 현상이 나타났다는 것이다(Kalinowski 2015). 그러나 층위화된 제도를 내재적 일체성을 갖춘 집합적 제도 또는 모델로 볼 것인가에 대해서는 검토할 필요가 있다. 여기에서 핵심적인 검토 사항은 서로 다른 층위의 요소들이 형성하는 관계이다. 서로 이질적인 요소들이 서로 다른 층위에서 유리되어 있거나 매우 느슨하게 연계되어 있을 경우, 이를 하나의 모델이라고 보기는 어렵기 때문이다.

한국에서 발전주의의 지속을 설명하기 위한 분석적 개념으로서 '제도적 경직성'(institutional rigidity)을 고려할 수 있다(Stubbs 2009; Amyx 2006). 제도적 경직성은, 한국형 발전모델의 공과에 대한 분석 및 평가와는 별개로, 1960년대 초 이후 30여 년에 걸쳐 형성된 제도적 요소들이 서로 긴밀하게 얽혀 있기 때문에 이를 단시간 내에 분리, 해체하기는 어렵게 하는 현상을 말한다. 더욱이 한국형 발전모델이 성공적이었던 만큼, 해체에는 더 많은 시간과 외부 충격이 필요할 수밖에 없다.[74]

4. 한국형 발전모델 변화: 이중 동학의 정치경제[75]

외환위기 이후 한국의 경제 개혁의 성격과 결과에 대해서는 매우 다면적인 평가가 존재한다. 한쪽에서는 부실기업 및 금융기관의 신속한 처리, 긴축 재정, 기업의 해외 매각에서 잘 나타나듯이, 한국이 위기를 성공적으로 극복하였을 뿐 아니라, 발전국가 모델에서 근본적으로 탈피

74 제도적 경직성은 단순히 정책 수준이 아니라, 정책을 뒷받침하는 정치, 경제, 사회 제도들이 유기적으로 결합되어 작동하는 것이기 때문에, 해체에 어려움이 따를 수밖에 없다. 따라서 기존 모델의 해체가 선행되지 않는 한 새로운 모델의 수립은 사실상 불가능하게 된다. 때로는 기존 모델의 유지로 인한 비용과 손실이 발생하거나 새로운 모델의 상대적 이점이 크더라도 해체의 어려움 때문에 기존 모델이 유지될 수도 있다. 더욱이 기존 모델이 과거에 성과가 클수록 새로운 모델의 이점에 대한 인식조차 어려울 수 있다. 이 경우 성공의 경험이 새로운 모델로의 이행을 저해하는 '성공의 위기' 현상이 초래되기도 한다(Kim 2000).

75 이 부분은 이승주(2013)의 일부를 부분 수정하였음.

한 신자유주의적 경제 체제를 수립하였다고 본다(Pirie 2005; 이연호 외 2002). 특히 이러한 개혁은 무한 경쟁 세계화 시대에 필수불가결한 정책적 지향점이라고 평가한다.[76]

반면 다른 쪽에서는 경제 개혁이 표면적으로는 상당히 진행된 것 같지만, 한국 정치경제체제의 성격을 근본적으로 전환하는 데까지 이르지는 못했다고 주장한다. 이 견해에 따르면 제도적인 면에서 신자유주의적 개혁이 이루어진 것은 사실이지만, 이러한 개혁은 형식적 차원의 변화에 불과하며 글로벌 스탠더드로의 수렴은 실질적으로 일어나지 않았다. 한국의 개혁은 외부의 압력에 대한 '위장 순응'(mock compliance)의 성격이 강하다는 것이다(Walter 2008). 더욱이 외환위기 이후 경제 개혁은 정부 주도에 의한 것이었으며, 정부의 역할이 오히려 증대되는 (의도하지 않은) 결과가 초래되었다는 지적도 있다, 더 나아가 한국 정부가 과거에 실행했던 거시경제정책, 산업정책, R&D정책의 전통적 영역뿐 아니라, 규제정책이나 감시감독정책과 같은 새로운 정책영역으로 영향력을 확대하고 있는 경향이 발견된다.

한국의 경제개혁에 대한 상반된 평가가 내려지는 이유는 개혁의 부문별 편차가 크다는 데 근본 원인이 있다. 개혁의 부문별 차이가 발생하는 원인은 국내외 행위자들 사이의 상호 작용 방식이 부문별로 상이했기 때문이다. IMF뿐 아니라 개혁을 주도했던 정부, 외환위기 이후 한국

---

76 이연호 외(2002)는 이러한 개혁의 결과 한국에서 규제국가가 등장할 수도 있다고 조심스럽게 전망하기도 한다. 이에 대해 한국 정부가 개혁과정에서 나타날 수 있는 부작용에 대한 체계적인 준비 없이 발전국가 시대의 제도적 장점들을 빠른 속도로 해체하고 있다는 비판적 견해가 제시되었다(Shin and Chang 2003).

에 진출한 해외투자자, 개혁에 반대하는 집단 사이의 상호작용이 부문별로 상이했기 때문에 부문별 개혁의 성격과 결과가 다르게 나타났다. 한국 경제개혁의 전반에 대한 평가가 엇갈리는 이유는 근본적인 이유는 여기에 있다.

외환위기 이후 실행된 한국의 경제 개혁의 양면성은 다수 국내외 기관의 평가에서 나타난다. 위에서 언급했듯이 한국의 경제개혁 과정에 직접적으로 관여하여 당사자라고 할 수 있는 IMF는 한국의 경제개혁에 대한 긍정적 평가를 반복적으로 확인한 바 있다(IMF IEO, 2003; IMF 2006). IMF 미셸 캉드시(Michel Camdessus) 총재는 위기 발생 1년이 경과한 1999년 이미 한국의 경제 개혁 노력에 대해 긍정적 평가를 내린 바 있다(Camdessus 1999). IMF의 긍정적 평가는 이후에도 계속되었다. 2001년 8월 IMF는 한국의 개혁에 대해 "한국과 IMF 사이에 이루어진 긴밀한 협조는 모범적이며 다른 국가들의 모델이 될 만하다"고 평가했다(IMF News Brief no. 01/82, 2006). 부채 상환 이후인 2003년에도 IMF의 FSSA는 국제표준 지수가 매우 높은 수준이며, 은행부문의 부실채권이 상당 부분 해결되었다고 평가했다(IMF 2003, 24).[77]

한국의 경제 개혁에 대한 긍정적 평가는 유수의 국제 신용평가 기관에 의해서도 이루어졌다. 무디스는 1997년 10월 A1이었던 한국의 신용등급을 위기발생 직후인 1997년 11월 A3으로 강등시킨 데 이어 1998년

77 그러나 이 보고서는 은행 부문과 비은행권 금융기관의 변화에 대한 우려를 표명한 민간 보고서를 인용하는 등 금융부문 전반의 변화에 대해 다소 모호한 태도를 취하고 있다(IMF 2003a, 141).

4월 Ba1까지 연속적으로 강등시킨 바 있다. 그러나 무디스는 1999년 2월부터 한국의 신용등급을 Baa3으로 조정한 것을 시작으로 1999년 12월 Baa2, 2002년 3월 A3, 2007년 7월 A2, 2010년 4월 A1로 지속적으로 상향 조정했다. 스탠더드 앤 푸어스(S&P)의 평가도 다소의 차이는 있으나 기본적으로 무디스의 평가와 다르지 않다. S&P는 1997년 10월 A+였던 한국의 신용등급을 위기 이후인 1997년 12월 B+까지 하향시켰다. 그러나 S&P 역시 1998년 2월부터 한국의 신용등급을 BB+로 상향시킨 데 이어, BBB−(1999년 1월) → BBB(1999년 11월) → BBB+(2002년 12월) → A−(2002년 7월) → A(2005년 7월)로 상향했다(통계청 e−나라지표).[78]

반면 한국의 경제 개혁에 대한 부정적 평가 역시 존재한다. 국가 경쟁력을 공표하는 또 다른 기관인 스위스 국제경영개발원(International Institute for Management Development: IMD)의 평가에서 한국의 국가 경쟁력은 외환위기 직후인 1998년과 1999년 각각 36위와 41위를 기록한 바 있다. 위기에서 탈피하면서 한국의 국가 경쟁력 순위는 다소 상승하기는 하였으나 27위에서 32위 사이에 머물고 있으며, 2017년 29위를 기록하였다(IMD World Competitiveness Center 2017). 외환위기 이후 일련의 개혁에도 불구하고 의미 있는 순위 변화가 나타나지 않은 것이다.[79] 경제 자유도

---

78 반면 해외 신용평가 기관들이 한국의 신용등급을 지속적으로 상향조정한 것은 사실이지만, 여전히 금융위기 이전 수준에 미치지 못한다는 점에 주목할 필요가 있다.

79 IMD는 국가 경쟁력을 비교 측정하기 위해 경제 관련 분야 지표(국내경제, 국제무역, 국제투자, 고용, 가격), 정부 관련 분야 지표(공공재정, 재정정책, 제도적 여건, 기업 관련 법, 사회적 제반여건), 그리고 기술 관련 분야 지표(기본인프라, 기술 인프라, 과학 인프라, 보건 및 환경, 교육) 등 다양한 지표를 활용하고 있다(IMD 홈페이지, http,//www.imd.ch/reserch/publications/wcy/Factors_and_criteria/cfm).

에 초점을 맞춘 헤리티지 재단(Heritage Foundation)의 평가는 더욱 인색하다. 신자유주의적 개혁이 심화되고 있다는 일반의 평가와 달리 한국의 경제 자유도는 2000년대 이후 오히려 악화된 것으로 나타났다. 외환위기 직후였던 1998년부터 2001년까지 24위에서 29위를 기록했던 한국의 경제 자유도는 2002년 이후에는 40위권 이하로 하락했으며, 2003년에는 심지어 52위를 기록하기도 했다.[80]

긍정적인 평가를 하는 측에서는 한국이 과거 정부 주도의 경제성장 방식에서 탈피하여 신자유주의적 개혁을 적극 실행했다는 점을 근거로 호의적 평가를 한다. 한국 정부가 주도적으로 신자유주의 지향의 경제 개혁을 지속적으로 추진한 결과, 경제체제의 변화가 이루어졌다는 평가를 내리고 있다(*Financial Times* 2003/9/26). 이러한 평가는 정부의 경제 개입 축소로 해석될 수 있다. 반면 부정적 평가를 하는 측에서는 일련의 개혁에도 불구하고 한국의 경제적 자유도가 크게 신장했다고 보기 어려우며, 위기가 극복되면서 오히려 악화되는 징조마저 보이고 있다고 평가한다(이승주 2010). 이러한 평가를 내리는 측에서는 한국 정부의 효율성 역시 답보상태에 머무르고 있는 것으로 보고, 한국의 고도성장기에 강점으로 부각되었던 정부 관련 분야를 오히려 부정적으로 평가되었다(국무조정실 2005).

80 한국의 경제 자유도에 대한 헤리티지 재단의 평가는 점차 개선되어 2018년 27위, 아시아태평양국가 중 7위를 기록한 것으로 나타났다(https://www.heritage.org/index/ranking).

1) 금융부문 개혁

개혁 초기 한국 정부는 외국인 투자의 유치를 위기 극복을 위한 전략의 근간으로 삼았다. 이를 위한 방법은 금융시장의 개방이었다. 1997년 12월 IMF와 체결한 첫 번째 의향서(letter of intent)에서 김대중 정부가 위기 이전 종목당 26%였던 외국인의 국내주식투자 한도를 1997년 12월 12일 50%로 확대하고, 12월 31일에는 55%로 더욱 확대하였다(국가기록원, "IMF 프로그램 하의 자본자유화," 〈http://www.archives.go.kr/next/search/listSubjectDescription.do?id=006736〉).[81] 이어 1998년 12월에는 외국인의 주식투자를 완전 자유화하였다. 1997년 12월 31일 기업의 인숫합병(M&A)을 위한 주식 매입의 경우에도 우호적인 인수합병에 대해서는 시장에서의 주식매입과 장외주식 매입이 허용되었다(국가기록원, "IMF 프로그램 하의 자본자유화," 〈http://www.archives.go.kr/next/search/listSubjectDescription.do?id=006736〉).

둘째, 한국 정부는 금융시장의 신속한 안정을 위해 부실 금융기관의 국유화와 민영화를 통한 금융산업의 구조 조정을 시도했다.[82] 2008년 6월까지 정부는 GDP의 약 28%에 달하는 약 168조 원의 자금을 투입한 결과, 시장에서 퇴출된 은행이 5개, 인수·합병된 은행이 5개에 달하였

81 1인당 한도는 여전히 50%를 유지하였다(국가기록원, "IMF 프로그램 하의 자본자유화," 〈http://www.archives.go.kr/next/search/listSubjectDescription.do?id=006736〉).

82 위기 초반에는 국유화 등의 수단을 통하여 다수의 시중 은행들에 대한 정부의 영향력을 확대했다.

다(안종길 2000).[83] 구체적으로 자본 재구성(recapitalization)에 약 63조 원, 부실채권의 매입에 약 40조 원, 보증보험의 지불에 약 30조원이 사용되었다. 2000년 이후 정부는 국유화된 금융기관들을 민영화하기 시작했다. 특히 국유화된 은행을 외국 투자자에게 매각하는 것은 매우 중요한 일이었다. IMF와의 합의를 준수하는 것은 물론 은행을 해외 투자자들에게 매각할 정도로 시장이 개방되었음을 대외적으로 증명할 필요가 있었기 때문이다.

더욱이 국내 대기업의 경제력 집중을 완화시키려는 나름의 목적을 갖고 있었던 김대중 정부는 금융기관의 민영화 과정에서 재벌을 배제하였고, 그 결과 외국인 지분이 대폭 증가하게 되었다(FSS 2003b: 30–32). 금융부문의 외국인 투자자의 비중은 2004년 33.5%, 2005년 37.5%를 기록했다. 전통적으로 금융산업의 외국인 투자 비중이 다른 산업분야보다 낮았던 점을 감안하면 그 증가 속도가 가장 빠른 것으로 평가된다. 이러한 변화는 이후 추세화되어 외환위기의 충격에서 벗어난 2003년에도 시중은행의 외국인 지분율은 더욱 높아서 50.8%에 달했다(한겨레 2004/10/10).

금융기관의 국유화와 민영화는 금융 산업의 구조 조정을 위한 촉매제로 작용했다. 정부가 1999년 이후 국유화된 은행들을 중심으로 본격적인 구조조정에 나선 결과, 전체 금융기관의 수가 외환위기 직전 2,010개에서 2002년 말까지 1,510개로 감소했다. 금융감독원은 구조 조정의

83 같은 시기 외환위기를 겪은 다른 동아시아 국가들의 투입 규모는 상당한 차이를 보였다. 그 비율은 말레이시아 4%, 인도네시아 52%, 태국 35%였다(IMF 2002).

결과 금융기관의 비효율성이 제거되고, 자산 건전성이 증가한 것으로 평가하고 있다(금융감독원 은행감독1국 경영정보실).

한편, 대대적인 금융 자유화 조치에 대해 외국인 투자자의 과도한 진출을 우려하는 견해가 표출되기도 했다. 이때 정부가 취한 조치는 외국인 투자자의 진출을 제한하는 것이 아니라 국내 금융업의 경쟁력을 강화한다는 차원에서 산업자본이 금융업에 진출할 수 있도록 허용하는 것이었다. 정부는 금융 부문에 신자유주의적 개혁을 도입하는 동시에, 금융업의 경쟁력 강화라는 정책적 고려를 한 것이다. 그 결과 외환위기 직후 이루어졌던 개혁 가운데 일부가 재개정되는 일이 발생하기도 하였는데, 2007년 4월의 금산법 완화가 대표적 사례이다(성태윤·김우찬 2008). 이명박 정부에서 금산법은 은행의 대형화를 막는 규제로 인식되었다. 외환위기 극복 과정에서 정부는 금융 기관을 해외 투자자들에게 매각하는 한편, 공적 자금 투입을 투입하였다. 이러한 금융 기관들은 이후 민영화의 과정을 거쳐야 했는데 금산분리제도로 인해 국내 기업들이 금융 기관을 인수하는 데 사실상의 한계가 존재하였기 때문에 대표적인 규제로 인식되었다. 대기업뿐 아니라 정부도 은행 민영화는 공적 자금의 회수뿐 아니라 금융산업의 경쟁력 강화에 도움이 된다는 논리로 금산분리의 완화가 필요하다는 입장을 취하고 있었다(신진영 2011).

이 조치에서는 금융 기관이 부득이한 사유로 다른 회사의 주식을 5% 이상 소유할 경우 사후 승인을 허용하는 조치가 이루어졌다. 2009년 4월에는 금산법이 더욱 완화되어 산업 자본이 시중 은행 지분을 9%까지 소유할 수 있도록 허용했다. 2009년 7월에는 금산 분리를 완화하는 조치가 또 한 차례 이루어졌는데, 그 내용은 산업 자본의 은행지주

회사 및 시중 은행에 대한 지분 보유 한도를 4%에서 9%로 확대하는 것이었다.[84]

2) 기업 부문 개혁

기업 부문 개혁의 초점을 지배구조 개선에 맞추어졌다. 재벌이 소유주와 그 가족들이 이사회 및 경영진을 장악하는 등 소유와 경영이 분리되어 있지 않았을 뿐 아니라, 계열 기업들 사이의 복잡한 상호 출자를 기반으로 한 지배구조를 갖고 있었기 때문이었다. 특히 IMF가 제시한 1차 개혁 과제는 경영투명성 제고, 상호지급보증 해소, 재무구조 개선, 핵심역량의 집중, 지배주주 및 경영자의 책임 강화 등 매우 광범위한 것이었다(이병기 2008). 이 가운데 결합재무제표 도입을 통한 투명성 증대, 소액주주 권한 강화, 이사 역할 강화 등 세 가지로 모아졌다. 구체적으로 국제수준에 부합하는 재무제표 작성, 사외이사제도 도입, 주주권 강화, 기업공사 규정 등이 주 내용이었다(http//www.imf.org/external/np.loi/020708.htm). 한국 정부는 공정거래법, 증권거래법, 상법 등 주요 경제제도들을 개정하거나 강화함으로써 IMF의 요구에 적극적으로 응답했다(류상영·이승주 2006).

---

84 그러나 금산분리 완화로 인해 산업 자본인 대기업이 은행을 소유하는 데서 발생할 수 있는 문제점을 완전히 차단하기 어렵기 때문에, 이에 대한 보완 장치로서 산업 자본이 4% 이상의 지분을 보유하거나 경여에 참여할 경우 이에 대한 사전 승인을 받도록 하는 등 규제를 강화하게 되었다(신진영 2011).

2000년 결합재무제표가 도입되고 30대 집단의 기존 상호지급 보증이 완전히 해소된 데 이어, 2003년 12월에는 집단소송제 법안이 통과 등 국내외 행위자들의 이해관계를 반영한 개혁이 지속적으로 이루어졌다. 구조 조정을 촉진하고 차세대 성장 산업을 육성하는 차원에서 일부 예외를 두기도 하였으나, 출총제 대상기업집단에 삼성, 포스코, 롯데, 한국전력공사 등 8~9개 집단이 추가로 편입되었다.[85] 2006년 11월에는 출총제 대상기업을 자산 10조 원 이상에서 2조 원 이상의 기업으로 확대하는 조치가 이루어졌다.

일련의 개혁 조치는 일정한 성과를 거두기도 했으나, 실질적 변화를 이끌어내는 데까지는 이르지 못했다. 세 개혁 분야 가운데 회계 제도의 투명성을 증진시키는 데는 상당한 성과가 있었으나, 다른 두 분 야인 소액주주의 권리 강화와 이사의 역할 강화에서는 커다란 한계를 드러냈다. 첫째, 개혁 초기 소액주주의 권리를 강화하기 위한 정부의 조치가 빠르게 이루어졌다. 여기에는 경실련 등 시민단체가 대중적 지지를 바탕으로 소액주주운동을 전개한 것이 긍정적 영향을 미쳤다. 소액주주운동이 재벌 기업의 경영 투명성 제고에는 어느 정도 성공했으나, 과연 대주주의 독단적 경영관행을 근본적으로 변화시켰는지에 대해서는 논란의 여지가 있다. 더욱이 소액주주의 권리를 강화하기 위한 일부제도들은 도입 자체가 무산되었다. 기업지배구조 개혁의 주요 요소로 인식되었던 집중투표제는 이사 선출 시 지배주주의 전횡을 막고 경영자를 감시하는 역할을 수행하는 역할을 할 것으로 기대되었다. 정부는 집중투표

85 출총제는 2009년 해제되었다(《한국일보》, 2009/3/5).

를 의무화하고자 했으나, 기업계의 반대에 직면하여 의무사항이 아닌 기업의 자율적 선택에 맡기기로 결정했다. 그 결과 상징기업 가운데 80% 이상이 집중투표제를 채택하지 않게 되었다. 결국 대주주에 대한 견제라는 원래의 목적을 달성하는 데 실패한 것이다.

3) 이중 동학의 전개

외환위기 이후 한국정치경제는 산업 부문 간 편차를 보인다는 점에서 양면적이다.[86] 금융 부문에서는 고도로 신자유주의적인 개혁이 지속적으로 진행되어 금융산업 전반에 걸쳐 상당한 변화가 발생한 것으로 평가된다. 반면, 기업 부문에서는 위기 초반 형식적·제도적인 측면에서 신자유주의적 개혁이 실행되기는 하였으나 실질적 변화를 초래하였는지에 대해서는 의문의 여지가 있다(Walter 2008). 경제 개혁의 양면성이 초래된 이유는 무엇일까? 개혁의 부문별 편차가 발생하는 원인은 개혁의 주요 행위자인 정부, 해외 행위자, 국내 민간 행위자 사이의 상호작용이 상이하게 전개된 데서 찾을 수 있다.[87]

첫째, 정부는 개혁을 기획·실행하는 과정에서 빼놓을 수 없다는 점에서 핵심적 행위자이다. 한국 정부의 협상력이 취약했기 때문에 IMF

86 외환위기 이후 개혁의 분야별 차별성에 주목한 연구로는 Ha and Lee(2007) 참조.

87 모종린은 외환위기 이후 경제 개혁의 주요 행위자들을 외국인 투자자, 관료, 친개혁 집단으로 상정한다(Mo 2008).

의 과도한 구조조정 요구를 수용할 밖에 없었다고 보는 견해는 한국 정부를 외압에 대한 반응적 또는 수동적 행위자로 설정한다(유석진 1998; 정진영 2000). 그러나 김영삼 정부의 세계화 전략에서 나타나듯이, 한국의 신자유주의적 개혁은 금융위기 이전부터 시작되었다. 외압이 가해지기 이전 국내정치적 필요에 의해 개혁이 추진되었음을 고려하면, 한국 정부를 외압에 대한 반응적 행위로 보기 어려운 측면이 있다(Weiss 2003). 한국 정부는 위기 직후 IMF의 요구를 반영한 개혁을 실행해야 하는 처지에 있었지만, 위기를 활용하여 한국의 고도성장 과정에서 장기간 축적된 구조적 문제점들을 개선하겠다는 독자적 목표를 갖고 있었다는 점도 간과할 수 없기 때문이다.[88] 위기 상황에서 경제 정책의 결정과 집행에 자율성을 가지기 어려웠던 정부가 IMF의 요구 사항을 수용하여 경제 개혁을 실행했다고 볼 수 있다. 고금리 정책, 긴축 정책, 금융기관 구조 조정, 자본거래 자유화, 무역 자유화, 기업지배구조 개혁, 노동 개혁 등이 당시 한국 정부가 IMF와의 협상을 통해 실행한 정책이었다. 그러나 위기 극복의 징후가 나타나기 시작한 1998년 이후, 늦어도 IMF의 구제금융을 조기 상환한 2001년 이후 한국 정부의 자율성이 증대되었다.[89] IMF에 대한 한국 정부의 자율성 확대는 IMF 프로그램을

88 김대중 대통령의 경우, '기업개혁을 성취하고 중산층과 근로자들을 위한 경제의 기반을 마련한 최초의 대통령'이 되겠다는 의지를 천명한 바 있다.

89 한국은 2001년 8월 23일 1억4천만 달러 상환을 끝으로 195억달러에 달하는 IMF 구제금융을 모두 상환했다. 이는 원래 예정되었던 2004년 5월 보다 2년 이상 조기에 상환한 것이다. 한국 정부는 이를 계기로 위기의 성공적 극복을 공표하기에 이르렀다("IMF 외환위기 극복: 550억 달러의 빚을 진 경제국치의 날," 기록으로 만나는 대한민국 70년, 〈http://theme.archives.go.kr/next/koreaOfRecord/imf.do〉).

수정하는 과정에서 간접적으로 드러난다.

둘째, 해외 행위자 역시 경제 개혁 과정에서 외압의 주체로서 역할을 행했다는 점에서 중요하다. 한국에 진출한 해외 투자자들 또한 전통적인 한국정치경제 모델에 대한 개혁의 압력을 행사하기도 하였다. 외환위기 이후 진출한 외국 기업과 금융기관들이 한국 정부와 기업에 대하여 과거의 규제 및 사업 관행에서 탈피하고, 기업지배구조의 투명성을 증진시킬 것을 요구하는 이른바 '안으로부터의 외압'을 가하면서 한국 내에 국제규범이 빠르게 확산되었다. IMF 등으로부터 가해진 직접적 외압과 달리, 국내에 진출하여 경제 활동을 하고 있는 외국 금융기관 및 기업들로부터 가해진다는 점에서 구조적 외압이다(Pempel 1999).

셋째, 국내 민간 행위자들 역시 개혁 과정에 직접적으로 참여했다는 점에서 중요한 행위자이다. 민간 행위자의 참여는 개혁의 정치과정을 매우 복잡하게 만들었다. 시민단체들은 재벌 개혁을 위해 정부와 연합하는 경향을 보인 반면 재벌은 정부의 개혁 추진에 체계적인 저항을 전개했다. 민간 행위자가 개혁 과정에 참여했다는 것은 민주화 이후 정책 결정의 개방성이 증가한 데 따른 것이라고 할 수 있다.

지금까지 논의를 바탕으로 주요 행위자들 사이의 상호작용이 개혁의 성격과 내용에 미치는 영향을 검토할 필요가 있다. 외국 정부나 기업은 세계화의 압력을 행사하는 주체로, 한국 정부와 기업은 외압을 수용하거나 소극적으로 저항하는 수동적 행위자로 설정하는 주요 행위자들 사이의 관계 및 상호작용을 이분법적으로 파악하는 경향이 있다. 그러나 외환위기 이후 한국에서 전개된 주요 행위자들 사이의 상호작용은 이보다 훨씬 더 복합적일 뿐 아니라, 외압이 주요 행위자들 사이의 상호

작용에 어떤 영향을 미치는지를 동태적으로 분석할 필요가 있다(Kalinowski and Cho 2009).

위기 직후 IMF의 압력은 국내 행위자들 사이의 정치적 균형을 변화시켰다는 점에서 개혁의 시발점이 되었다. 그러나 신자유주의적 개혁을 이식하려는 IMF의 직접적 압력만으로 경제 개혁을 설명하는 것에는 한계가 있다. IMF의 요구 사항은 원칙론에 가깝고, 세부 분야에서는 충분히 구체적이지 않은 경우가 많았기 때문이다(이승주·이민정 2012). IMF의 요구는 한국경제체제의 전반적 개혁에 초점이 맞추어진 반면, 개별 분야의 이슈에 대해서는 구체성이 결여된 측면이 있었기 때문에 한국 정부가 이후의 개혁 과정에서 자율성을 행사할 여지가 있었다.[90] 또한 한국이 IMF가 부과한 요구 조건보다 더 높은 수준의 개혁을 하였거나, 구제 금융을 조기에 상환하여 더 이상 IMF의 압박에 직면하지 않은 상황에서도 개혁을 지속한 경우가 발견되기도 한다.

한편 정부의 관점에서 볼 때, IMF의 외압은 위기의 극복과 함께 약화될 수밖에 없었기 때문에 지속적인 개혁을 위해서는 국내외의 개혁 지지집단을 확보하는 것이 매우 중요했다. 외환위기로 인한 대외적 압박이 강력했던 시기에는 자유화 조치에 비교적 순응하였으나, 위기가 극복되기 시작하자 개혁에 본격적으로 저항하는 집단이 등장하기 시작했기 때문이다. 정부는 IMF의 외압이 감소된 이후, 새로운 외압의 근원으

90 이승주·이민정(2012)은 금융감독 개혁의 사례를 근거로 IMF의 요구가 개별 이슈에 대해서는 매우 구체적이지 않았기 때문에 한국 정부가 자율성을 발휘할 여지가 있었다고 주장한다.

로 해외투자자를 활용하고자 했다. 김대중 정부가 본격적인 개혁에 앞서 외국인 투자를 유치하기 위해 금융 자유화를 비롯한 일련의 자유화 조치를 우선 추진한 것은 바로 이런 맥락이다. 위기 국면에서 강력하지만 일시적인 외압을 행사했던 IMF와 달리, 해외 투자자들은 FDI, 포트폴리오 투자를 통해 국내에 진입한 후 이해 당사자로서 지속적인 영향력을 행사할 것으로 기대되었다. 특히, 위기 이후 국내에 본격적으로 진출한 외국계 기업들이 정부에 대하여 기존의 사업 관행에서 탈피하고 이른바 글로벌 스탠더드(global standard)를 채택하도록 압력을 가할 것으로 예상되었다.[91]

정부는 이러한 압력을 활용하여 경제 개혁을 위한 정치적 동력을 지속적으로 확보하고자 했다. 외국인 투자의 증가는 신자유주의적 개혁을 촉진하는 구조적 압력이 강화되었음을 알 수 있는 간접적 지표이다. 외환위기 이후 한국 주식시장에서 외국인 투자자의 비중은 지속적으로 증가해왔다. 외환위기 이후 한국 증시에서 외국인 투자자들이 차지하는 비중은 OECD 회원국들 가운데 최고 수준을 기록하게 되었다. 2004년 2월 말 한국의 전체 증시에서 차지하는 외국인 비중은 42.6%로 헝가리(72.6%), 핀란드(55.7%), 멕시코(46.4%)에 이어 세계 4위를 기록하였다. 시가 총액 대비 외국인 지분의 비율은 위기 직후인 1999년 18.4%에서

91 해외투자자들은 소수의 전문가들로 구성되는 경우가 많아 투자 결정을 서로 긴밀하게 조정하고, 해당국의 정부로 하여금 신자유주의적인 경쟁정책을 실행하도록 압력을 가하는 경향이 있다(Haley 2001). 해외투자자의 영향력에 대해서는 반대 견해도 있는데, 맥스필드(2000)는 해외투자자들이 다양한 이해관계를 갖고 있기 때문에 동일한 정책적 선호를 표출하기 어렵다고 주장한다.

2001년 32.1%까지 상승했다. 이 추세는 위기에서 벗어난 2000년대 중반에도 계속되었는데, 2003년 37.7%, 2004년 40.1%까지 증가했다. 이후에는 이 비율이 다소 감소하기는 하였으나, 2010년대에도 외국인 투자자의 국내주식 보유 비중은 30%대를 꾸준히 유지하여 2017년 32%를 기록하였다(《동아일보》 2017/2/15). 증가한 해외투자는 IMF의 외압이 약화된 이후 개혁의 지속적 동력으로 작용했다.

해외 투자자들이 행사하는 구조적 외압은 외환위기 이후 한국정치경제의 양면성, 즉 부분별 편차를 설명할 수 있는 단초가 된다. 금융 부문과 비금융 부분의 외국인 지분 비중은 상당한 차이가 나타났다. 외환위기 이전 비금융 부문의 외국인 지분 비중이 더 높았으나 2003년 이후 금융 부문의 외국인 지분 비중이 더 커지고 이러한 추세를 이후에도 지속되고 있다.[92] 금융 부문의 높은 외국인 비중은 구조적 압력이 강화된 하나의 원인이 될 수 있다. 금융 부문의 개혁이 해외 투자자의 이해관계를 보다 긴밀하게 반영하는 신자유주의적 개혁이 지속적으로 추진된 것은 이와 관련이 있다.[93]

김대중 정부는 위기의 주요 원인으로 정실 자본주의와 재벌의 무분별한 투자 형태를 꼽았다. 외국인 투자의 유치는 이러한 문제를 해결할 수 있는 유효한 수단으로 인식되었다. 이러한 관점에서 볼 때, 외환위기

92 금융 부문의 외국인 지분 비중은 2005년 38%에 이르렀다.

93 한편 외국인 투자의 증가는 개혁의 원인이기보다는 개혁의 결과라는 비판적 견해가 있다. 즉 외국인 투자는 개혁의 성과가 나타나기 시작한 2000년대 이후 비로소 증가하기 시작하였으며, 따라서 외국인 투자의 유치를 통해 개혁을 이끌어내겠다는 원래 의도와는 선후 관계가 다른 것이다(Kalinowski and Cho 2009).

이후 주요 행위자들 사이의 구도는 일차적으로 정부/외국인 투자자 대 재벌의 구도로 형성되었다. 또한 재벌의 지배구조와 관련 문제 제기를 지속적으로 했던 시민단체가 새로운 행위자로서 추가되었다. 김대중 정부, IMF, 그리고 재벌에 대해 비판적 견해를 갖고 있던 시민단체는 이 문제를 고리로 공동의 이해를 갖게 된 것이다. 한국 정부와 시민단체는 해외 투자자들은 재벌의 견제하고 재벌 구조조정을 촉진할 수 있는 집단으로 인식하였다. 이는 물론 재벌 개혁이라는 특수 이해 관계에 기반한 연합이라고 할 수 있다.

한편, 해외 투자자들은 개혁에만 목적이 있었던 것은 아니었기 때문에 정부의 개혁정책에 대하여 기본적으로 반응적이었다. 외국인 투자의 유치를 통한 개혁의 실행이라는 정부의 전략이 금융 부문에서 더 효과적이었던 이유는 여기에 있다. 은행 등 금융기관 외에도 주요 삼성전자, 포스코 등 주요 대기업의 외국인 지분이 역시 증가하기는 하였으나, 구조적 압력이 기업 부문에서는 상대적으로 약했기 때문이다. 해외 투자자들이 직접 인수합병을 주도했던 금융 부문과 달리 해외 투자자들이 재벌에 대해서는 배당 비율의 증가 등을 요구하는 데서 나타나듯이 근본적인 개혁보다는 수익 증가에 주력한 것이다.[94] 특히 기업지배구조 개혁과 같이 강력한 반대 세력이 존재하는 분야의 개혁에 대해서는 외국

94 소버린이 SK에 대한 인수를 시도하는 사례가 있었을 뿐 아니라, 대기업들이 안정적인 경영권 확보를 위해 지분 확대한 점을 감안할 때, 외국인 지분의 증가가 대기업의 경영권에 어느 정도 위협을 가한 것은 부인하기 어렵다. 다만 국유화되었던 은행 가운데 상당수가 외국인 투자자에게 인수되었던 금융업과 달리, 대기업의 경우 경영권 인수 시도는 있었으나 실제로 인수된 적은 없다는 점에서 두 부문 사이의 차별성은 뚜렷하다고 하겠다.

인 투자자들의 소극적 태도가 두드러졌다.

이러한 상황에서 국내적으로 시민단체가 새로운 개혁 압력의 원천으로 대두되었다. 이들은 재벌의 경영 투명성과 노사 관계의 합리화 등 경제적 민주화 기업개혁을 요청했다(이연호 1997). 참여연대 등은 삼성을 비롯한 주요 대기업의 경영 관행을 감시하고 기업지배구조를 개혁하는 핵심 주체 중의 하나로 부상했다. 한국 정부 역시 필요에 따라 간헐적으로 이들을 재벌 개혁을 위한 전략적 파트너로 삼았다(이연호·임유진·정석규 2002). 외환위기를 통하여 유발된 외압 못지않게 해외 투자자들에 의한 구조적 외압과 시민단체를 중심으로 한 국내정치적 내압은 중요한 개혁의 원동력이 되었다.

물론 개혁에 반대하는 행위자들은 이에 대응하기 위한 노력을 적극적으로 전개하였다. 재벌을 중심으로 한 기업지배구조 개혁에 대한 저항이 있었다는 것은 커다란 잡음 없이 진행되었던 금융부문의 개혁과 상반되는 것이었다(Walter 2008). 재벌은 위기 초반 위기의 주범 가운데 하나로 지목되면서 지배구조 개선에 대한 반대 의사를 적극적으로 표명하기 어려웠다. 그러나 위기가 극복되기 시작한 1999년부터 재벌은 그동안의 수세적 자세에서 벗어나 적극적인 대응을 모색하기 시작했다. 이는 재벌 기업들이 수출에 주력함으로써 한국의 무역수지를 개선하여, 위기 극복에 커다란 역할을 함에 따라 재벌에 대한 부정적인 시각이 완화된 데 따른 것이었다. 또한 2004년 이후 신자유주의적 개혁의 부정적 효과에 대한 비판적 견해가 나타나기 시작하였는데, 재벌들은 이를 활용하여 개혁에 반대하는 논리적, 더 나아가 이념적 공세를 펼치기도 하였다. 재벌들이 취한 전략의 핵심은 IMF, 해외 투자자, 다국적기업 중심으로 진행되어 온 일련의 개혁 조치들이 한국의 국가 경쟁력을 오히려 저해한다고 설파하는 것이었다.

결국 재벌 개혁을 둘러싸고 상이한 입장을 가진 행위자들 간 관계와 이들의 상호작용이 개혁의 성격과 수준을 결정하는 데 중요한 역할을 했다고 할 수 있다. 금융 부문과 기업 부문 간 편차도 이러한 관점에서 설명이 가능하다. 외환 위기 이후 한국정치경제의 양면성이 초래된 원인은 여기에 있다. 한국의 경제개혁에는 IMF, 해외 투자자, 정부, 시민단체, 재벌 등 다양한 행위자들이 참여했으며, 이들 사이의 상호작용 패턴이 개혁의 결과를 결정했다. 개혁을 추진하는 세력이 강력한 기득권 집단의 집합행동에 직면하지 않는 경우에는 신자유주의적 개혁이 지속적으로 실행되었다. 반면 국내외 주요 행위자들 사이에 정치적 연합이 이루어졌더라도, 해당 분야의 기득권 세력이 개혁에 저항하는 연합이 형성되는 경우에는 개혁이 지체되거나 형식적 차원의 개혁에 머무는 현상이 나타났다.

VIII. 결론: 새로운 한국형 발전모델을 위한 검토

지금까지 한국형 발전모델의 기원과 형성에서 변화와 발전 방향을 검토했다. 한국형 발전모델은 대내적 조건과 대외 환경에 대응하는 과정에서 형성되었다. 한국형 발전모델은 대외적으로는 냉전과 남북 대치 상황에서 비롯된 안보 위협의 존재, 대내적으로는 정치적 혼란과 경제적 빈곤이라는 조건 하에서 형성되기 시작했다. 한국형 발전모델은 일반적으로 정부 주도의 성장 방식으로 이해되고 있으나, 이 연구에서는 대내외적 환경 변화에 대응하기 위한 정치적·경제적·사회적 조건의 형성이라는 보다 거시적 맥락에서 접근해야 할 필요성이 있다는 점에 주목하였다. 그런 의미에서 한국형 발전모델은 고정된 것이 아니라 대내외 환경 변화에 적응하는 과정에서 지속적으로 변화를 거듭한 것이라고 할 수 있다. 이를 감안하여 다음에서는 한국형 발전모델의 형성과 변화 과정에서 나타나는 이론적·실천적 시사점을 논의한다.

1. 한국형 발전모델의 분석 수준

한국형 발전모델은 도전과 응전의 메커니즘이라는 관점에서 설명할 필요가 있다. 이러한 점에서 한국형 발전모델을 경제 성장 정책 또는 산업화 전략 수준에 초점을 맞추어 설명하는 것은 한계가 있다. 한국형 발전모델이 고정된 것이 아니라 대내외 환경의 변화에 대응하는 과정에서 변화를 거듭해왔고, 환경 변화에 따라 정책과 전략 역시 변화해 왔기 때문이다. 따라서 보다 거시적 차원에서 환경 변화에 대응하는 정책과 전략의 수립을 가능하게 하는 조건을 체계적으로 검토할 필요가 있다.

분석 수준의 변화는 경제 성장을 넘어선 '포괄적 발전'이라는 관점에서 한국형 발전모델을 설명해야 할 필요성을 제기한다. 경제 성장에 초점을 맞추는 협소한 시각은 정부 주도적 성장의 이면에서 이를 뒷받침하는 사회적 맥락을 놓치기 쉽기 때문이다. 포괄적 발전의 핵심은 정부와 기업, 더 나아가 국가와 사회가 장기적 관계를 바탕으로, 경제 정책과 산업화 전략이 사회 구조와 정합성을 가질 수 있도록 지속적인 변화를 할 수 있는 역량을 보유하고 있는지 여부에 달려 있다. 한국형 발전모델은 경제 성장이라는 협소한 목표를 추구하는 것이 아니라, 경제 성장을 추구하기 위해 필요한 사회적 구조를 끊임없이 창출해 나가는 체제라고 할 수 있다.

포괄적 발전 개념은 이러한 관점에서 볼 때 산업화 전략의 변화를 설명하는 데 유용하다. 고도성장기 경제 정책의 핵심은 산업화에 필요한 자원을 동원하는 것이었다. 이른바 투입에 의한 경제 성장 방식이다. 자본의 축적과 배분은 대부분의 개도국들이 경제 성장의 초기에 직면하는 문제이다. 한국은 고도성장기 채택한 방식은 자본 동원의 중요성을 더욱 부각시켰다. 이때 형성된 자본 동원 방식은 금융기관을 통한 간접 금융이다. 간접 금융 방식은 두 가지 효과를 초래했다. 간접 금융으로 인해 한국은 해외 자본에 대한 의존도를 낮은 수준에서 유지하는 가운데 국내 자본의 동원할 수 있게 되었다.

또한 간접 금융 방식은 정부 입장에서는 금융기관을 통한 기업에 대한 통제를 가능하게 하는 측면이 있을 뿐 아니라, 기업의 입장에서는 초기 성장 단계에서 기업에 대한 소유와 경영을 확고히 하는 데 도움이 되는 방식이었다. 자본 동원과 배분이 정부·기업 관계를 조절하는 핵심 수단으로 기능할 수 있었던 것은 이처럼 정부와 기업 사이의 이해관계가 어느 정도 일치하였기 때문이다. 결국 간접 금융에 의한 자원 동원은 주식 시장이 충분히 형성되지 않은 상황에서 대두될 수 있는 다양한 문제를 해결하는 수단이 된 셈이다. 이처럼 포괄적 발전 개념은 한국형 발전모델의 형성 과정에서 만들어진 정책과 제도를 개별적으로 파악하는 것이 아니라, 주요 행위자들 사이의 관계라는 보다 거시적 맥락 속에서 설명할 수 있는 이점이 있다.

이러한 시각은 향후 한국형 발전모델의 진화에 대해서도 제공하는 시사점이 있다. 선진국 기업의 지속적 혁신 능력과 중국 기업의 추격 속도 등 변화하는 환경을 고려할 때, 한국형 발전모델의 진화는 개별 기업 또는 산업 중심의 접근으로는 대응하기 어려우며, 사회 전반의 유인 체계와 국가적 차원의 축적 체제를 수반해야 할 것이다(서울대학교 공과대학 2015, 49).

2. 변화의 동학

다음으로 한국형 발전모델이 작동하는 방식에 주목할 필요가 있다. 이때 중요한 것은 한국형 발전모델의 형성에 미친 내재적 요인과 외재적 요인을 검토하고, 이에 대한 한국의 대응이 동태적으로 변화해 나가는 과정을 설명하는 것이다. 이러한 작업은 한국형 발전모델의 변화에 대한 입체적인 해석을 가능하게 한다. 이를 위해 이 연구는 '도전과 응전의 메커니즘'이라는 관점에서 한국형 발전모델의 진화를 설명하였다. 1950년대 이후 한국이 직면한 도전은 시대별로 변화하였다. 국가 건설, 대외원조의 감소, 안보 위협의 증가, 정치적 혼란의 가중, 산업 구조의 재조정, 민주화에 따른 정책결정의 복잡다기화, 세계화에 따른 외압과 구조적 외압의 증가, 발전모델의 구조적 한계 극복, 외환위기의 극복 등 다양한 도전에 직면하였다.

이러한 도전에 대응하는 과정에서 한국형 발전모델의 변화 필요성이 증대되었다. 이는 한국형 발전모델의 진화 또는 시대 변화에 따른 수직적 확장이 지속적으로 시도되어야 함을 의미한다. 한국형 발전모델의 진화는 위에서 언급했듯이 정부 정책의 변화나 산업화 전략의 변화를 넘어선다. 이는 도전의 성격을 파악하여 한국정치경제를 구성하는 요소들을 필요에 따라 해체하고 재구성하는 과정을 수반하였다. 발전모델 변화의 성패는 기존 체제의 제도적 장점을 유지하는 가운데 도전 요소에 대응하는 데 필요한 새로운 제도적 요소들을 도입하는 데 달려 있다. 제도의 해체와 재구성이 동시에 추진되기 때문에 발전모델의 변화는 불확실성을 내포한 과정일 수밖에 없다. 기존 제도가 성공적일수록 제도적 경직성이 강해지기 때문에 제도의 해체가 어려워지게 된다. 이 경우 제도적 이행의 시기를 놓치게 되어, 궁극적으로 새로운 도전에 효과적으로 대처하기 어려워진다. 변화의 시기와 성격은 한국형 발전모델의 진화에 커다란 영향을 미칠 수밖에 없는 것이다.

포괄적 발전의 두 번째 차원은 '참여와 동원'의 메커니즘이다. 고도성장기에 나타나는 정부 주도 현상은 자본 동원, 산업의 전략적 육성, 산업 정책 등 다양한 차원에서 나타났다는 점에서 정부에 의한 민간 행위자의 동원이 한국형 발전모델의 초기에 발견되는 특징이다. 그러나 한국형 발전모델을 정부에 의한 동원에만 초점을 맞출 경우, 정부와 기타 행위자들 사이의 동태적 상호 작용을 포착하기 어렵게 된다. 장기간의 동원에 의존한 지속적 성장이 현실적으로 어렵기 때문이다. 따라서 한국형 발전모델이 형성된 이후 변화 과정에서 동원과 참여가 함께 작동하는 메커니즘에 주목할 필요가 있다.

동원과 참여는 정부와 다른 행위자들이 장기적 관계를 형성할 수 있는지 여부에 달려 있다. 정부와 기업, 정부와 노동, 경영과 노동이 장기적 협력 관계를 형성할 때 참여와 동원이 효과적으로 작동할 수 있기 때문이다. 고도성장기 한국에서 발견되는 중요한 특징 가운데 하나는 성장과 분배 사이에 선순환 관계가 형성했다는 점이다. 한국은 1960년대 산업화에 착수한 이래 장기간의 경제 성장을 지속하는 가운데 소득불평등은 상대적으로 낮은 수준에서 유지할 수 있었다. 경영과 노동 관계에서도 장기 고용이 대기업을 중심으로 형성됨으로써 서로 협력적 관계를 유지할 수 있었다. 이러한 협력적 관계는 한국형 발전모델이 정부가 주도하는 동원에 그치지 않고, 참여를 수반하는 메커니즘을 보완적으로 사용했음을 의미한다.

그러나 이러한 설명이 한국형 발전모델에서 배제와 억압이 존재하지 않았다고 주장하는 것은 아니다. 한국의 고도성장이 권위주의 정치체제 하에서 노동에 대한 억압을 통해 가능했던 측면이 분명 존재한다. 1987년 민주화 이후 노동의 요구가 분출함에 따라 상당한 변화가 이루어진 것은 사실이지만, 이후에도 기업이 정부의 일차적 파트너의 지위를 유지한 것도 사실이다. 다만, 여기서 주목해야 할 것은 노동에 대한 억압과 배제에도 불구하고 경제 성장이 가능했던 이유를 고민해야 할 필요가 있다는 것이다. 노동에 대한 억압과 배제가 한국형 발전모델의 형성과 변화를 관통하는 핵심 현상이라면 장기간 지속된 경제 성장을 설명하기 어렵게 때문이다. 질문을 바꾸어 억압과 배제 때문이 아니라, 억압과 배제에도 불구하고 장기간의 경제 성장이 가능했던 이유를 규명해야 할 이론적 필요성은 여기에 있다.

3. 한국형 발전모델의 확장 가능성 탐색

제도적 이행 과정에서 나타난 특징은 한국형 발전모델의 성격을 규정하는 단초가 된다. 제도적 이행은 새로운 요소가 도입됨에 따라 제도적 요소들 사이의 정합성을 구성하는 작업이다. 기존 제도의 요소와 새로운 제도적 요소들 사이의 정합성이 확보되지 않을 경우 제도적 이행은 기존 제도의 장점만 제거하는 결과를 초래하게 되기 때문이다. 제도적 정합성의 문제는 궁극적으로 고도성장기에 형성·유지되었던 발전주의와 1990년대 이후 도입되기 시작한 신자유주의 사이의 균형과 조화를 맞추는 데 초점이 모아진다.

외환위기 이후 한국정치경제의 성격과 관련 치열한 논의가 전개되고 있다. 기존 논의는 발전주의의 연장, 신자유주의로의 전면적 이행, 양자의 조합 등 세 가지 유형으로 구분된다. 첫 번째 견해는 주로 한국정치경제가 대내적으로는 민주화, 대외적으로는 세계화라는 새로운 도전에 직면하였지만, 역설적으로 이러한 변화가 정부의 역할을 오히려 더욱 필요로 하게 되었다는 점을 지적한다. 민주화에 따른 행위자의 증가와 정책결정의 복잡다기화는 이해관계 조정자로서 정부의 역할을 더욱 중요하게 하였다. 세계화 역시 초국적 경쟁에 대한 효과적인 대응을 위해 새로운 거버넌스의 형성자로서 정부의 역할이 증대되고 있다고 주장한다. 이러한 논의들은 포스트 발전국가론을 중심으로 전개되었다.

반면, 신자유주의로의 전면적 이행을 주장하는 연구들은 외환위기 이후 한국정치경제의 단절적 성격에 주목한다. 외환위기 극복과 이후 과정에서 자유화와 규제 완화가 대대적으로 실행된 결과, 한국정치경제가 과거와는 질적으로 차별화된 새로운 모델로 이행하였다는 주장이다. 이 연구들은 외환위기 이후 정부 역할의 축소와 민간 행위자들의 영향력 확대가 점진적으로 진행되었다고 본다. 2008년 글로벌 금융위기는 효과적으로 관리되지 않는 과도한 규제 완화의 파국적 위험성에 대한 경각심이 커짐에 따라 금융 규제를 강화하는 방향 선회가 이루어지기도 하였다. 그러나 이러한 변화는 신자유주의에 대한 보완이 그 본질이며,

신자유주의로부터의 이탈에까지 이르지 못했다는 것이 이들의 인식이다.

한국정치경제에 대한 세 번째 시각은 발전주의와 신자유주의의 요소가 혼재되어 나타난다고 본다. 여기서 중요한 문제는 외환위기 이후 한국정치경제가 발전주의와 신자유주의적 요소 가운데 한 요소가 우위를 보이는 형태로 변화하고 있는지, 아니면 두 요소의 화학적 결합이 발생했는지 여부를 판단하는 일이다. 대다수 연구들은 두 요소의 비중에 대한 평가에 초점을 맞추는 반면, 두 요소가 결합하는 방식에 대해서는 상대적으로 소홀한 경향을 보인다. 이 연구는 이를 보완하여 양자의 결합 방식을 규명하고자 하였다. 외환위기 이후 한국형 발전모델이 변화 과정이 양면성을 보이는 이유는 기본적으로 발전주의와 신자유주의가 결합되고 있기 때문이다. 양자의 결합은 한국형 발전모델의 제도적 이행 과정에서 나타나는 핵심적 특징이다.

제도적 이행은 일차적으로 새로운 제도의 수립으로부터 발생하는 이익이 기존 제도를 유지하는 데서 오는 비용을 상회할 때 가능하다. 그러나 제도적 이행은 때로는 손익 계산의 직접적인 결과를 반영하지 않기도 한다. 제도주의의 관점에서 볼 때, 제도적 경직성이 작용할 경우 기존 제도 유지 비용이 점증함에도 불구하고 제도적 이행이 지연되거나 이루어지지 않기도 한다. 제도 이행의 메커니즘을 체계적으로 규명하기 위해서는 1980년대 이후 한국이 직면한 민주화, 세계화, 외환위기와 같이 새롭게 대두된 도전 등 새로운 도전 요인이 미친 영향에 대한 정밀한 검토가 필요하다.

참고문헌

국문 자료

강하연·유현석·송경재·정인억·최향미. 2006. "통상현안 결정과정에서 IT산업의 이해반영 메커니즘 비교연구-IT 기술 표준화 과정을 중심으로." 정보통신정책연구원 연구보고서, 06-15.

고동원. 2008. "개편된 금융감독기구의 문제점과 개선 방향."『한국금융법학회지』 5(1).

국가기록원 홈페이지. 1973년 박정희 대통령의 중화학공업화 선언. http://www.archives.go.kr/next/search/listSubjectDescription.do?id=007285.

국가기록원. "IMF 프로그램 하의 자본자유화." 〈http://www.archives.go.kr/next/search/listSubjectDescription.do?id=006736〉.

국민호. 2011. "국가주도에서 기업주도로: IMF 외환위기 이후 국가와 재벌과의 관계 변화."『현상과 인식』 114, 129-158.

국정홍보처. 2003.『국민의 정부 5년 국정자료집 2』. 국정홍보처.

금융감독원 은행감독1국 경영정보실. "IMF 관리체제 이후 일반은행의 주요 구조변화."

기획재정부. 2011.『이명박 정부의 규제 개혁 이야기』.

김대식·윤석헌. 2005. "통합금융감독기구의 변천과 향후의 개편방향."『금융학회지』 20(1).

김상겸. 2003. "금융감독체계에 관한 법적 고찰."『공법연구』 31(3).

김선명, 2000. "한국 금융제도의 경로의존에 관한 연구."『한국정책학회보』 9(3).

김용학·하재경. 2009.『네트워크 사회의 빛과 그늘』. 서울: 박영사.

김인영. 1998.『한국의 경제성장: 국가주도론과 기업주도론』. 서울: 자유기업센터.

김인영. 2009. "한국의 발전국가론 재고: 1997년 외환위기 이후 발전국가의 변화와 특질."『한국동북아논총』 47, 183–204.

김인영. 2013. "발전국가에서 포스트 발전국가로: 이명박 정부 '저탄소 녹색성장'을 중심으로."『세계지역연구논총』 31(1), 29–53.

김일영. 2001. "한국에서 발전국가의 기원, 형성과 발전 그리고 전망."『한국정치외교사논총』 23(1), 87–126.

김일영. 2007. "이승만 정부의 산업정책과 렌트추구 그리고 경제발전."『세계정치 8: 이승만과 제1공화국』, 171–202.

김정렬. 1996. "산업구조고도화와 정부·기업관계의 제도적 특성 변화: 준내부조직의 균열과 정책네트워크의 다원화."『한국행정학보』 30(3), 153–169.

김정렴. 1997.『아, 박정희: 김정렴 정치 회고록』. 서울: 중앙 M&B.

김정렴. 2006.『최빈국에서 선진국 문턱까지: 한국 경제정책 30년사』. 서울: 랜덤하우스중앙.

김정해. 2005. "IMF 위기 이후 대기업 규제개혁과 국가역할의 변화: Steven K. Vogel의 재규제와 규제국가 논의를 중심으로."『행정논총』 43(4), 327–355.

김현종. 2010.『한미 FTA를 말하다: 대한민국을 위해 최전방에 설 젊은이들에게』. 서울: 홍성사.

김홍범. 2003.『한국 금융감독 개편론』. 서울: 서울대학교출판부, 2006.

김홍범. 2008. "한국의 금융감독과 공공부문 지배구조." 경상대학교 사회과학연구원 월례세미나 발표논문.

대외경제정책연구원 외. 2011.『한·미 FTA의 경제적 효과 재분석』. 8월 11일.

류상영. 1996. "박정희정권의 산업화전략 선택과 국제 정치경제적 맥락."『한국정치학회보』 30(1), 151–179.

류상영. 2010. "박정희의 중화학공업과 방위산업 정책: 구조–행위자 모델에서 본 제약된 선택."『세계정치 14: 데탕트와 박정희』. 서울대학교 국제문제

연구소, 135-166.
류석춘 외. 2008. 『한국의 사회자본: 역사와 현실』. 서울: 백산출판사.
문돈·정진영. 2014. "'발전국가모델'에서 '신자유주의모델'로 – '한국발전모델' 논쟁에 대한 비판적 평가." 『아태연구』 21(2), 129-164.
박상영. 2012. "한국 '포스트 발전국가론'의 발전과 전개." 『현대정치연구』 5(1).
박상영. 2015. "발전주의와 신자유주의의 혼재성에 대한 고찰: 90년대 이후 한국 발전국가의 변화와 혼재성의 다양성." 『아태연구』 22(4), 5-40.
박용수. 2010. "한국국가의 경로의존성에 대한 연구."『 대한정치학회보』 17(1).
박찬웅. 2006. 『시장과 사회자본』. 서울: 그린.
박태균. 2007. "한국전쟁 이후 이승만 정부의 경제부흥 전략." 『세계정치 8: 이승만과 제1공화국』, 203-240.
박희봉. 2009. 『사회 자본: 불신에서 신뢰로, 갈등에서 협력으로』. 서울: 조명문화사.
변상규·김한주·김태유. 2002. "수출주도형 성장전략과 1990년대 산업 발전요인; 이동전화 산업을 중심으로." 『정보통신정책연구』 9(2), 115-141.
삼성경제연구소. 2007. 『개방시대 한국농업의 선택: 농업경영』. 서울: 삼성경제연구소.
서울대학교 공과대학. 2015. 『축적의 시간』. 서울: 지식노마드.
성태윤·김우찬. 2008. "외환위기 이후 10: 재벌정책의 전개, 문제점, 그리고 향후 전망." 『한국경제의 분석』 14(2), 125-201.
손열. 2006. "한국의 FTA 추진의 국제정치경제: FTA 경쟁과 따라잡기의 동학." 『세계정치』 6, 93-133.
송위진. 1999. "국가연구개발사업의 정치학: CDMA기술개발사업의 사례분석." 『한국행정학보』 33(1), 311-329.
송호근·김우식·이재열 편저. 2006. 『한국사회의 변동과 연결망』. 서울: 서울대학교출판부.
신장섭 지음. 장진호 옮김. 2004. 『주식회사 한국의 구조조정: 무엇이 문제인가』. 파주: 창비.
신진영. 2011.『MB 정부의 금융규제 현황과 과제』.
아산사회복지재단. 2011.『아산 정주영과 한국경제 발전 모델』. 아산사회복지재단.
안종길. 2000.『최근의 은행위기 발생원인과 당국의 대응』. 한국경제연구원.
양재진. 2003. "노동시장유연화와 한국복지국가의 선택."『한국정치학회보』 37(3), 403-428.
양재진. 2005. "발전이후 발전주의론: 한국 발전모델의 성장, 위기, 그리고 미래."『한국행정학보』 39(1).
오원철. 2002.『한국형 경제건설 1』. 서울: 기아경제연구소.
오원철. 2006.『박정희는 어떻게 경제강국을 만들었나: 불굴의 도전 한강의 기적』. 서울: 동서문화사.
외교통상부 자유무역협정 홈페이지. http://www.fta.gp.kr.
우정은. 2006. "비합리성 이면의 합리성을 찾아서-이승만 시대 수입대체산업화의 정치경제학." 박지향 외.『해방전후사의 재인식 2』. 서울: 책세상.
유석진. 1998. "지연된 개혁과 강요된 선택."『규제완화의 정치 비교연구』. 서울: 세종연구소, 1998.
유태환. 2007. "거대경제권과의 FTA 체결에 대한 평가와 정책 제언." 최태욱 편.『한국형 개방전략: 한미 FTA와 대안적 발전모델』. 파주: 창비.
유현석. 2002. "한·칠레 자유무역협정 협상의 국내정치: 국내협상의 이해집단과 국내제도를 중심으로."『한국정치학회보』 36(3), 175-197.
유현석. 2008. "통상외교와 국회의 역할-한-칠레 FTA와 한미 FTA의 사례."『한국정치외교사논총』 29(2), 339-464.
윤상우. 2006. "한국 발전국가의 형성·변동과 세계체제적 조건, 1960~1990."『경제와 사회』 72, 69-94.
이병기. 2008.『외환위기 전후 기업의 구조조정과 성과변화 분석』. 서울: 한국경제연구원.

이상헌. 2009. “MB 정부 ‘저탄소 녹색성장 전략’에 대한 정치경제학적 고찰.” 『환경사회학연구』. 13(2), 7–41.

이승주. 2006. “국회와 대외경제정책: FTA 정책결정을 중심으로.” 『의정연구』 12(2), 81–107.

이승주. 2007. “한국 통상정책의 변화와 FTA.” 『정치외교사논총』 29(1), 103–134.

이승주. 2011. “한국의 무역 자유화: 개방·보호·보상의 정치경제.” 『한국정치학회보』 45(5), 349–269.

이승주. 2013. “한국 경제개혁의 양면성: 세계화와 민주화의 정치적 동학.” 장훈 외. 2013. 『한국 민주주의의 위기와 전망: 민주화, 세계화, 탈안보화』. 고양: 인간사랑.

이승주·박현. 2010. “한국 IT산업 정책 네트워크의 지속성: 자기강화 메커니즘의 작용을 중심으로.” 『한국정치연구』 19(3), 77–104.

이승주·이민정. 2012. “관료의 전략적 행동과 제도의 연속성: 한국 금융감독제도 개편의 정치과정, 1997~2008년.” 『국제정치논총』 52(4), 145–169.

이시형·전성희. 2002. “우리는 왜 농업을 보호하는가?” 『국제통상연구』 8(1), 137–157.

이연호. 1998. “경제적 자유화에 있어서의 국가의 역할: 경제규제의 정치학.” 『한국정치학회보』 32(3), 77–94.

이연호·임유진·정석규. 2002. “한국에서 규제국가의 등장과 정부–기업관계.” 『한국정치학회보』 36(3).

이왕휘. 2008. “견제와 균형 탄탄하게.” 『나라경제』 19(4).

이일영·정준호. 2007. “한국형 발전모델의 모색: 점진적 개방·협력과 산업혁신.” 최태욱 엮음. 『한국형 개방전략』. 파주: 창비, 317–355.

이재열·안정옥·송호근 편저. 2007. 『네트워크 사회의 구조와 쟁점』. 서울: 서울대학교출판부.

이종한 외. 2006. 『주요국의 금융규제개혁에 관한 비교연구』. 서울: 한국행정

연구원
이혜영. 2005. “금융규제정책 변동에 있어서 제도적 제약에 관한 연구.” 『한국정책학회보』 14(1).
임성학. 2004. “IMF위기 전후 한국 금융개혁의 정치경제.” 『한국정치외교사논총』 25(2).
임형백·이종만. 2007. “한·미 자유무역협정에 대비한 한국농업정책의 방향 전환: 공적자금투입에서 경쟁력 강화로.” 『농촌지도와 개발』 14(1), 29-57.
임혜란. 2001. “위기의 산업전환: 한국의 사례와 대만, 일본과의 비교분석.” 『한국과 국제정치』 17(2).
임혜란·이하나. 2009. “한국금융감독체계 개혁의 정치경제.” 『한국정치연구』 18(1).
장원석·김호·허승욱·김성철. 2000. “농어촌특별세사업의 성과와 추진방향.” 『농업경영정책연구』 27(3), 38-55.
장하준. 2002. 『사다리 걷어차기』. 서울: 부키
장훈. 2002. “외환시장 개방과 금융개혁: 개혁의 부조화와 때를 놓친 개혁.” 모종린 외. 『한국 경제개혁 사례연구』. 서울: 오름.
재정경제부 외. 2002. 『2001년 4대 부문 구조개혁 추진실적』.
전홍택. “금융개혁: 중앙은행 및 금융감독제도 개편 사례.” 모종린 외. 『한국 경제개혁 사례연구』. 서울: 오름.
정대영. 2015. 『한국경제 대안 찾기』. 파주: 창비.
정덕구. 2008. 『외환위기 징비록: 단기외채 만기연장을 위한 뉴욕협상』. 서울: 삼성경제연구소.
정운찬. 2007. “한국 사회의 도전과 과제: 새로운 패러다임을 찾아.” 정운찬·조홍식 편, 『외환위기 10년: 한국사회 얼마나 달라졌나』. 서울: 서울대학교출판부, 1-13.
정재호. 2004. “주요국의 산업별 관세율 구조비교 및 시사점.” 『재정포럼』 96,

6–29.
정진영. 2000. “외환위기 대응의 논리와 정치경제적 효과(무슨 일이 일어나고 있는가).” 『경제와 사회』 45, 66–89.
정진영. 2004. “시장개방, 구조조정, 사회적 보상의 정치경제: 한국 통상정치의 경우.” 『국제정치논총』 44(4), 169–195.
《조선일보》. 2006/08/11.
조홍식. 2007. “한국통상정책 패러다임의 변화와 민족정체성의 정치.” 『국제지역연구』 가을.
조화순. 2003. “IMT–2000 기술표준정책의 정치경제.” 『한국정치학회보』 43(1), 69–87.
존 케이 지음. 홍기훈 옮김. 2008. 『시장의 진실: 왜 일부 국가만 부유하고 나머지 국가는 가난한가』. 서울: 에코리브르.
최낙균 외. 2001. 『국제관세의 비교분석과 부문별 무세화협상의 경제적 효과분석: WTO 뉴라운드 공산품협상에의 시사점』. 서울: 대외경제정책연구원.
최낙균 외. 2005. 『선진통상국가의 개념 정립』. 서울: 대외경제정책연구원.
최병두. 2007. “발전주의에서 신자유주의로의 이행과 공간정책의 변화.” 『한국지역지리학회보』 13(1), 82–103.
최병선·임채원. 2001. “우리 국회의 통상기능 강화방안.” 『의정연구』 11.
최병일. 2006. 『한미 FTA 역전 시나리오: 미국과의 협상에 대처하는 우리의 현명한 자세』. 서울: 랜덤하우스.
최승필. “금융감독제도의 새로운 방향 모색에 대한 법·제도적 고찰.” 『중앙법학』 11(2).
최영종. 2010. “세계화를 둘러싼 국내적 갈등에 대한 연구–한미 FTA 사례를 중심으로.” 『한국외교사논총』 31(2), 293–324.
최태욱. 2006. “한국의 FTA 정책결정과정.” 『한국과 국제정치』 22(2), 87–118.
하연섭. 2006. “정책아이디어와 제도변화: 우리나라에서 신자유주의의 해석과

적용을 중심으로." 『행정논총』 44(4), 1–27.
한국경제60년사편찬위원회. 2011. 『한국경제60년사: 산업편』. 서울: 한국개발연구원.
한국국제협력단 홈페이지. "원조공여국으로서의 역사." koica.go.kr.
한국무역협회 국제무역연구원. 2013. 『추격하는 개도국, 쫓기는 한국』. 서울: 한국무역협회 국제무역연구원.
한국무역협회 국제무역연구원. 2016. 『세계 수출시장 1위 품목으로 본 우리 수출 경쟁력』. 서울: 한국무역협회 국제무역연구원.
한국무역협회. 2013. "한미FTA 1주년 평가–FTA별 수출효과와 경쟁국과의 비교를 중심으로–." 『Trade Focus』 3월.
한국은행. 1970. 『경제통계연보 1970』. 서울: 한국은행.
한국조세연구원 1994. 『경제여건의 변화와 관세율 구조의 개편방향』. 서울: 한국조세연구원.
홍성걸. 2003a. "발전국가의 부활? 산업화와 정보화의 비교: 완충국가론의 시론적 적용." 한국행정학회 하계학술대회 발표논문집, 351–366.
홍성걸. 2003b. "정보화시대에서의 국가역할과 경제발전: 아일랜드와 한국 발진국가의 비교." 『한국정치학회보』 37(3), 357–380.
홍성걸. 2006. "IT 산업 발전과정의 정치경제학." 홍성걸·윤석만 외. 『정보화시대의 신성장국가론』. 파주: 나남.
"IMF 외환위기 극복: 550억 달러의 빚을 진 경제국치의 날." 기록으로 만나는 대한민국 70년. 〈http://theme.archives.go.kr/next/koreaOfRecord/imf.do〉.
"외국인 증시투자 25년새 121배로… 국내 경기까지 영향력." 2017. 《동아일보》. 2월 15일.

영문 자료

Adserà, Alicia and Carles Boix. 2002. "Trade, Democracy, and the Size of the

Public Sector: The Political Underpinnings of Openness." *International Organization* 56(2), 229-62.

Alesina, Alberto. 1994. "Political Models of Macroeconomic Policy and Fiscal Reforms." Stephan Haggard and Steven B. Webb. *Voting for Reform: Democracy, Political Liberalization, and Economic Adjustment*. Oxford University Press.

Amsden, Alice H. 1989. *Asia's Next Giant: South Korea and Late Industrialization*. New York: Oxford University Press.

Amyx, Jennifer. 2006. *Japan's Financial Crisis: Institutional Rigidity and Reluctant Change*. Princeton University Press.

Bayard, Thomas A. and Kimberly Elliott. 1994. *Reciprocity and Retaliation in U.S. Trade Policy*. Washington, D.C.: Institute for International Economics.

Bhagawati, Jagdish, and Hugh T. Patrick. 1991. *Aggressive Unilateralism: America's 301 Trade Policy and the World Trading System*. Ann Arbor: University of Michigan Press.

Camdessus, Michael. 1999. "Crisis, Restructuring, and Recovery in Korea." Speech in Seoul. http://www.imf.org/external/np/speeches/1999/120299.htm. December..

Cameron, David R. 1978. "The Expansion of the Public Sector: A Comparative Analysis." *American Political Science Review* 72(4), 1243-61.

Choi, Byung-Doo. 2012. "Developmental Neoliberalism and the Hybridity of the Urban Policy of South Korea." Bae-Gyoon Park, Richard Child Hill, and Asato Saito, eds. *Locating Neoliberalism in East Asia: Neoliberalizing Spaces in Developmental States*. Blackwell Publishing.

Choi, Jin-Wook. "Regulatory Forbearance and Financial Crisis in South Korea." *Asian Survey* 42(2), March/April.

Chu, Yin-wah, ed. 2016. *The Asian Developmental State: Reexaminations and New Departures*. Palgrave.

Dahl, Robert. 1971. *Polyarchy: Participation and Opposition*. New Haven: Yale University Press.

Dominguez, Jorge I. 2011. "The Perfect Dictatorship? South Korea versus Argentina, Brazil, and Mexico." Byung-Kook Kim and Ezra Vogel, eds. *The Park Chung Hee Era: The Transformation of South Korea*. Harvard University Press, 573-602.

Elgin, Molly. 2010. "Asian Values: A New Model for Development?" *Southeast Asia* (Summer).

Elliott, Kimberly Ann and Thomas O. Bayard. 1994. *Reciprocity and Retaliation in US Trade Policy*. Institute for International Economics.

Evans, Peter. 1995. *Embedded Autonomy: States and Industrial Transformation*. Princeton University Press.

Fergusson. Ian F. 2006. *CRS Report for Congress: Trade Negotiations During the 109 Congress*.

Garrett, Geoffrey. 2001. "Globalization and Government Spending around the World." *Studies in Comparative International Development* 35(4), 3-29.

Gerschenkron, Alexander. 1962. *Economic Backwardness in Historical Perspective*. Harvard University Press.

Ha, Young-chool and Wang Hwi Lee. 2007. "The Politics of Economic Reform in South Korea: Crony Capitalism after Ten Years." *Asian Survey* 47(6).

Haggard, Stephan and Chung-In Moon. 1990. "Institutions and Economic Policy: Theory and a Korean Case Study." *World Politics* 42(2), 210-237.

Haggard, Stephan and Chung-in Moon. 1993. "The State, Politics, and Economic Development in Postwar South Korea." Koo, Hagen, ed. 1993. *State and Society in Contemporary Korea*. Cornell University Press, 13–50.

Haggard, Stephan and Robert R. Kaufman, eds. *The Political Economy of Democratic Transitions*. Princeton University Press.

Haggard, Stephan and Steven B. Webb. 1994. *Voting for Reform: Democracy, Political Liberalization, and Economic Adjustment*. Oxford University Press.

Haggard, Stephan, Byung–kook Kim and Chung–in Moon. 1991. "The Transition to Export–led Growth in South Korea: 1954–1966." *The Journal of Asian Studies* 50(4), 850–873.

Haggard, Stephan. 2004. "Institutions and growth in East Asia." *Studies in Comparative International Development* 38(4), 53–81.

Hutchcroft, Paul D. 2011. "Reflections on a Reverse Image: South Korea under Park Chung Hee and the Philippines under Ferdinand Marcos." Byung–Kook Kim and Ezra Vogel, eds. *The Park Chung Hee Era: The Transformation of South Korea*. Harvard University Press, 542–572.

Hwang, Doo–yun. 2001. "Korea's International Trade Policy in the Global Age." *East Asian Review* 13(3), 3–20.

IMD World Competitiveness Center. 2017. *IMD World Competitiveness Ranking 2017*.

IMF, Independent Evaluation Office. 2003. *The IMF and Recent Capital Account Crises: Indonesia, Korea, Brazil*. Washington, D.C.

IMF. 2006. *Republic of Korea: 2006 Article IV Consultation—Staff Report*. Washington, D.C.

International Monetary Fund. 2003. *IMF Country Report*. IMF.

International Monetary Fund. Gross Domestic Product Based on Purchasing–

Power—Parity (PPP) per capita GDP. Report for Selected Countries and Subjects.

International Monetary Fund. *Report for Selected Countries and Subjects*.

Johnson, Chalmers. 1982. *MITI and the Japanese Miracle*. Stanford University Press.

Johnson, Chalmers. 1987. "Political Institutions and Economic Performance: The Government—Business Relationship in Japan, South Korea and Taiwan." Frederic C. Deyo. ed. *The Political Economy of the New Asian Industrialism*. Cornell University Press.

Johnson, Chalmers. 1999. "The Developmental State: Odyssey of a Concept." Meredith Woo—Cumings, ed. *The Developmental State*. Ithaca: Cornell University Press.

Jones, Leroy P. and Il Sakong. 1980. *Government, Business, and Entrepreneurship in Economic Development: The Korean Case*. Studies in the Modernization of the Republic of Korea: 1945—1975. Council of East Asian Studies, Harvard University.

Kalinowski, Thomas and Hyekyung Cho. 2009. "The Political Economy of Financial Liberalization in South Korea, State, Big Business, and Foreign Investors." *Asian Survey* 49(2).

Kang, David C. 2002. "Bad Loans to Good Friends: Money Politics and the Developmental State in South Korea." *International Organization* 56(1), 177—207.

Kang, David C. 2002. *Crony Capitalism: Corruption and Development in South Korea and the Philippines*. Cornell University Press.

Kang, Myungkoo. 2011. "Compressed Modernization and the Formation of a Developmentalist Mentalite." Kim, Hyung—A and Clark W. Sorensen, eds. 2011. *Reassessing the Park Chung Hee Era, 1961-1979: Development,*

Political Thought, Democracy, and Cultural Influence. University of Washington Press, 166–186.

Kato, Junko. 1994. *The Problem of Bureaucratic Rationality: Tax Politics in Japan*. Princeton University Press.

Katzenstein, Peter J. 1985. *Small States in World Markets: Industrial Policy in Europe*. Ithaca: Cornell University Press.

Kim, Byung-Kook and Ezra Vogel, eds. 2011. *The Park Chung Hee Era: The Transformation of South Korea*. Harvard University Press.

Kim, Byung-Kook. 2005. "Party Politics in South Korea's Democracy: The Crisis of Success?" Larry Diamond and Byung-Kook Kim, eds. *Consolidating Democracy in South Korea*. Linn Rienner.

Kim, Byung-Kook. 2011. "The Labyrinth of Solitude: Park and the Exercise of Presidential Power." Byung-Kook Kim and Ezra Vogel, eds. *The Park Chung Hee Era: The Transformation of South Korea*. Harvard University Press. 140–167.

Kim, Byung-Kook. 2011. "The Leviathan: Economic Bureaucracy." Byung-Kook Kim and Ezra Vogel, eds. *The Park Chung Hee Era: The Transformation of South Korea*. Harvard University Press, 200–232.

Kim, Eun Mee and Gil-Sung Park. 2011. "The Chaebol." Byung-Kook Kim and Ezra Vogel, eds. *The Park Chung Hee Era: The Transformation of South Korea*. Harvard University Press, 265–294.

Kim, Eun Mee. 1997. *Big Business and Strong State: Collusion and Conflict in South Korean Development, 1960-1990*. State University of New York Press.

Kim, Hyung-A and Clark W. Sorensen, eds. 2011. *Reassessing the Park Chung Hee Era, 1961-1979: Development, Political Thought, Democracy, and Cultural Influence.* University of Washington Press.

Kim, Hyung-A. 2011. "Heavy and Chemical Industrialization, 1973-1979: South Korea's Homeland Security Measures." Kim, Hyung-A and Clark W. Sorensen, eds. 2011. *Reassessing the Park Chung Hee Era, 1961-1979: Development, Political Thought, Democracy, and Cultural Influence.* University of Washington Press, 19-42.

Kim, Hyung-A. 2011. "State Building: The Military Junta's Path to Modernity through Administrative Reforms." Byung-Kook Kim and Ezra Vogel, eds. *The Park Chung Hee Era: The Transformation of South Korea*. Harvard University Press, 85-111.

Kim, Joo-Hong. 2011. "Armed Forces." Byung-Kook Kim and Ezra Vogel, eds. *The Park Chung Hee Era: The Transformation of South Korea*. Harvard University Press, 168-199.

Kim, Yangseon and Changjae Lee. 2003. "Northeast Asian Economic Integration: Prospects for a Northeast Asian FTA." *KIEP Conference Proceedings* 3(5).

Kim, Young Jak. 2011. "Park Chung Hee's Governing Ideas: Impact on National Consciousness and Identity." Kim, Hyung-A and Clark W. Sorensen, eds. 2011. *Reassessing the Park Chung Hee Era, 1961-1979: Development, Political Thought, Democracy, and Cultural Influence.* University of Washington Press, 95-106.

Kimiya, Tadashi. 2011. "The Cold War and the Political Economy of the Park Chung Hee Regime." Kim, Hyung-A and Clark W. Sorensen, eds. 2011. *Reassessing the Park Chung Hee Era, 1961-1979: Development, Political Thought, Democracy, and Cultural Influence.* University of Washington Press, 66-82.

Kohli, Atul. 1994. "Where Do High Growth Political Economies Come From? The Japanese Lineage of Korea's "Developmental State"." *World*

Development 22(9), 1269–1293.

Koo, Hagen, ed. 1993. *State and Society in Contemporary Korea*. Cornell University Press.

Koo, Hagen. 2011. "Labor Policy and Labor Relations during the Park Chung Hee Era." Kim, Hyung–A and Clark W. Sorensen, eds. 2011. *Reassessing the Park Chung Hee Era, 1961-1979: Development, Political Thought, Democracy, and Cultural Influence.* University of Washington Press, 122–144.

Koo, Hagen. 2011. "Storng State and Contentious Soceity." Hagen Koo, ed. 1993. *State and Society in Contemporary Korea*. Cornell University Press.

Krugman, Paul. 1994. "The Myth of Asia's Miracle." *Foreign Affairs* 73(6).

Lee, Chung H. Keun Lee, and Kangkook Lee. 2002. "Chaebol, Financial Liberalization, and Economic Crisis: Transformation of Quasi–Internal Organization in Korea." *Asian Economic Journal* 16, 17–35.

Lee, Joonsoo. 2002. "Integrated Financial Supervision: The Korean Experience." July, http://www.adb.org/Projects/APEC/Market_Intermediaries/ Integrated_Financial_Supervision_KOR_PPT.pdf.

Lee, Jung–Hoon. 2011. "Normalization of Relations with Japan: Toward a New Partnership." Byung–Kook Kim and Ezra Vogel, eds. *The Park Chung Hee Era: The Transformation of South Korea*. Harvard University Press, 430–456.

Lee, Keun. "How Can Korea be a Role Model for Catch–up Development? A 'Capability–Based View." Augustin K. Fosu, ed. *Achieving Development Success: Strategies and Lessons from the Developing World*. Oxford University Press, 25–49.

Lee, Min Yong. 2011. "The Vietnam War: South Korea's Search for National Security." Byung–Kook Kim and Ezra Vogel, eds. *The Park Chung Hee*

Era: The Transformation of South Korea. Harvard University Press, 403–429.

Lee, Nae–Young. 2011. "The Automobile Industry." Byung–Kook Kim and Ezra Vogel, eds. *The Park Chung Hee Era: The Transformation of South Korea*. Harvard University Press, 295–321.

Lee, Young Jo. 2011. "The Countryside." Byung–Kook Kim and Ezra Vogel, eds. *The Park Chung Hee Era: The Transformation of South Korea*. Harvard University Press, 345–372.

Levi, Magaret. 1989. *Of Rule and Revenue*. University of California Press.

MacIntyre, Andrew J., T. J. Pempel and John Ravenhill, eds. 2008. *Crisis as Catalyst: Asia's Dynamic Political Economy*. Cornell University Press.

Mo, Jongryn. 2008. "Korean Economic System: Ten Years after the Crisis." Andrew J. MacIntyre, T. J. Pempel, and John Ravenhill, eds. *Crisis as Catalyst: Asia's Dynamic Political Economy*. Cornell University Press, 251–270

Moon, Chung–in and Byung–joon Jun. 2011. "Modernization Strategy: Ideas and Influences." Byung Kook Kim and Ezra Vogel, eds. *The Park Chung Hee Era: The Transformation of South Korea*. Harvard University Press, 115–139.

Moon, Chung–in and Sang–young Rhyu. 1999. "'Overdeveloped State' and the Political Economy of Development in the 1950s." *Asian Perspective* 23(1), 179–203.

Moon, Chung–in and Song–min Kim. 2000. "Democracy and Economic Performance in South Korea." Larry Diamond and Byung–Kook Kim, eds. *Consolidating Democracy in South Korea*. Lynne Rienner.

Muramatsu, Michio and Ellis S. Krauss. 1987. "The Conservative Policy Line and the Development of Patterned Pluralism." Kozo Yamamura and Yasukichi Yasuba, eds. *The Political Economy of Japan*. Vol. 1: *Domestic Transformation*. Stanford University Press.

Nam, Joo–Hong. 1986. *America's Commitment to South Korea: The First Decade of the Nixon Doctrine*. Cambridge University Press.

Nixon, Richard. 1969. Address to the Nation on the War in Vietnam. P–691101. November 3.

Noble, Gregory. 2011. "Industrial Policy in Key Development Sectors: South Korea versus Japan and Taiwan." Byung–Kook Kim and Ezra Vogel, eds. *The Park Chung Hee Era: The Transformation of South Korea*. Harvard University Press, 603–628.

OECD 홈페이지. http://stats.oecd.org/Index.aspxd.

Paik, Nak–Chung. 2011. "How to Think about the Park Chung Hee Era." Kim, Hyung–A and Clark W. Sorensen, eds. *Reassessing the Park Chung Hee Era, 1961-1979: Development, Political Thought, Democracy, and Cultural Influence.* University of Washington Press, 85–96.

Palais, James B. 2011. "Domocracy in South Korea: An Optimistic View of ROK Democratic Development." Kim, Hyung–A and Clark W. Sorensen, eds. 2011. *Reassessing the Park Chung Hee Era, 1961-1979: Development, Political Thought, Democracy, and Cultural Influence.* University of Washington Press, 107–121.

Park, Sung–Hoon and Min Gyo Koo. 2007. "Forming a Cross–Regional Partnership: The South Korea–Chile FTA and Its Implications." *Pacific Affairs* 80(2), 259–278.

Pempel, T. J. 1999. "Structural Gaiatsu: International Finance and Political Change in Japan." *Comparative Political Studies* 32(8), 907–932.

Pirie, Iain. "South Korea after the Devleopmental State." Chu, Yin–wah, ed. *The Asian Developmental State: Reexaminations and New Departures*. Palgrave.

Pirie, Iain. 2008. *The Korean Developmental State: From Dirigisme to Neoliberalism*. Routledge.

Przeworski, Adam, Fernando Limongi, Salvador Giner. 1993. "Political Regimes and Economic Growth." *Journal of Economic Perspectives* 7(3).

Putnam, Robert. 2001. *Bowling Alone: The Collapse and Revival of American Community*. Touchstone Books.

Rhyu, Sang—young and Lew Seok—jin. 2011. "Pohang Iron & Steel Company." Byung—Kook Kim and Ezra Vogel, eds. *The Park Chung Hee Era: The Transformation of South Korea*. Harvard University Press, 322—344.

Rodrik, Dani. 1998. "Why Do More Open Economies Have Bigger Governments?" *Journal of Public Economy* 106(5).

Shadlen. 2005. "Exchanging Development for Market Access? Deep Integration and Industrial Policy under Multilateral and Regional—Bilateral Trade Agreements." *Review of International Political Economy* 12(5), 750—775.

Shin, Jang—Sup and Ha—Joon Chang. 2003. *Restructuring Korea Inc.* London: Routledge Curzon.

Sorensen, Clark W. 2011. "Rural Modernization under the Park Regime in the 1960s." Kim, Hyung—A and Clark W. Sorensen, eds. 2011. *Reassessing the Park Chung Hee Era, 1961-1979: Development, Political Thought, Democracy, and Cultural Influence.* University of Washington Press, 145—165.

Stubbs, Richard. 2005. *Rethinking Asia's Economic Miracle: The Political Economy of War, Prosperity and Crisis*. Palgrave Macmillan.

Vogel, Steven K. 1998. *Freer Markets, More Rules: Regulatory Reform in Advanced Industrial Countries*. Cornell University Press.

Wade, Robert and Frank Veneroso. 1998. "The Asian Crisis: The High Debt Model Versus the Wall StreetTreasury–IMF Complex." *New Left Review*.

Wade, Robert Hunter. 2003. "What Strategies Are Viable for Developing Countries Today? The World Trade Organization and the Shrinking of 'Development Space'." *Review of International Political Economy* 10(4), 621–644.

Wade, Robert. 1990. *Governing the Market: Economic Theory and the Role of Governmnet in East Asian Industrialization*. Princeton: Princeton University Press.

Weiss, John. 2005. Export Growth and Industrial Policy: Lessons from the East Asian Miracle experience. ADB Institute Discussion Paper No. 26.

Weiss, Linda. 1998. *The Myth of the Powerless State*. Cornell University Press.

Weiss, Linda. 2003. *States in the Global Economy: Bringing Domestic Institutions Back In*. Cambridge University Press.

Weiss, Linda. 2005. "Global Governance, National Strategies: How Industrialised States Make Room to Move under the WTO." *Review of International Political Economy* 12(5), 723–749.

Wong, Joseph. 2005. "Re–Making the Developmental State in Taiwan: The Challenges of Biotechnology." *International Political Science Review* 26(2), 169-191

Wong, Joseph. 2006. *Healthy Democracies: Welfare Politics in Taiwan and South Korea*. Cornell University Press.

Woo, Jung–en. 1991. *Race to the Swift: State and Finance in Korean Industrialization*. Columbia University Press.

Woo–Cumings, Meredith. 2001. "Miracle as Prologue: The State and the Reform of the Corporate Sector in Korea.," Joseph E. Stiglitz and Shahid

Yusuf eds. *Rethinking the East Asian Miracle*. Oxford University Press.

World Bank. 1993. *The East Asian Miracle: Economic Growth and Public Policy*. World Bank Policy Research Report. Washington, D.C.: World Bank.

Wu, Yu–Shan. 2007. "Taiwan's Developmental State." *Asian Survey* 47(6), 977–1001.

Yoo, Jung–Ho. 1994. "South Korea's Manufactured Exports and Industrial Targeting Policy." Shu–Chin Yang, ed. *Manufactured Exports of East Asian Industrializing Economies: Possible Regional Cooperation*. M. E. Sharpe, 149–174.

Yoon, Seok–Man. 2011. "POSCO: Building an Institution." Kim, Hyung–A and Clark W. Sorensen, eds. *Reassessing the Park Chung Hee Era, 1961-1979: Development, Political Thought, Democracy, and Cultural Influence.* University of Washington Press, 43–65.

Zakaria, Fareed. 1994. "A Conversation with Lee Kuan Yew." *Foreign Affairs*. March/April.

Zysman, John. 1983. *Governments, Markets and Growth: Finance and the Politics of Industrial Change*. Cornell University Press.

한국형 발전국가의 정치경제사

발행일 1쇄 2018년 6월 1일
지은이 장훈 · 이승주
펴낸이 여국동

펴낸곳 도서출판 인간사랑
출판등록 1983. 1. 26. 제일 - 3호
주소 경기도 고양시 일산동구 백석로 108번길 60 - 5 2층
물류센타 경기도 고양시 일산동구 문원길 13 - 34(문봉동)
전화 031)901 - 8144(대표) | 031)907 - 2003(영업부)
팩스 031)905 - 5815
전자우편 igsr@naver.com
페이스북 http://www.facebook.com/igsrpub
블로그 http://blog.naver.com/igsr
인쇄 하정인쇄 **출력** 현대미디어 **종이** 세원지업사

ISBN 978 - 89 - 7418 - 379 - 0 93340

이 도서의 국립중앙도서관 출판시도서목록(CIP)은 서지정보유통지원시스템 홈페이지(http://seoji.nl.go.kr)와 국가자료공동목록시스템(http://www.nl.go.kr/kolisnet)에서 이용하실 수 있습니다.(CIP제어번호: CIP2018016004)